Luxus für alle

Luxus für alle

Meilensteine im europäischen Terrassenwohnbau

Gerhard Steixner
Maria Welzig
(Hg.)

Birkhäuser
Basel

Einleitung

Gerhard Steixner, Maria Welzig

Der Wachstumsschub in den europäischen Städten belebt die Frage nach ökosolaren Wohnkonzepten und bekommt mit den globalen Migrationsbewegungen eine neue politische Brisanz. Die Überwärmung der Städte und die gegenwärtige Tendenz zur Reduktion der Wohnfrage auf Unterbringung legen es nahe, ein Modell wieder in den Blick zu rücken, das Ende der 1960er-Jahre weltweit als die Lösung schlechthin in der Frage des Wohnens für die große Zahl gedacht und entwickelt wurde: die Terrassenhaus-Struktur.

Wohnen für die breite Masse der Bevölkerung – eine relativ neue Herausforderung in der Geschichte der Menschheit – wird dabei nicht als reine Unterbringung definiert, sondern hat ein Höchstmaß an Wohn- und Lebensqualität zum Ziel; bei gleichzeitiger Schonung von Bodenressourcen. Ein veränderter Stadtansatz für die veränderte Gesellschaft des 20./21. Jahrhunderts.

Ein Modell zudem, das einen der wirkungsvollsten Wege zur Ökologisierung der Städte darstellt. Ansatzpunkt dafür sind konsequente Planungsüberlegungen zum Autoverkehr. Die Begrünung der wohnungsbezogenen Freiräume und die großzügigen gemeinschaftliche Grünflächen tragen maßgeblich zur Verbesserung des Stadtklimas bei – das Terrassenhaus im verdichteten Wohnbau als Schritt zu einer grün(er)en Stadt. Essenziell ist der zurückgewonnene Kontakt mit der Natur auch für die individuelle Befindlichkeit: die Gerüche, die Geräusche, die Farben, Insekten, Vögel, der natürliche Wandel – die Erfahrung, dass der Mensch ein Teil dieser Natur ist.

Ebenso wichtig wie die Verbesserung der individuellen Wohnsituation sind in den Terrassenprojekten die räumlichen und funktionellen Angebote für die Gemeinschaft und für eine dichte urbane Nutzung.

Der Anspruch, mit den neuen terrassierten Wohn- und Stadtkonzepten „das größtmögliche Glück für die größtmögliche Zahl" zu schaffen, erhielt rund um das Schlüsseljahr 1968 punktuell auch die notwendige politische Unterstützung: London, Paris, Berlin, München, Wien, Graz, Ljubljana und andere Städte zeigten in den folgenden Jahren, dass eine „Realisierung der Utopie" möglich ist. Eine besondere Stellung in der Anwendung des Terrassenmodells für den sozialen Wohnbau nimmt dabei Wien ein: In keiner anderen Stadt wurden Terrassenanlagen in einer derart hohen Qualität und großen Anzahl realisiert.

Das Buchprojekt versammelt zwölf ausgewählte europäische Terrassenwohnanlagen aus den 1960er- und 1970er-Jahren und bietet mit aktuellen Bestandsaufnahmen die Möglichkeit einer Evaluierung nach etwa vierzig Jahren. Die Beispiele kann man heute, nach mehreren Jahrzehnten Lebensdauer, im besten Sinne als nachhaltig qualifizieren. Die Wohnzufriedenheit ist im Vergleich zu herkömmlichen Wohnanlagen außerordentlich hoch. Die Akzeptanz durch die Bewohnerinnen und Bewohner zeigt sich auch am baulichen Erhaltungszustand der Anlagen und an der Pflege und dem Aneignungsgrad der wohnungsbezogenen und gemeinschaftlichen Freiräume.

Internationale Expertinnen und Experten untersuchten die ausgewählten Wohnanlagen in London, München, Ljubljana, Berlin, Ivrea, Graz und Wien – ihre Entstehungsgeschichte, die architektonische, stadtplanerische und soziale Bedeutung, ihre Rezeptions- und Aneignungsgeschichte und ihre Relevanz für den heutigen Wohn- und Städtebau: Karen Beckmann (Hannover), Paolo Enrico Dalpiaz und Giulia Maria Infortuna (Turin), Silke Fischer (Wien), Natalie Heger (Berlin), Nataša Koselj (Ljubljana), San-Hwan Lu (Wien), Clare Melhuish (London), Gerhard Steixner (Wien), Mark Swenarton (Liverpool), Maria Welzig (Wien).

Die Anlagen zeigen Alternativen auf zu den Stadt- und Wohnkonzepten aus vordemokratischen Zeiten, wie sie weiterhin beziehungsweise wieder gängig sind (maximal ökonomisierte Rasterstadt des 19. Jahrhunderts, Rekonstruktion). Es sind Alternativen, die sich an den sozialen und technologischen Bedingungen des

20. und 21. Jahrhunderts ausrichten. Die Zusammenschau der ausgewählten Wohnanlagen gibt dabei Aufschlüsse über die Vielfalt der typologischen Varianten und über die zahlreichen Möglichkeiten des Einsatzes in der Stadt.

Während die meisten der realisierten Terrassenwohnanlagen Einzelprojekte blieben, gelang es dem Architekten Harry Glück in Wien zusammen mit der stadteigenen Gemeinnützigen Siedlungs- und Bauaktiengesellschaft (GESIBA) das Modell des terrassierten Wohnens mit parkähnlichen gemeinschaftlichen Grünräumen und mit hochwertigen Gemeinschaftseinrichtungen bei urbaner Dichte vielfach zu realisieren und den Nachweis der Wirtschaftlichkeit sowie des sozialen und ökologischen Erfolgs zu erbringen. Seine Untersuchungen und Erkenntnisse zur Stadt- und Wohn(bau)frage hat Glück im Laufe der Jahrzehnte in zahlreichen kaum bekannten Texten niedergeschrieben und in dem (posthum veröffentlichten) Typoskript „Die Möglichkeit einer Grünen Stadt" zusammengefasst. Ein kommentierter und illustrierter Auszug daraus führt im vorliegenden Buch in die Grundlagen der grünen Stadt ein. Allgemein verständlich, prägnant und pointiert stellt Glück die Fragen des Wohnbaus in einen breiten historischen und evolutionsgeschichtlichen Kontext und führt sie zurück auf essenzielle Bedürfnisse des Lebens. In Glücks Sprache erweist sich eine Fähigkeit, die auch seinem Wohnbauansatz innewohnt: Er schreibt für die große Zahl.

Im Beitrag „Die *Erfindung* des Terrassenwohnhauses" beleuchten die Herausgeber die Entwicklung dieser neuen Typologie im 20. Jahrhundert, speziell den Kontext um 1968, der die Möglichkeit zur Realisierung des Modells bot. In einem Ausblick analysieren sie die Bedingungen für dieses ökosolare Modell im Wohnbau und stellen heutige Ansätze zu einer modifizierten Wiederaufnahme der verdichteten Terrassenstruktur vor.

Das Buch richtet sich an alle mit der Thematik Wohnen, Wohnbau und (grüne) Stadt Befassten.

Die Möglichkeit einer Grünen Stadt

Harry Glück

Wie alles begann

In den Jahrzehnten vor und nach dem Jahr 1800, das die Geschichtsschreibung als den Beginn des Industriezeitalters bezeichnet, setzten jene wissenschaftlichen und technologischen Entwicklungen ein, die, zumindest in Europa, zum Wachstum und der Entstehung der großen Städte führten. Im Jahr 2050 werden laut Bericht des Bevölkerungsfonds der Vereinten Nationen siebzig Prozent der Weltbevölkerung in Städten leben.

1765 erfand der Ingenieur James Watt die Dampfmaschine, 1798 der Arzt Edward Jenner die Pockenimpfung, 1840 der Chemiker Justus Liebig den Kunstdünger, der den Ertrag der Landwirtschaft vervielfachte, was die Theorien des Ökonomen Thomas R. Malthus, der 1798 vorausgesagt hatte, die Nahrungsmittelproduktion würde mit der Vermehrung der Weltbevölkerung nicht Schritt halten können, widerlegte. Es war, von Louis Pasteur bis Robert Koch und Paul Ehrlich, das Heldenzeitalter der Entdeckungen und Erfindungen. 1847 erkannte Ignaz Semmelweis die Ursache des Kindbettfiebers und 1866 baute Werner Siemens den ersten Elektromotor.

Die Ideale der Aufklärung, auf dem Wiener Kongress nur scheinbar zu Grabe getragen, führten zu jenem Paradigmenwechsel, der die hierarchischen Gesellschaftssysteme der vorangegangenen Jahrtausende beendete. Das 19. Jahrhundert brachte die Emanzipation des Bürgertums, im 20. entstand die demokratische Massengesellschaft.

Elektrische Bahn von Siemens & Halske, Gewerbeausstellung Berlin 1879, Foto einer Hochzeitsgesellschaft

Gleichzeitig ist unsere Kultur und Zivilisation, und zwar nicht nur die europäische, endgültig zur Stadtkultur und Stadtzivilisation geworden. Sie basiert auf arbeitsteiligen Prozessen, deren Verästelung so vielfältig geworden ist, dass nur das engste Nebeneinander einer sehr großen Zahl unterschiedlich befähigter und ausgebildeter Individuen in der Lage ist, dieses Zusammenwirken ohne unerträgliche Zeit- und Reibungsverluste zu ermöglichen. Dies gilt für Produktionsvorgänge ebenso wie für Lehre und Forschung, für Kunst und Rechtsprechung, für Politik, für die Sorge um Kranke, Alte und Benachteiligte. Auch die denkbare Weiterentwicklung der Telekommunikation wird das nicht grundsätzlich verändern.

Diese Stadtkultur kennzeichnet ein Gesellschaftssystem, das in einem in der Geschichte noch nie dagewesenen Ausmaß Gleichheit vor dem Gesetz, Chancengleichheit und Verringerung der Unterschiede zwischen oben und unten verwirklicht hat – und zwar in einem Zeitraum von wenigen Generationen. Es ist nicht die Beste aller möglichen Welten, wahrscheinlich noch nicht einmal eine gute Welt, aber, zumindest im Westen, die Beste aller bisherigen.

Da die Stadt bis auf Weiteres den menschlichen Lebensraum darstellt und darstellen wird, sollte dieser unseren Lebensbedürfnissen, den Lebensbedürfnissen einer erstmals in der Geschichte durchgehend demokratischen Gesellschaft, so gut wie möglich entsprechen. Ist das so?

Ohne Zweifel haben die – auch in der demokratischen Massengesellschaft – durch Besitz, Bildung und Macht Privilegierten in den

Städten adäquate Biotope gefunden, räumlich befriedigendes Wohnen an „guten" – ein Begriff, der noch zu definieren sein wird – Standorten, sie üben Berufe aus, die gestaltendes Wirken zulassen oder erfordern, und genießen ebenso rekreative wie stimulierende Freizeit. Der großen Zahl der Angehörigen der demokratischen Massengesellschaft, den Menschen mit beschränkten Einkommen und Möglichkeiten, steht dies immer noch in weit geringerem Ausmaß zur Verfügung. In so geringem, dass es, dafür gibt es deutliche Indizien, offenbar unseren aus der Evolution her stammenden Bedürfnissen nicht genügt.

Diese Indizien sind zunächst einmal die Suburbanisation, jedenfalls deren zunehmendes Ausmaß, also die Stadtflucht ins Umland. Weiters die nahezu lemminghafte Freizeitflucht aus den Städten ins sogenannte Grüne und die Bedeutung, die vor allem für Dienstnehmer, also die Bezieher im Durchschnitt niedriger und mittlerer Einkommen, der Urlaub gewonnen hat. Dieser ist vielfach zum Mittelpunkt des Jahres geworden, ebenso wie das Auto über ein Transportvehikel hinaus zum mobilen Zweitwohnsitz geworden ist, der die Flucht aus der für die menschlichen Bedürfnisse offenbar nicht ausreichenden Stadtwelt ermöglicht. Dazu kommt, dass der Wohnungsmarkt, obwohl weit entfernt von gesättigt, sein Angebot keinesfalls mehr ohne Schwierigkeit umzusetzen vermag. Und schließlich, aber nicht weniger signifikant, deuten die Stimmenverluste der traditionellen Stadtparteien, vor allem im letzten Jahrzehnt, auf ein grundsätzliches Ungenügen der städtischen Lebensbedingungen hin – jedenfalls für breite Schichten der Bevölkerung.

Nun sind die Menschen mit niedrigen und mittleren Einkommen aber jene kompakte Majorität, deren große Zahl den entscheidenden Einfluss auf Leben und Wachstum der Städte ausübt. Diesen Einfluss verstärkt die in den letzten hundert Jahren dieser großen Zahl zugewachsene wirtschaftliche und politische Bedeutung, aus der noch nie dagewesene Anforderungen an die Logistik der Städte und die Nutzung der Bodenreserven entstanden sind. Mir ist keine Stadt bekannt, der es gelungen wäre, diese Prozesse, die tief in die ökonomischen, ökologischen und soziologischen Zusammenhänge eingreifen, erfolgreich einer vorausschauenden Gestaltung zu unterwerfen.

Es mag tatsächlich für einen auf jeweils nur wenige Jahre gewählten Politiker nicht verführerisch sein, Maßnahmen in Gang zu setzen, die erst in längeren Zeiträumen wirksam werden. Aber Tatsache ist, dass, von diesem Beispiel abgesehen, auch noch keine Stadtplanung versucht hat, das Verhalten der Menschen auf deren ursprüngliche Bedürfnisse zurückzuführen – auf die Bedürfnisse von Lebewesen mit einer in Millionen Jahren der Evolution entstandenen Disposition für ein bestimmtes Biotop. Der Nachweis, dass diese Disposition allen Menschen gemeinsam ist, ungeachtet einer unendlichen Zahl von Variationen – wenn auch bei näherem Augenschein, nur mikroskopischen Unterschieden – und abgesehen höchstens von einer statistisch nicht relevanten Anzahl von Ausnahmen, ist von der Verhaltensforschung bereits vor Jahrzehnten geführt worden. Davon abgesehen müsste das Faktum jedem bewusst sein, der unvoreingenommen und ohne Überheblichkeit sich selbst und seine Umgebung beobachtet. Eigenartigerweise ist unser Selbstverständnis von der idealistischen Philosophie des 19. Jahrhunderts so sehr geprägt, dass wir uns für autarke, monadische Individuen halten – und nicht als Angehörige einer Spezies, die zwar unendlich vielfältig, aber trotzdem nahezu gleichartig ist – nämlich Menschen.

Unsere Herkunft bestimmt unser Sein

Wir haben im Lauf unserer Menschwerdung nicht nur ein immer größeres und leistungsfähigeres Gehirn erworben, sondern es sind auch andere Veränderungen, die uns von allen Tieren unterscheiden, eingetreten. Die Verhaltensforschung nennt diese Vorgänge Domestikation. Diese bewirkt, unter anderem, eine Abnahme der Intensität bestimmter angeborener Instinkte sowie ein Phänomen, das als „persistierende Neotenie" (im Erwachsenenalter andauerndes Jugendverhalten, Anm.) bezeichnet wird.

Dass „Instinktsicherheit" als positive Fähigkeit gilt, ist ein verräterisches Indiz unserer Herkunft. Tatsächlich ist aber der sich abschwächende Instinkt nur ein scheinbarer Verlust. In fast allen Tieren wirken die Instinkte so strikt, dass auf bestimmte Ereignisse der Außenwelt, die sogenannten Auslösereize, völlig automatisch, nahezu zwanghaft reagiert wird – und zwar in unveränderlich vorprogrammierter Weise. Dies hat, in der Natur, den Vorteil, rasch und ohne Nachdenken handeln zu können, und zwar in einem in Jahrmillionen erprobten und gemäß der Statistik des Überlebenskampfes in der überwältigenden Zahl der Fälle als richtig erwiesenen Ablauf. Diese

Instinktstärke und Sicherheit hat aber auch einen Nachteil: Sie hindert, Alternativen wahrzunehmen und zu suchen, die für Überleben und Entwicklung vorteilhafter sein könnten. Nun mögen diese Alternativen für die meisten Raubtiere keine besondere Rolle spielen. Für den Großteil der Fluchttiere wäre solches aber durchaus vorstellbar. Der Mensch war in seiner Frühzeit zweifellos in erster Linie auf die Flucht angewiesen oder auf Verstecke – es hat ziemlich lange gedauert, bis er sich selbst zum Raubtier entwickelt hat. Und auch dies konnte er erst, als er für sein bescheidenes Gebiss, seine nicht vorhandenen Krallen, seine geringe Körperstärke Ersatz in Form künstlicher Organe entwickelt hatte, also über Werkzeuge und Waffen verfügte. Es war aber erst die Befreiung von automatenhaft vorprogrammierten Handlungsabläufen, die jene innovativen geistigen Leistungen ermöglicht hat, die die Grundlage des Aufstiegs der Spezies Mensch waren. Allein die Aneignung des Feuers, das in allen Wildtieren Angst erweckt, wäre anders nicht möglich gewesen.

Hiezu existiert ein signifikantes Beispiel: der Wolf, Ur- und Wildform des Hundes, diesem bis heute so nahe verwandt, dass Paarung möglich ist, muss, in einigen Exemplaren, vor 10.000 oder mehr Jahren, eine Mutation erfahren haben, die es ermöglichte, dass diese sich dem Feuer hütenden Menschen anschlossen.

Mag sein, dass es Jungtiere waren. Denn in der Jugendphase ihres Lebens zeigen viele höhere Säugetiere, insbesondere diejenigen, die wir im weitesten Sinn als Raubtiere bezeichnen, eine bestimmte sehr bedeutsame Abweichung zu den vorprogrammierten Handlungsabläufen, die ihr erwachsenes Leben bestimmen: Sie spielen.

Auch hier ist der Vergleich Wolf/Hund aufschlussreich: Zieht man einen jungen Wolf und einen jungen Hund nebeneinander auf, so machen sich, bis zur Pubertät, keine Unterschiede des Verhaltens bemerkbar. Im Spiel üben sie jene Verhaltensmuster ein, deren Programm sie von der Evolution erhalten haben. Der Unterschied tritt erst mit der Geschlechtsreife zutage: Der Wolf ist fertig, er hört auf zu spielen, für den Rest seiner Tage gehorcht er seinen vorprogrammierten Verhaltensmustern, die ihn zwingen, auf bestimmte Auslösereize auf ebenso bestimmte Weise zu reagieren. Er lernt nur mehr durch Erfahrung, die auf ihn zukommt, die er aber nicht mehr sucht. Der Hund dagegen spielt lebenslänglich, jedenfalls bis zum Eintritt seines Greisenalters, das, beim Hund wie beim Menschen, häufig mit dem Ende jener geistigen Fähigkeit einhergeht, die uns nicht nur spielen, sondern auch erfinden, entdecken, neue Wege suchen und gehen ermöglicht.

Die ewige Jugend

Die „persistierende Neotenie", Andauern des der Jugendphase eigenen spielerischen Verhaltens, ermöglicht uns die lebenslängliche Nutzung und Weiterentwicklung der Grundkomponente des Spiels, nämlich der Fähigkeit zur Abstraktion. Der Stock, der Ball, das Wollknäuel, jedes bewegte tote Objekt wird zur Beute. Der Krieg findet nicht auf dem Schlachtfeld statt, sondern auf dem Spielfeld. Abstraktes Denken ist die Voraussetzung jeder höheren geistigen Leistung. Innovation erfordert das *Voraus-Denken* kausaler Ketten, um aus der gezielten Veränderung technischer, organisatorischer, physikalischer Bedingungen neue, bislang unbekannte Phänomene zu bewirken.

Kein erwachsener Wolf wird einem Ball nachlaufen, die meisten Hunde sehr wohl. Die Domestikation hat den Hund der Intensität vieler seiner Instinkte beraubt – ihm dafür aber ein Repertoire an Alternativen eröffnet, die sein Überleben als Art noch sichern werden, wenn es den Wolf schon lange nur mehr als Schaustück oder in Reservaten geben wird.

Die Domestikation hat im Menschen in gleicher Weise und noch weit darüber hinausgehend gewirkt. Die „persistierende Neotenie", die uns von allen Wildtieren unterscheidet, hat uns ermöglicht, die Welt zu erobern. Sie hat uns gleichzeitig befähigt, zumindest einen Teil unserer auf Zerstörung gerichteten Instinkte durch Handlungskonzepte zu ersetzen, die wir als Moral und Ethik bezeichnen – und die zweifellos unserer Erhaltung als Art dienen. So ist die Domestikation die Voraussetzung der Fähigkeit und des Bedürfnisses, diese unsere Welt zu verändern, zum Besseren, wie wir meinen, im Großen und im Kleinen, und die Grenzen unserer Möglichkeiten zu erforschen.

Aber dieser Drang stößt, jedenfalls in unserer arbeitsteiligen Zivilisation, auf Grenzen: und zwar für jenen großen, größten Teil aller Menschen, die ihren Unterhalt in einem Routineberuf, sei es in einer Werkstätte, einer Fabrik oder an einem Schreibtisch, nachzugehen gezwungen sind, in dem eigenes, innovatives, explorierendes Handeln nicht nur unerwünscht, sondern sogar verboten oder ausgeschlossen ist. Man sollte die Konsequenzen des daraus entstehenden psychischen Staus nicht unterschätzen. Es handelt sich um jene Kraft, die Amundsen auf den Nordpol trieb und Hannibal die Alpen überqueren ließ, die die Kathedralen, die großen Brücken und Eisenbahnen schuf und dem Menschen Flügel verlieh. Aber auch die Werke der Kunst, durch die der Mensch darzustellen sucht, was sein Verstand nicht zu erreichen vermag, unser Drang, zu erkennen, was hinter dem Schleier der Maja auf uns wartet, wird aus dieser Kraft gespeist. Sicher, es sind nur einzelne Individuen, in denen diese Kraft kulminiert. Doch es ist ein kollektives Erbe der Spezies.

Der Ernst des Lebens, den Erwachsene gelegentlich Jugendlichen androhen, bedeutet ja nichts anderes, als dass diese demnächst ihrem schweifenden Spiel- und Explorationstrieb würden entsagen müssen – handelte es sich dabei nicht um einen sehr starken, angeborenen Trieb, dann wäre der Zwang, ihn unterdrücken zu müssen, wohl keine Strafe.

Dieser permanente, „persistierende" Wunsch, die Welt zu verbessern, ist ebenso die Triebfeder aller Revolutionen und gesellschaftlichen Umwälzungen, wie auch das Grundmuster dessen, was wir politisches Bewusstsein des Einzelnen nennen. Und hier berührt sich unsere Abstraktions- und Innovationsfähigkeit, unser Drang nach Exploration und Fortschritt mit einem weiteren Erbgut der Evolution.

Das soziale Verhalten

Das Wesen, das aus den tiefen Wäldern heraus in die grüne, sonnige, fruchtbare Baumsteppe trat, aus Gründen, die wir nicht kennen,[1] verzichtete damit auch auf den Schutz, den diese Wälder ihren ihnen angepassten Bewohnern boten. Es war daher eine Bedingung des Überlebens – und diese Bedingung hat sich bis heute nicht geändert –, dass nur Gruppen dieser Wesen sich behaupten und überleben konnten. Trotz zahlreicher Funde in der jüngsten Vergangenheit wissen wir sehr wenig über die Lebensweise unserer frühen Vorfahren, die immerhin mehrere Millionen Jahre auf der Erde lebten, sich vermehrten und ausbreiteten – über riesige Strecken hinweg, und über für uns nahezu unvorstellbare Zeiträume hinaus. Erst mit jener vergleichsweise kurz zurückliegenden Epoche, die wir Steinzeit nennen, können wir Vorstellungen verknüpfen. Diese werden immer konkreter, seitdem wir von Menschen wissen, die vor einigen wenigen

Jahrtausenden im Nahen Osten, für unsere Kenntnisse nahezu aus dem Nichts, Gemeinwesen schufen, die über Schrift, hierarchische Staatsordnungen, Kulte, Architektur, bildnerische und literarische Künste verfügten: vom technologischen Abstand abgesehen also fast alles, was moderne Kulturen und Zivilisationen kennzeichnet. Jede dieser Zivilisationen entstand aus dem organisierten Zusammenwirken großer Zahlen von Menschen – was kaum möglich gewesen wäre, wenn die Fähigkeit und Bereitschaft dazu, zum Miteinander, nicht von Anfang an vorhanden gewesen wäre.

Nun ist der Staat letztlich nichts anderes als die vergrößerte Horde, die ursprünglichste Form menschlicher Gemeinschaft. Schon diese setzt Normen des Verhaltens, fordert Teilnahme aller an den zum gemeinsamen Überleben notwendigen Leistungen und bietet dafür Schutz. Solche sozialen Normen, das Selbstverständnis gemeinsamen Handelns, und dafür der Schutz aller für das einzelne Individuum kennen wir auch bei Rudeltieren. Man kann daher davon ausgehen, dass diese soziale Konditionierung, das Schutzsuchen und Agieren in der Gemeinschaft, ein sehr altes Erbgut darstellt, älter als die Menschwerdung selbst.

Auch die Stärke dieses Bedürfnisses zum sozialen Eingebundensein in eine überschaubare, vertraute Gemeinschaft sollte nicht unterschätzt werden. Wir strafen mit Einzelhaft. Durch Jahrhunderte war Verbannung die schwerste Sanktion nach dem Tod. Einzelgänger, Eigenbrötler, Vereinsamung sind auch heute negativ besetzte Begriffe.

Was wir noch geerbt haben und die Macht der Triebe

Außer diesen drei dominierenden Erbgütern der Evolution: dem Bedürfnis nach dem psychischen Appell der Natur, der Fähigkeit, nahezu der Lust an abstrakten planerischen Denkvorgängen, dem Antrieb zur Weltverbesserung und Welteroberung, und dem Verlangen nach dem Schutz und der Geborgenheit der Gruppe, kennt, fühlt und erlebt jeder von uns noch viele Verhaltensmuster, Vorlieben und Antriebe, die allesamt Erbstücke der Evolution sind: die Empfindung, die offenes Feuer und warmes Licht hervorrufen, unsere Affinität zu klarem, fließenden, trinkbaren – oder so erscheinenden – Wasser, die Befriedigung und Sicherheit, die freie und weite Aussicht verleiht, die Freude am gemeinsamen Essen und das Bedürfnis, die Mahlzeit mit vertrauten Menschen zu teilen, die Einladung zum Essen als Geste der Freundschaft, Blumen als Gastgeschenke, aber auch das Bedürfnis, unsere Physis auszuleben und Herausforderungen zu bestehen. Dazu kommt die große Zahl von Ritualen der Mimik und der Körpersprache, deren wir uns kaum bewusst sind, die wir mit vielen höheren Tieren teilen, sodass – neben anderen Beweisen – kein Zweifel daran bestehen kann, dass es sich um angeborene Programme, Ergebnisse der Evolution, handelt. All dies, vieles davon bereits von Darwin vermutet, ist heute gesicherte Erkenntnis der Verhaltensforschung, es sind anthropologische Konstanten.

Die Humanwissenschaften, insbesondere die Humanbiologie, lehren uns aber noch einiges anderes: Fast all diese Kräfte und Triebe sind angeboren, nicht angelernt, abgeschaut oder eingeübt, sondern, jedenfalls in ihrer Hauptrichtung und Intensität, von Anfang an vorhanden, sodass sich ihre Auswirkungen in allen Kulturen und Zivilisationen zeigen, in nur von den Randbedingungen und dem Stand der Technologie differenzierten Variationen. Sie zeigen sich besonders deutlich in den Formen des Wohnens und der Lebensführung – jedenfalls soweit es sich um das Wohnen und die Lebensführung jeweils jener Individuen handelt, die durch Besitz und oder Macht in der Lage sind oder waren, ihre Wünsche und Vorstellungen in ihrer Zeit und ihrer Gesellschaft ohne Einschränkungen und Kompromisse umzusetzen und auszuleben.

Die große Zahl der Menschen hatte im Lauf der Jahrtausende, deren Geschichte uns bekannt ist, genug damit zu tun, zu überleben und ihre physische Existenz zu erhalten – das Wie hing mehr vom Schicksal als vom Wirken des Einzelnen ab.

Es war erst die gesellschaftliche und politische Emanzipation der großen Zahl, die gesellschaftliche Entwicklung der letzten hundert Jahre, die zumindest in der westlichen Welt auch die große Zahl der Menschen in die Lage versetzte, sich ihrer aus der Evolution stammenden Antriebe bewusst zu werden und Ansprüche auf deren Erfüllung anzumelden.

In der Nichtzurkenntnisnahme dieser Emanzipation der großen Zahl, dem revolutionärsten Ereignis der letzten Jahrhunderte und vielleicht unserer gesamten bisherigen Geschichte, bedeutsamer noch als die technologische Entwicklung, wenn auch mit dieser nicht zufällig nahezu synchron, liegt die entscheidende Ursache für die Probleme, um nicht zu sagen, das Versagen eines Wohn- und

Städtebaus, der hartnäckig an den Vorstellungen der zweiten Hälfte des 19. Jahrhunderts festhielt, der letzten Epoche vor dem endgültigen Übergang der hierarchischen Herrschaftssysteme zur Massendemokratie.

Die präzise Übereinstimmung der Lebensweisen und Wohnformen der Reichen und Mächtigen aller Zeiten, die ihre Triebe und Wünsche ohne Einschränkungen umsetzen und ausleben konnten, ist ein kaum zu widerlegendes Indiz für die Intensität, Konstanz und Kongruenz unseres evolutionären Erbes, das sich quer durch alle Kulturen und die für uns überschaubaren Jahrtausende manifestiert. Die Lebensweise eines römischen Patriziers glich durchaus der eines chinesischen Mandarins – obwohl beide kaum etwas voneinander wussten oder erfahren hatten. Es ist daher nicht einzusehen, dass der gemeine, der kleine Mann, andere Wünsche und Bedürfnisse haben sollte – aber keinen Anspruch auf deren Befriedigung. Es geht dabei nicht nur um Gerechtigkeit. Evolutionär entstandene Antriebe, Instinkte und Verhaltensmuster werden zwanghaft ausgelebt, sobald das materielle Umfeld und die gesellschaftliche Entwicklung dies ermöglichen. Vom erwähnten kleinen Mann nicht so großzügig und direkt wie von der Nomenklatura dieser Welt, sondern vielfach durch Substitute, deren Konsequenzen aber, infolge der großen Zahl, die sie verursacht, für unsere ökologischen Ressourcen in noch viel größerem Ausmaß verschwenderisch, ja zerstörerisch sein können und sind.

Uns erscheint daher auch ganz selbstverständlich, dass, wer kann, so lebt, nämlich umgeben von grünender und blühender Natur, im Kreis von Freunden und Verwandten, möglichst mit weitem Blick ins Land, möglichst am Wasser, oder jedenfalls an künstlichen Teichen, Flüssen und Brunnen, und einen Beruf oder Tätigkeiten ausübt, die in irgendeiner Form planen, gestalten, entdecken und erobern beinhalten. Unsere Denk- und Gefühlsströme wurden von der Evolution tatsächlich in einem sehr engen Flussbett angelegt.

Unsere An-Triebe, Bedürfnisse und Wünsche, in Jahrmillionen programmiert, entstehen in uns, endogen. Erreichen sie eine gewisse Intensität – einfachste Beispiele sind der Hunger, der Sexualtrieb oder das Bedürfnis nach Bewegung und „frischer Luft" – bedürfen sie eines adäquaten Auslösereizes oder jedenfalls der Möglichkeit, sie auszuleben. Fehlt beides, kommt es zu einem – auf für uns noch unvorstellbar komplizierte Weise chemo-elektrisch bewirkten – Triebstau, dessen Energie wohl nur im Ausnahmefall zu einer Sublimierung ins Geistige oder Künstlerische führt, im Regelfall jedoch überspringt in eine von zwei Richtungen: in Resignation oder Aggression, beides schädlich, das eine unmittelbar, das andere in seinen längerfristigen Auswirkungen, wobei auch gegenseitige Verstärkung oder Vermischung eintreten können. Dabei mag die primitive, randalierende und vandalisierende Aggression unter Umständen noch weniger gefährlich sein als die aus dumpfer Resignation erwachsende Frustration, die oft genug am Anfang extremer, anarchischer und gesellschaftsfeindlicher politischer Haltungen und Handlungen steht.

Veränderte Gesellschaft und nicht veränderte Stadt

Rufen wir uns ins Gedächtnis: Die Auswirkung der großen Zahl für die Entwicklung der Städte, unserer Kultur und Zivilisation und unseres Verhältnisses zur Umwelt resultiert sowohl aus dem Moment der Masse an sich, genauso aber aus deren gewandelter Qualität im 20. Jahrhundert. Diese ist das Ergebnis der gesellschaftlichen Veränderungen, die auf die Gedanken und Thesen der Aufklärung zurückgehen. Dabei sollte man nicht vergessen, dass eine der Denkschulen, deren Einfluss zur französischen Revolution führte, nicht zufällig „Zurück zur Natur" predigte – ein Aufruf, mit dem sogar viele der späteren Opfer dieser Revolution kokettierten. Die Thesen der Aufklärung stellten erstmals die jahrtausendealten hierarchischen Systeme infrage, sie wurden im Laufe des 19. Jahrhunderts Allgemeingut und brachten mit dem Ende des Ersten Weltkriegs die alte Welt zum Einsturz. Seither ist die demokratische Massengesellschaft bis auf Weiteres die irreversible gesellschaftliche Realität und gleichzeitig die Grundlage unseres, gemessen an allem, was es jemals gab, unvergleichlich erfolgreichen Wirtschaftssystems. Mit dieser Entwicklung einher ging, und alles andere wäre ebenso inhuman wie verhängnisvoll für dieses Wirtschaftssystem, der ebenfalls erstmals in der Geschichte von der großen Masse der Unteren erhobene Anspruch, an den Lebensbedingungen der Oberen teilzuhaben, d.h. dem phylogenetischen Erbe der Spezies entsprechend zu leben und daher auch zu wohnen. Dabei muss klar sein, dass die Qualität des als Komplex aus Umwelt und Heimstätte zu sehenden Wohnens durch Substitute wie Konsum, Mobilität, Reisen und Urlaub nicht ersetzt werden kann – allenfalls in kurzen Lebensphasen, wie der der beruflichen Entwicklung oder der Partnersuche.

„Wanderer am Weltenrand", Holzstich aus dem Buch *L'atmosphère* von Camille Flammarion, Paris 1888

Die Umwandlung der Gesellschaft erfolgte, erinnern wir uns, in zwei Schüben: zunächst, im 19. Jahrhundert, als Emanzipation des Bürgertums, die zu dessen Teilnahme an der Macht und später zu deren Übernahme führte. Dies bedeutete immer noch eine hierarchische und repressive Gesellschaft, wenn auch mit verbreiterter Oberschicht. Es war gleichzeitig die Epoche des explosiven Wachstums der europäischen Städte – die erneut nach den Interessen und Vorstellungen einer zwar veränderten, doch immer noch hierarchischen Gesellschaft entstanden. Anders zwar als die monarchischen und autokratischen Modelle früherer Jahrhunderte, aber wiederum auf eine Gesellschaftsordnung ausgerichtet, die auf einer Trennung von oben und unten beruhte.

Die Industrialisierung bot den zweiten Söhnen und unverheirateten Töchtern der Landbevölkerung eine Existenzalternative. Wie diese beschaffen war, ist bekannt. Dessen ungeachtet entstand damit eine neue, immer größer werdende Schicht der Bevölkerung.

Das 20. Jahrhundert brachte schließlich die Emanzipation der großen Zahl und damit die Legitimation für alle, Lebensansprüche nach dem Gesetz und den Programmen der Evolution zu stellen. Gleichzeitig wurden die Forderungen der Aufklärung zu zumindest theoretisch nicht mehr infrage gestellten gesellschaftspolitischen Prinzipien der westlichen Welt.

Gestalt und Konzept unserer Städte gehen aber immer noch auf das 19. Jahrhundert zurück und wurden vor allem in den letzten Jahrzehnten, seit dem Ende des Zweiten Weltkriegs, aus Gründen,

Jean-Jacques Rousseau, Philosoph, Naturforscher und Pädagoge der Aufklärung in seinem Garten in Ermenonville im Juni 1778, kolorierte Radierung nach einem Porträt von Georges-Frédéric Mayer, 1778

die noch erörtert werden sollen, aus dem Geist eben dieses 19. Jahrhunderts, und zwar insbesondere dessen zweiter Hälfte, weitergebaut. Sie bieten wenig bis nichts, um den Bedürfnissen der großen Zahl der Menschen mit niedrigen und mittleren Einkommen zu genügen, das heißt, Wohn- und Umweltsituationen zu bieten, die unserem evolutionären Triebkomplex entsprechen. Da die große Zahl der auch in der demokratischen Massengesellschaft wenn nicht unter- so doch weniger Privilegierten sich die begehrten Biotope nicht selbst schaffen kann, und über die langsamen demokratischen Mechanismen nur zu diffuser Artikulation fähig ist, werden Ventile gesucht: in der Freizeitflucht, der Aussiedlung ins Umland, im sich zum Lebensmittelpunkt wandelnden Zweitwohnsitz, in Fernreisen, in der Überschätzung des zum Fluchtvehikel und mobilen Zweitwohnsitz werdenden Autos, im Fernsehschirm als Ersatz für den vom allzu nahen Gegenüber verstellten Horizont. Die ökologische, ökonomische, soziologische und logistische Fragwürdigkeit dieser Substitute muss nicht argumentiert werden.

Die Fakten sind evident. Sie führen zum Schluss, dass die zum Umbau der Städte des 19. Jahrhundert in Biotope für die demokratische Massengesellschaft des 20. Jahrhunderts Berufenen und Beauftragten, also die Architekten und Stadtplaner, die Soziologen, die Wohnbau- und Stadtpolitiker, ihre Aufgabe nicht gelöst, sie größtenteils gar nicht erkannt haben – offenbar weil sie die veränderte Qualität der Gesellschaft nicht erkennen wollten. Städtebau – und Architektur – dienten immer den Herrschenden, folgten Jahr-

Karlsruher Stadtansicht, Kupferstich von Heinrich Schwarz, 1721

tausende hindurch einem klaren Auftrag: Macht zu sichern, zum Teil durch deren bloße Darstellung – Bauen als Imponiergehabe und Drohstarren. Mit der Aufklärung und der Französischen Revolution begann dieser Zusammenhang seine Eindeutigkeit zu verlieren. Die Profession der Architekten suchte ein neues Selbstverständnis – und fand es in der 1817 gegründeten Ecole des Beaux Arts, die pompöse und theatralische Ästhetik zum Selbstzweck erklärte – die Plattitüde „Architektur ist Architektur ist Architektur" wurde ihrem Un-Sinne nach damals erfunden. So kam es, dass seither, in zwei Jahrhunderten der gesellschaftlichen Umwälzung und dem damit verbundenen Wandel fast aller Positionen, kaum aufgefallen ist, dass Architektur und insbesondere der Städtebau ungeachtet ihrer künstlerischen und technologischen Aspekte immer noch und vor allem gesellschaftliche Phänomene sind – und zwar, in einer grundsätzlich veränderten, nämlich nicht mehr hierarchischen Gesellschaft. Phänomene einer völlig neuen Art.

Für die meisten Planungsexperten und -politiker besteht Urbanität, also städtisches Leben, in einer Kombination kultureller und gastronomischer Schauplätze mit einer gehobenen Einkaufsszene. Für die große Zahl geht es jedoch, zunächst jedenfalls, um nicht mehr als um ungestörte Nachtruhe in einer durchgrünten Umwelt, um Lebensraum für Kinder und Alte, nachbarschaftliche Geselligkeit und erholsames Körpererlebnis im Wohnbereich, um Identifikation in einem von Verkehr und Emissionen freien, Elemente der Natur einschließenden Quartier.

Es sei erinnert: Die drückende materielle und Wohnungsnot der Nachkriegszeit und der Jahrzehnte des Wiederaufbaus sind vorüber. Neue Generationen sind herangewachsen, die die – im Vergleich – Enge und Rückständigkeit der 1930er- und 1940er-Jahre nicht kennen, sondern eine offene, freie, große Welt. Diese jemals erleben zu können, kam der älteren Generation noch gar nicht in den Sinn. Die jüngere stellt diesen Anspruch – zu Recht, in einer trotz allem Fortschrittspessimismus ständig reicher werdenden Welt. Bloß: Der Reichtum geht in den Konsum, die Städte bleiben, wie sie waren. Ihre Lebensqualität wird zunehmend schlechter, weil eine Entwicklung vor sich geht, die ihren Erbauern noch unvorstellbar war.

Es ist ein Lieblingsthema der Zivilisationskritik, dass wir unsere Möglichkeiten an Güter des Konsums verschwenden und nicht in Lebensqualität umsetzen. Aber die kurzlebigen Güter des überflüssigen Konsums lassen sich an jeder Ecke kaufen. Die Voraussetzungen einer lebenswerten Umwelt kann sich der Einzelne nur selten selber schaffen. Ein Teil solchen Konsums ist daher die Kompensation dieser Unmöglichkeit.

Darin und in nichts anderem liegen die entscheidenden Gründe für die dramatischen Ausmaße der Suburbanisation in den letzten Jahrzehnten, der Freizeitflucht in die Staus und leeren Kilometer der Wochenenden. Aber daraus resultieren gleichzeitig Zerstörung der stadtnahen Natur, eine ungeheure, unproduktive Verschwendung von Mitteln, eine Unzahl bedenklichster ökologischer Folgen, und über die materielle Verschwendung hinaus, verlorene Lebenszeit des Individuums – wobei das individuelle Ziel zumeist gar nicht erreicht wird. Ebenso gleichzeitig reduziert diese Entwicklung jene Qualität der Stadt, die wir Urbanität nennen, was immer der Einzelne darunter verstehen mag.

Die Flucht aus der Anonymität

Eine der stereotypen Klagen über die Lebenssituation in den Städten ist ihre Anonymität, das beziehungslose Nebeneinander von Tausenden, ja Millionen Menschen. Wir wissen aus der Verhaltensforschung, dass jeder Fremde, den wir nicht schrittweise kennenzulernen vermögen, und dessen Absichten wir daher nicht sicher zu sein vermögen, einen Stressfaktor darstellt. Nun war das Unbekannte, ob Mensch, Tier oder Naturgewalt, in allen Epochen unserer

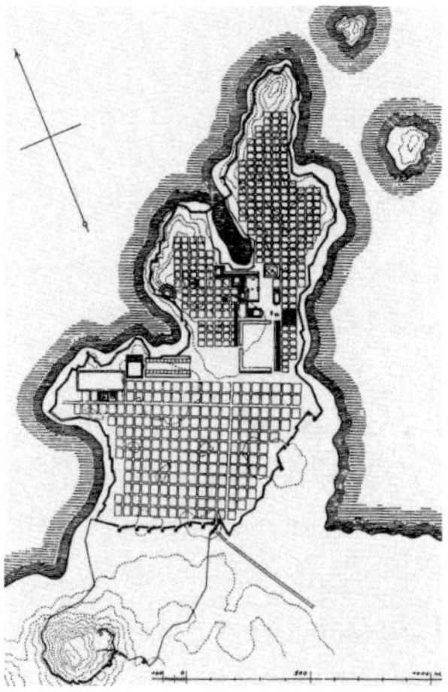

Stadtplan von Milet beruhend auf dem Rastersystem des Hippodamus von Milet, 5. Jh. vor Chr. (Rekonstruktion)

Stadtplan von San Francisco, 1852

Geschichte ein Stressfaktor – den der Mensch umso eher ertrug, als er sich des Rückhalts und des Schutzes der Gruppe, der er angehörte, gewiss sein konnte.

Diese Suche nach Rückhalt in einer Gruppe oder Gemeinschaft ist, neben dem Bedürfnis nach Naturkontakt und der Erwartung, Möglichkeiten der Eigeninitiative zu finden, ein weiteres Hauptmotiv für das städtebauliche oder, richtiger, stadtpolitische Phänomen der Suburbanisation. Man sollte die Ausmaße der Furcht vor der Anonymität, vor dem Allein-Sein in einer fremden Welt nicht unterschätzen. Ersetzt man die „fremde Welt" durch den oder die „Fremden", dann wird erkennbar, gerade aus der Geschichte des letzten Jahrhunderts, welche Dimensionen aus diesem archaischen Erbe zu entstehen vermögen.

Dabei gleicht die Anonymität der wuchernden Stadtrandsiedlungen durchaus jener von Wohnbauten, die monofunktional dem „Wohnen" im engsten Sinne dienen: Schlaf- und Kochstelle und Aufbewahrungsort der persönlichen Habe, mit der Welt nur verbunden durch das Fernsehkabel. Trotzdem ist das Siedlungshaus der Wunschtraum Tausender, da es zumindest in Ansätzen einiges von dem bietet oder zu bieten scheint, wofür wir konditioniert sind: Ein handtuchgroßes Stück Erde, ein paar Obstbäume, die Möglichkeit, etwas „nach eigenen Vorstellungen" zu gestalten, und so Erinnerungen und Erwartungen wachzurufen an ein naturnahes Leben in jener überschaubaren dörflichen Gemeinschaft, in der jeder jeden kannte und zu Hilfe kam, wo Kirche, Kaufmann und Gasthaus,

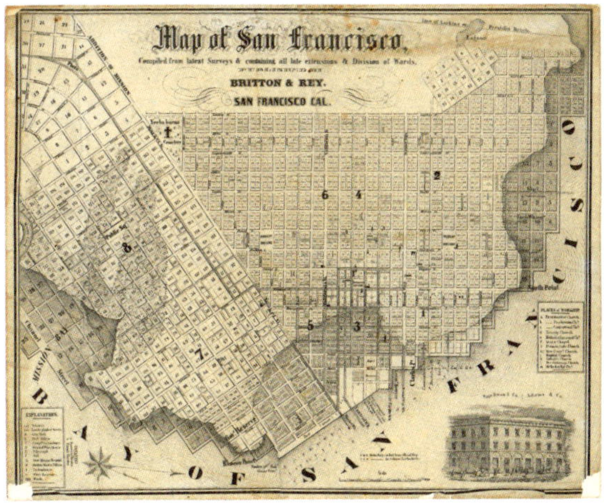

früher wohl auch der Dorfbrunnen, „bandstiftende Situationen“ in der Sprache der Verhaltensforschung darstellten. Dass davon im Siedlungsbrei rund um unsere Großstädte vielleicht nur der Streit über den Zaun überbleibt, stellt sich erst später heraus.

Stadtplanung und Wohnen seit der Antike

Auch die Grundmauern jener Städte, die Tausende Jahre vor unserer Zeitrechnung bestanden haben, folgten einem Plan. Namentlich bekannt wurde für uns jener Hippodamus, der die Rasterstadt Milet entwarf, deren Schema seit über zweitausend Jahren immer wieder angewendet wird. Es ist das Grundmuster vieler schnell entstandener Städte der neuen Welt. Es ist ein übersichtliches Ordnungssystem, das einfachste Orientierung und klare Besitzverhältnisse ermöglicht, wie z.B. in Manhattan, dem Zentralbereich von New York. Ebenso bewährte es sich bei der spekulativen Parzellierung der dörflichen Vorstädte und des unbebauten Umfelds der mitteleuropäischen Städte im Übergang des Biedermeier zur Gründerzeit in der zweiten Hälfte des 19. Jahrhunderts, zur Befriedigung einer großen Zahl von, man würde heute sagen, Kleinanlegern, die in Immobilien investieren und „Hausherren“ werden wollten. Eigenartigerweise greift heute ein großer Teil aktueller Entwürfe für Neubaugebiete auf ähnliche Figurationen zurück.

Parallel zu dieser einfachste Vermarktung ermöglichenden orthogonalen Parzellierung städtischen Grunds regte sich der Wunsch,

Berliner Mietkasernen um 1900, aus: Berlin in Bildern, hrsg. v. Adolf Behne, Verlag Dr. Hans Epstein, Wien und Leipzig, 1929

den psychischen Appell der Natur nicht zu verlieren. Durch das Entstehen neuer Städte über Nacht und ohne historische Stadtkerne, ohne andere als topografische Vorbedingungen, aber auch infolge der Tradition vor allem in England entwickelter Ideen wurde *landscaping*, Landschaftsgestaltung, zum wichtigen Bestandteil vieler stadtplanerischer Überlegungen in der neuen Welt. Die frühkapitalistische Maximalnutzung von Grundstücken wurde durch „Grüne Lungen" gemildert, wie sie der Central Park in New York oder die Folge aneinandergereihter Parks in Boston darstellen, beides Projekte des Frederik Law Olmsted, eines einflussreichen Planers dieser Epoche. Bis heute sind in diesen und anderen Städten die an die von ihm und seinen Nachfolgern geplanten Parks grenzenden Quartiere die jeweils besten und teuersten Wohnadressen, die den wirtschaftlichen und „gesellschaftlichen" Eliten vorbehalten blieben. Das Wohnen der unteren Schichten, wenn diese auch die große Zahl darstellten, war kein Anliegen.

Was wir aus dem 19. Jahrhundert als stadtgestaltende Maßnahmen kennen, die Boulevards des Haussman'schen Paris oder die Wiener Ringstraße, erfolgte nach keinem Idealplan, sondern als Konsequenz der auf allen Gebieten vor sich gegangenen Veränderung der gesellschaftlichen Struktur – nicht zuletzt auch der militärischen Technologien. Die Stadt des bis dahin dominierenden Feudalismus wich der Selbstdarstellung eines wirtschaftlich und politisch erfolgreichen Bürgertums. Es war der Übergang zu einer zwar immer noch hierarchischen, aber nunmehr auch von Besitzenden bestimmten

Innenhof einer Mietskaserne, aus: Die Wohnung für das Existenzminimum, hrsg. v. Städtischen Hochbauamt Frankfurt am Main und den Internationalen Kongressen für Neues Bauen, Frankfurt am Main, 1930

Gesellschaft, die auf den neuen Prachtstraßen oder in Villenvierteln lebten, Landhäuser besaßen, und Urlaube am Meer, in Berghotels und Kurorten verbrachten.

Im 19. und beginnenden 20. Jahrhundert war aber nicht nur der unternehmende Bürger zur Teilnahme an der Macht aufgestiegen, sondern auch der sammelnde, forschende und katalogisierende Professor, und mit ihm die Schichte der „Gebildeten". Der Bildungsbürger erfreute sich am Historismus als unterhaltsame Illustration der um die Wende vom 18. zum 19. Jahrhundert von Johann Joachim Winckelmann „erfundenen" Wissenschaft der Kunstgeschichte. Gleichzeitig bedeutete die willkürliche Verfügung über den Formenschatz der Vergangenheit eine gewissermaßen kannibalische Aneignung deren kultureller Substanz.

In dieser Epoche waren die Städte immer noch verhältnismäßig klein, ihre Anlage oder ihr Umbau auch mit damaliger Technologie, mithilfe eines heute fast unglaublichen Einsatzes menschlicher Arbeitskraft, in überschaubaren Zeiträumen möglich. Heute sind die Städte in Dimensionen gewachsen, die den Umbau, auch den in eine Grüne Stadt, nur in punktuellen Projekten, schrittweise, mittel- bis langfristig erlauben – vorausgesetzt, dass grundsätzlicher politischer Wille besteht, die Natur in die Stadt zurückzuholen und damit die Menschen in den Städten zu halten.

Als Wirkung der Aufklärung waren die Ideen der sogenannten Utopischen Sozialisten, parallel und zum Teil in Konkurrenz zu Friedrich Engels und Karl Marx, entstanden, die für das Wohnen

Jean-Baptiste André Godin, Unternehmer und utopischer Sozialist plante Mitte des 19. Jahrhunderts für die Arbeiter seiner Fabrik die Familistère in Guise, Frankreich. Sie gilt als erster sozialer Wohnbau. Innenhof im zentralen Flügel der Anlage, Anonyme Fotografie, 1890.

der unteren Schichten, im Besonderen der sich damals bildenden Industriearbeiterschaft, Projekte entwickelten, die in ihrer äußeren Gestalt ironischerweise den Palästen des Hochbarock entsprachen – sei es, dass die Faszination der Monarchie eine andere Bauform gar nicht vorstellbar erscheinen ließ, sei es, dass sich darin auch politischer Anspruch ausdrückte. In ihrem Inneren wiesen sie jedoch ein geradezu idealkommunistisches multifunktionales Konzept auf. Zweifellos wurde erkannt, dass das elende Leben dieser frühen Industriearbeiter und ihrer Familien nicht nur materieller Verbesserung bedurfte, sondern vor allem der Entwicklungsmöglichkeit des Individuums. Es sollte daher in diesen, von Charles Fourier „Phalanstère" genannten Anlagen auch Schulen, Kindergärten, Säle für Feste, Tanz und Musik geben. Fouriers Phalanstère wurden nie gebaut – erst in der zweiten Hälfte des Jahrhunderts fand sich in Jean-Baptiste Godin ein philanthropischer Fabrikbesitzer, der in seinem „Familistère" – in Guise sur Oise – Fouriers Gedanken aufgriff und umsetzte – offenbar so pragmatisch und erfolgreich, dass sie bis 1968 (!) noch ihrem ursprünglichen Zweck dienten.

Beide Konzepte entsprachen mehr oder weniger dem einiger ebenfalls im 19. Jahrhundert entstandener Werksiedlungen, mit dem Unterschied, dass Fouriers Phalanstère und Godins Familistère eher das waren, was wir heute als Wohnblock, vielleicht sogar als Superblock bezeichnen würden. Tatsächlich hatte schon zum Anfang des Jahrhunderts, 1824, ein philanthropischer – und kluger – Textilunternehmer, Robert Owen, in Schottland „New Lanark" gegründet.

Arbeiterkolonie Westend in Essen, erste Arbeitersiedlung der Firma Krupp, ab 1863, Foto um 1870

Die Arbeiter erhielten dort, gemessen an jener Zeit, gute Wohnungen für ihre Familien, und der Fabrikherr sorgte außerdem für Schulen, Kinderkrippen, Festsaal, Spielplätze und Kirche. Owens Konkurrenten spotteten, bis sie sahen, dass dieser durch höhere Produktivität auch höhere Gewinne machte. Owen versuchte, seine Ideen später in die neue Welt zu übertragen, was scheiterte: Anscheinend waren die mit ihm über den Atlantik Ausgewanderten nicht Industriearbeiter, die besseres Leben mit höherer Leistung erwiderten, sondern was wir heute als „Alternative" bezeichnen würden, die Diskussionen der Handarbeit vorzogen.

Der Grundgedanke aber war in die Welt gesetzt. 1845 beschrieb Benjamin Disraeli, später Premierminister der englischen Königin Victoria, in einer Novelle einen Unternehmer als Philanthropen, der für die Arbeiter seiner Fabrik ein Dorf baute mit allem, was liberales Denken – für damalige Begriffe kühn und fortschrittlich – für die Lebens-, aber auch Bildungs- und Entwicklungsmöglichkeiten der Arbeiterschaft sich vorstellen konnte: also außer mit frischem Quellwasser ver- und durch ein geschlossenes Kanalsystem entsorgten kleinen Häuschen und Wohnungen, Schulen, Kinderkrippen, Badeanstalt, Spital und Gemeinschaftseinrichtungen, bis zum Tanz- und Theatersaal. Dieser Roman beeindruckte einen jungen Industriellen, Titus Salt, derart, dass dieser 1851 tatsächlich eine solche Anlage errichtete, „Saltaire".

Andere Industrielle folgten, so auch Alfred Krupp in Deutschland, die – vielfach – weniger idealistisch waren, und eher an die an das

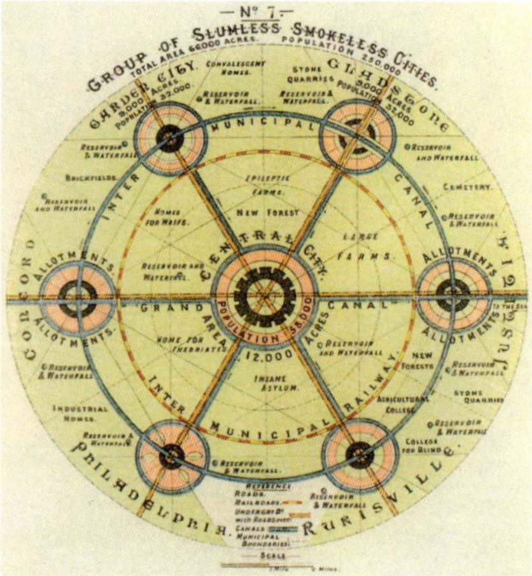

Ebenezer Howard, Diagramm der Gartenstadt in ihrer Umgebung, publiziert in „Garden Cities of To-morrow", Swan Sonnenschein & Co., London, 1902

Haus geknüpfte Verfügbarkeit über den qualifizierten Werkmeister dachten.

Für benötigte Spezialisten hatte es übrigens schon in der Zeit des Merkantilismus Ähnliches gegeben, wie z. B. die „Nadelburg" Maria Theresias bei Wiener Neustadt, wo eine Nadelfabrik mithilfe aus dem Ausland geholter und dort angesiedelter Facharbeiter errichtet wurde.

Diesen Unternehmern kann aufgeklärte humanitäre Gesinnung nicht abgesprochen werden. Aber wenn diese Werksiedlungen auch zweifellos einen Fortschritt für die dort lebenden Industriearbeiter bedeuteten, jedenfalls im Vergleich zu den in die großstädtischen Mietskasernen gepferchten Menschen, es war natürlich ein Geschäft zum beiderseitigen Nutzen: Denn wer über das Haus verfügte, verfügte auch über den Mann. Wer entlassen wurde, ging dieser vergleichsweise menschenwürdigen Wohn- und Lebensmöglichkeit verlustig. Es war eine Wohltat, kein Recht.

Eine der wichtigsten Ideen war, schon zum Ende des 19. Jahrhunderts, die „Garden City" des Parlamentsstenografen (!) Ebenezer Howard. London hatte sich durch das Überwiegen reihenhausartiger Wohnbebauung ungeheuer ausgedehnt. Das späterhin sehr dicht ausgebaute Netz der Subway war erst im Entstehen. Als Lösung für die dadurch entstandenen Probleme schlug Ebenezer Howard einen Gürtel von autarken Entlastungstädten vor – den Terminus gab es damals allerdings noch nicht –, die untereinander durch eine Ringlinie und mit der Metropole durch Radialen verbunden waren. Jede Einheit sollte aus Arbeitsstätten, einem Wohngebiet und einem landwirt-

Otto Wagner, Idealplan für einen 22. Wiener Gemeindebezirk, 1911, Modell in der Otto-Wagner-Ausstellung im Wien Museum, 2018

schaftlichen Grüngürtel bestehen, der zur Versorgung der dort Wohnenden diente. Howard entwickelte auch Finanzierungspläne und es gelang ihm tatsächlich, drei solcher „Garden Cities" ins Leben zu rufen. Er ging allerdings von einem Fortbestand des gesellschaftlichen Status seiner Zeit aus – er berücksichtigte nicht das entstehende und sich verstärkende Bedürfnis nach freier und von individuellen Interessen bestimmter Wahl des Arbeitsplatzes. Dadurch überlebte sich sein Konzept ziemlich rasch. Wenn man will, lebt es in den nach dem Krieg entstandenen – nun so genannten – Entlastungsstädten, „Satelliten", „Trabanten" und „New towns" in Skandinavien oder England fort. Auch die nach dem Krieg entstandenen „Entwicklungsachsen", also verdichtetes Bauen entlang leistungsfähiger Massenverkehrsbänder, ließen sich mit Howards Überlegungen in Verbindung bringen.

Im deutschen Sprachraum entstand aus der wörtlichen Übersetzung der „Garden City" die „Gartenstadtbewegung": Die Mischung aus Schrebergartenkolonien, verdichtetem Flachbau und Einfamilienhaussiedlungen war eine romantisch-kleinbürgerliche Idylle, die allerdings an wichtige Teile unseres evolutionären Erbes appellierte.[2]

Natürlich gab es auch Stadtentwürfe zur Erweiterung großer Städte wie der Plan Otto Wagners für ein Wien links der Donau. Diese stehen jedoch völlig in der Tradition der Rasterstadt der zweiten Hälfte des 19. Jahrhunderts, und gehen von einer Gesellschaft aus, die unveränderlich im Zustand der Entstehung des Plans, 1910, verharrt.

Bernhard Hermkes, Wohnheim für berufstätige Frauen im Neuen Frankfurt, 1931, Foto 2013

Die frühen Jahrzehnte des 20. Jahrhunderts brachten, nicht zuletzt durch die Millionen prägende Erfahrung des Krieges, die ersten Regungen der Emanzipation der Unterschichten. Der soziale Wohnbau der Jahre nach dem Ersten Weltkrieg in den Niederlanden,[3] Deutschland[4] und in seiner grundsätzlichsten Ausprägung in Wien entstand aus tiefer humanitärer Gesinnung. Es waren Vorläufer eines neuen Wohnbaus und damit einer neuen Stadt.

Die Vorschläge Le Corbusiers für einen Umbau der alten Quartiere der Stadt Paris in eine Stadt von Wohnhochhäusern über kreuzförmigen Grundrissen, getrennt durch riesige Grünflächen (Plan Voisin, 1925, Anm.), sind vergleichsweise von großer Radikalität. Sie mögen Le Corbusier, der den nicht viel weniger radikalen Stadtumbau Haussmans vor Augen hatte, realistisch erschienen sein – schließlich waren sie rational und modern, und technisch nicht einmal allzu utopisch.

Le Corbusier stellte schon 1922 im Salon d'Automne in Paris eine übereinander zu setzende zweigeschossige Maisonette vor, was er „Immeuble villa" nannte. Ich habe, bewusst oder unbewusst, meine ersten Terrassenbauten ähnlich als „Gestapelte Einfamilienhäuser" bezeichnet. Warum Le Corbusier das Terrassenhaus nie in Erwägung gezogen hat, weiß ich nicht,[5] der Entwurf von Adolf Loos für ein terrassiertes, pyramidenförmiges Hotel könnte ihm bekannt gewesen sein. (Vgl. S. 68 f.) Sicher wusste er von den Pariser Terrassenhäusern des Henri Sauvage aus den 1910er- und 1920er-Jahren, deren eines in seinem „Bauch" sogar ein Schwimmbad besitzt. (Vgl. S. 65 ff.) Dass nach dem Krieg ganz oder teilweise zer-

Gerrit Rietveld, Wohnanlage Erasmuslaan in Utrecht, 1931, Foto 2013

störte Stadtstrukturen wieder aufgebaut wurden, war rückblickend nicht immer sinnvoll, in vielen Fällen Verzicht auf eine einmalige Chance, aber verständlich. Von Menschen, die mit Überleben beschäftigt sind, kann man keine Visionen verlangen.

Es gab – und gibt – für das Wohnbaugeschehen der Nachkriegszeit viele Erklärungen. Mir erscheint keine plausibel, wahr ist bloß, dass dringender Bedarf bestand. Aber man hätte, anstatt auf den Kasernenbau des Faschismus und seine Wohnblocks für Offiziersfamilien – das meiste des Wenigen, das in diesen Jahren an Wohnbau entstand, ging in diese Richtung – nur zehn Jahre weiter zurückschauen müssen: Die Wohnbauten der Moderne in Frankreich, in den Niederlanden und in Deutschland wären als Vorbilder weit besser gewesen, und der Wohnbau des Roten Wien war seiner Zeit und dem meisten, was nach dem Krieg entstand, in seinem Konzept und seiner Gesinnung weit voraus. Die politischen Köpfe, deren brennende Menschenfreundlichkeit in den 1920er-Jahren vor allem in Wien die Vision menschenwürdigen Wohnens entwickelt hatten, gab es zwei Jahrzehnte später nicht mehr.

Eine Rechtfertigung für den Wohnbau der Nachkriegszeit – man ist versucht, Ausrede zu sagen – war der Geldmangel, die Notwendigkeit, billig zu bauen. Nun trifft dies, zunächst einmal, genauso auf die Jahre nach dem Ersten Weltkrieg zu. Vor allem aber: Was gebaut wurde, war weder absolut billig noch zumindest wirtschaftlich im Sinne einer längerfristigen Kosten-Nutzen-Rechnung. Gebaut wurden Unterkünfte, nicht mehr.

Sigfried Giedion, Befreites Wohnen, Orell Füssli Verlag, Zürich und Leipzig 1929, Buchcover

Es entstanden wohl einige nun als Satelliten- oder Trabanten bezeichnete Entlastungsstädte wie in England Milton Keynes (ab 1967) oder Vällingby bei Stockholm (1954), im Konzept zweifellos Ebenezer Howard verpflichtet, wenn auch ohne seine Landwirtschaft einbeziehende Versorgungsautarkie. Sie wiederholten aber sein Missverständnis, nämlich die Annahme einer festen Beziehung zwischen Wohnen und Arbeitsplatz. Ich erinnere mich an die in einer schwedischen Studie ausgedrückte Enttäuschung, der zufolge dieser Zusammenhang sich nur für Teilzeit arbeitende Frauen mit Kindern als attraktiv erwiesen hatte.

Das meiste, das außerhalb der Stadtkerne gebaut wurde, und das war der größte Teil des Neubaus, entstand „auf der grünen Wiese", die nachher allerdings nicht mehr grün war. Damit wurde die große Zahl der städtischen Bevölkerung mit niedrigen und mittleren Einkommen „wohnbefriedigt". Die „besser Verdienenden" sorgten, wie eh und je, für sich selbst. Sie sind auch nicht Gegenstand dieser Überlegungen, da ihr Wohnen nur insofern von stadtgestaltender Bedeutung ist, als es für die von dieser Möglichkeit Ausgeschlossenen trotzdem zum Leitbild wird. Dies gelingt – in der Regel – der großen Zahl zwar keineswegs, führt aber dazu, dass es auf Wegen versucht wird, die in ihrer Gesamtheit höchst schädlich sind: Aus der Villa im Gartenbezirk wird das Siedlungshaus im städtischen Umland, der fehlende Naturkontakt wird durch hektische Freizeitmobilität und Zweitwohnungen ersetzt. Städtisches Leben im Sinne sozialer Kommunikation, von Freizeit, die mit einem Minimum im Verkehr vertaner

Le Corbusier, Immeubles Villas, Gestapelte „Einfamilienhäuser" mit Gärten als dichte städtische Wohnform, 1922

Lebenszeit genossen werden kann, entsteht – und entstand – so nicht. Die wirkliche und zum Fortbestand der Stadt unerlässliche Verbesserung unserer Lebensqualität liegt in Umständen und Veränderungen, die der Einzelne nicht selbst bewirken kann, auch nicht durch ein paar Prozente mehr Lohn: In der Stadt, doch im Einklang mit der Natur zu leben – die Möglichkeiten der Verhaltensvielfalt und der Freizügigkeit der Stadt zu genießen, ohne dafür mit Anonymität, Vereinsamung und Beziehungslosigkeit bezahlen zu müssen – in der großen Stadt Identifikation im Überschaubaren zu finden. Und im Zivilisationsartefakt Stadt das lebendige Universum nicht zu verlieren: Wasser und Himmel, das Gefühl des eigenen Körpers ebenso wie Nähe und Erreichbarkeit anderer Menschen. Das Erlebenkönnen des ungeheuren, verästelten, doch einem einzigen Ursprung entspringenden Komplexes all jener Antriebe, Begierden, Wünsche, Bedürfnisse, die Millionen Jahren der Evolution gebildet haben. Wir haben gelernt sie einzuschränken, zu beherrschen, sie durch Substitute zu ersetzen und sie nur manchmal, für kurze Zeit, wie wenn man einem Hund die Leine löst, freizulassen. Wir haben uns damit abgefunden, so zu leben. Die Grüne Stadt ist ein Konzept, diesen Spielraum zu vergrößern – die Leine zu verlängern.

Hugo Breitner, Stadtrat für Finanzen in Wien 1919–1932

Der Sandleitenhof ist mit 1.587 Wohnungen und umfassender sozialer Infrastruktur die größte Anlage des kommunalen Wohnbaus im Roten Wien, 1924–1928, Architekten Schönthal, Hoppe, u.a.

Kinderfreibad am Margaretengürtel, an der sogenannten „Ringstraße des Proletariats" in Wien, 1926

Das Rote Wien

Der Gemeindebau des Roten Wien erklärte menschenwürdiges Wohnen für ein Grundrecht. Die politischen Zielsetzungen waren auf einen Umbau der Gesellschaft gerichtet, mit der Konsequenz eines Umbaus der Stadt des 19. Jahrhunderts, Abbild einer immer noch nur dünn demokratisch übertünchten repressiven Gesellschaft.

Die treibenden Kräfte waren Männer bürgerlicher, man könnte sagen, großbürgerlicher Herkunft: Der Verantwortliche für die Finanzen der Stadt Wien, Hugo Breitner, war vormals Generaldirektor der größten Bank des Landes gewesen, und der Verantwortliche für Gesundheit war der Universitätsprofessor Julius Tandler, ein bedeutender Anatom. Sie waren weder Architekten noch Stadtplaner, aber sie gaben den – überwiegend konservativ eingestellten – Architekten ambitionierte soziologische Ziele vor, deren urbanistische Konsequenzen zur Abkehr von den gründerzeitlichen Stadt- und Wohnbauprinzipien führten. Sie gingen über jene allgemeinen Forderungen nach Luft und Licht und nach Einbettung der Wohnungen in Grün, die in den 1920er-Jahren überall in Europa erhoben wurden, als Reaktion auf die Enge des Wohnbaus der Vergangenheit, hinaus.

Das städtebaulich – und gesellschaftspolitisch – Besondere an dem Wiener Modell waren zunächst einmal seine Dimensionen: Viele der Bauten hatten Quartiersgröße. Dies entstand jedoch nicht durch an Erschließungsstraßen aufgereihte Blöcke, sondern wurde als Abfolge ineinander übergehender parkartig bepflanzter Höfe

gestaltet, begrenzt nur durch die äußersten Grundstücksumrisse. Eine solche parkartige Hoflandschaft unterschied sich grundsätzlich von dem starren, versteinerten gründerzeitlichen Straßenraster, der im Wesentlichen nur der Erschließung enger, möglichst rechtwinklig begrenzter Besitzparzellen gedient hatte, aber auch von den eher schematischen Zeilen des Wohnbaus im übrigen Europa. Das Ziel einer durchgrünten, kleinteilig multifunktionalen Stadt wurde durch insgesamt rund 60.000 Wohnungen in zehn Jahren, zwar nur punktuell und verteilt über ganz Wien, in unterschiedlich weit gehender Annäherung und in modellhaften Ansätzen realisiert.

Für diese Zielsetzung ist der – nicht zufällig für den neohistoristischen Zeitgeist der letzten Jahre – viel publizierte Karl-Marx-Hof keineswegs ein charakteristisches Beispiel. Seine plakative Monumentalität hat weit mehr mit den „Ordensburgen" der SS zu tun – sein Architekt, Karl Ehn, war tatsächlich ein Mitläufer des Nationalsozialismus – als mit der humanen Gesinnung und idealistischen Menschenfreundlichkeit der meisten anderen Gemeindebauten, wie dem George-Washington-Hof, dem Hof am Fuchsenfeld, dem Rabenhof, den Höfen in Sandleiten und anderen.

Die neben der parkähnlichen Durchgrünung und der vielfach freien Abfolge von Räumen und Bauten entscheidende Zielsetzung des Gemeindebaus des Roten Wien, die diesen von allem, was es in jener Zeit – aber auch später – in Europa gab, unterscheidet, war seine nahezu in allen Lebensbereichen wirksame, auf soziale und kulturelle Autarkie zielende Multifunktionalität.

Der George-Washington-Hof in Wien mit seinen großzügigen grünen Höfen, Architekten Karl Krist und Robert Oerley, 1927–30, Foto 2016

Wie schon erwähnt, war die Benachteiligung der Unterschichten, also der Arbeiterschaft und des Kleinbürgertums im 19. Jahrhundert nicht nur eine materielle, sondern auch, um nicht zu sagen vor allem, eine kulturelle und eine der Bildungsmöglichkeiten. In diese Gemeindebauten wurden daher nicht nur im engeren Sinn soziale Einrichtungen wie Mütterberatungen und Säuglingskrippen, Ambulatorien, Zahnkliniken, Gemeinschaftsbäder und preiswerte Lebensmittelläden integriert, sondern auch Volksbildungshäuser, Musikschulen, Büchereien, Theater- und Kinosäle, die ausgesuchte künstlerisch oder wissenschaftlich bedeutsame Filme spielten. Es gab Treffpunkte der Antialkoholikerbewegung – „ein denkender Arbeiter trinkt nicht, ein trinkender Arbeiter denkt nicht" – und, natürlich, auch Parteilokale der Sozialdemokratischen Partei, die „Sektionen".

Daher war naheliegend, dass die politischen Gegner in den Gemeindebauten Festungen und Brutstätten der Weltrevolution sahen. Der Vorwurf mag in der Atmosphäre jener Zeit nicht einmal unberechtigt gewesen sein.

Er ist städtebaulich und stadtsoziologisch ohne Bedeutung, aber aus der gemeinsamen Gesinnung der Bewohner und den Möglichkeiten gemeinsamer Aktivitäten eines solchen „Hofes" erwuchs jene Kommunikation und jenes Gefühl der Zusammengehörigkeit, das die moderne Großstadt und auch die sonst in Europa, vor allem in Deutschland und den Niederlanden, damals entstandenen sozialen Wohnbauten – obwohl zumeist formalarchitektonisch auf einem viel höheren Niveau – nicht boten.

Die Wiener Bauten waren aufgrund ihres umfassenden Anspruchs auch Symbole der Arbeiterkulturbewegung jener Zeit, Ausdruck und Verwirklichung einer humanitären Vision, die zum Ziel hatte, den Lebens- und Kulturstandard eines großen, bislang unterprivilegierten Teils der Bevölkerung zu heben – alle teilhaben zu lassen an dem, was bisher eine schmale Schicht für sich beansprucht hatte. Aus heutiger Sicht ist kaum vorstellbar, wie neuartig und für die Anhänger der hierarchischen Vergangenheit empörend schon die Gemeindebauten des Roten Wien waren. Eine soziale Schichte, die trotz ihrer zahlenmäßigen Mehrheit noch nie in Erscheinung getreten war, sich nie darzustellen gewagt hatte, betrat die städtische Bühne: nicht mit Bauten, die wie die gründerzeitlichen Mietskasernen Karikaturen der Paläste der Herrschenden waren, mit elenden Unterkünften hinter potemkinschen Fassaden, sondern mit dem Anspruch einer neuen Lebensweise in einer neuen Stadt für einen neuen Menschen. Wem dies pathetisch klingt, Wohnen – und Leben – in einer großzügig grünen, nicht in Spekulantenparzellen aufgeteilten Welt, in Häusern inmitten baumbestandener, ineinander übergehender Höfe, dies waren und sind heute noch für einen großen – wahrscheinlich den größten – Teil der Menschen die vor allem anderen genannten Lebensvorstellungen, zumindest soweit sie das Wohnen betreffen. Dass die multifunktionale Infrastruktur dieser Bauten, die nicht nur für den täglichen Bedarf sorgte, sondern darüber hinaus Bildungs-, Sozial- und Gesundheitseinrichtungen bot, heute durch der Freizeit, dem Körpererlebnis und der Geselligkeit dienende ergänzt und zum Teil ersetzt werden muss, ist eine Konsequenz der emanzipatorischen Entwicklung. Auch damals war alles verkehrsfrei – weil das Auto in jener Zeit noch ein Spielzeug der Reichen war. Diese Bauten stellten die Realität gewordene Vision des Aufbruchs in eine neue Zeit dar. Ihr politischer Erfolg war groß: Obwohl diese Epoche nur ein Jahrzehnt dauerte, gab sie ein Signal, dessen Wirkung bis in die jüngste Vergangenheit reichte.

Der Historismus als gesellschaftspolitisches Phänomen

Es scheint, dass die ästhetische Argumentation immer dann einsetzt, wenn die Politik die Kraft und die Fähigkeit verliert, die konkrete Entwicklung besserer Lebensumstände zu artikulieren. Dies war so in der zweiten Hälfte des 19. wie den letzten Jahrzehnten des 20. Jahrhunderts. Wenn das Ziel der gesellschaftlichen Emanzipation, das – für sich – jeder Mensch zu formulieren vermag und das sich keineswegs nur auf Materielles beschränkt, zu verschwimmen beginnt, dann kommt die Zeit der Scharlatane, der Populisten, der Schönredner, der Schwindler aus Andersens Märchen von „Des Kaisers neuen Kleidern". Die Ziele gehen verloren: Auf allen Gebieten des Lebens und der Politik, also auch des Städtebaus, des Wohnbaus und der Architektur, deren Entwicklung sich auf Formales, aber gesellschaftlich Peripheres beschränkt.

Der Übergang der Macht von der Aristokratie und den Militärs zum Bürgertum fand nur allmählich statt. Daher versuchte der Großteil der neuen Oberschicht, einer notorischen Gesetzmäßigkeit folgend, es den den Staat immer noch beherrschenden Gesellschaftsschichten, den Aristokraten und Militärs, gleichzutun, und gewissermaßen durch Mimikry in deren Kreis aufgenommen oder zumindest geduldet zu werden. Solches Verhalten entspringt nicht nur der menschlichen Eitelkeit, sondern ist auch der Versuch, durch die Nähe zu den Alphas einen höheren oder zumindest gesicherten Rang in der Horde zu ergattern.

Wie wir in der zweiten Szene des ersten Aktes von Gotthold Ephraim Lessings „Emilia Galotti" erfahren, geht „Kunst nach Brot", die Künstler daher zu den Reichen und Mächtigen. Und wenn diesen die Vergangenheit besser gefiel als die Gegenwart – das ließ sich machen. So wurde der Historismus zur Selbstdarstellung des Bürgers als Edelmann. Dies führte in der zweiten Hälfte des 19. Jahrhunderts auch zu neuen Gebäudetypen, die diese Maskerade aufs Anschaulichste demonstrierten. Auch der reichste Bürgerliche konnte nie mit den praktisch unermesslichen Besitztümern mancher Adeliger konkurrieren, die aus der Beute vieler Kriege und der Fronarbeit Zehntausender über in Jahrhunderten angesammelte Vermögen und über riesige Ländereien und Schlösser mit unzähligen Bediensteten verfügen.

Für das nachrückende Bürgertum konnte es nur Diminutive geben, und so entstand das „Palast-Hotel". Dieses bot seinen Gästen zu einem zwar hohen, aber für einen begrenzten Zeitraum erschwinglichen Preis, Wohnen in schlossartigen Gebäuden – „Hotel" bedeutete ja ursprünglich den Sitz einer adeligen oder zumindest sehr bedeutenden Familie – Bedienung, die rund um die Uhr zur Verfügung stand, Köche, die ebenso rund um die Uhr köstliche Speisen bereiteten, Luxus, wohin das Auge blickte. Musik, Bälle, Spielsalons und schließlich, Bühne der großen Welt, das Schauspiel der Hotelhallen.

Ein anderer signifikanter Typus war das „Zinspalais", das die neuen Boulevards säumte, aber nicht mehr wie vordem einer einzigen Herrschaft und ihrem Tross als Sitz diente, sondern in Mietwohnungen aufgeteilt war, und die „Zinsvilla". Dieser Begriff war allerdings schon damals ein Widerspruch in sich, und die Spekulanten unserer Tage haben den Unsinn nochmals gesteigert: zur „Stadtvilla", die, eingezwängt in einen engen Straßenraster und kümmerliche Vorgärten, ihre relative Exklusivität, die aus den überhöhten Baukosten des Typs entsteht, der weder Stadt- noch Land-, noch Villa ist, als Wohnqualität deklariert.

Ein anderer neuer Gebäudetypus des Jahrhunderts der bürgerlichen Emanzipation war das Museum. Entstanden aus den Kuriositätenkabinetten großer Herren, wurde deren Öffnung zum ersten Zeichen der Erkenntnis, dass der Reichtum der Erde und menschlicher Künste nicht das private Eigentum weniger sein konnten. Die Unzahl neuer Museen, die in den letzten Jahren entstanden sind, vor allem aber der überwältigende Zuspruch, den die meisten finden, beweisen, welche Faszination von der Demokratisierung dieser Schätze ausgeht.

Die sich in der zweiten Hälfte des 19. Jahrhunderts in Europa entwickelnden Großstädte waren beeindruckende Manifestationen einer gesellschaftlichen Situation und in ihrer Darbietung neuen Reichtums von großer Faszination. Immerhin ließ man die Unterschicht soweit daran teilhaben, dass man ihre armseligen Quartiere – wie zum Hohn – mit Fassaden ausstattete, die an die Paläste des Bürgertums erinnern sollten. Der Städtebau der zweiten Hälfte des 19. Jahrhunderts manifestierte eine gesellschaftliche Situation, die immer noch hierarchisch war, und sich ähnlich den vorhergegangenen Epochen auch unverblümt darstellte: Villenviertel und mit Alleen gesäumte Boulevards, dazwischen herrschaftliche Parkanlagen, für die großbürgerliche Oberschicht, und ein bedenkenlos dem wirtschaftlichen Ertrag dienender Straßenraster mit enger Blockbebauung für Arbeiter und kleine Angestellte – für die große Zahl. Die Erklärung, dass in den letzten Jahrzehnten die städtebaulichen und architektonischen Ideologien für diese seither gesellschaftlich und wirtschaftlich emanzipierte große Zahl wiederum nichts anderes als Straßenraster und Baublock, womöglich in noch größerer Enge, bereithalten, ist nicht einfach.

Der Historismus als Neurose

Die der gesellschaftlichen Emanzipation entgegenwirkenden Strömungen verstärkte zweifellos auch der Umstand, dass die von den Ideen der Aufklärung ausgelöste Veränderung der Gesellschaft von einer noch nie zuvor dagewesenen Entwicklung der Naturwissenschaften, Technologien und Maschinen aller Art begleitet und ermöglicht wurde. Den Menschen dieser Zeit musste vieles davon unverständlich und damit unheimlich sein – in Wahrheit haben auch wir Heutige noch keine begriffliche Vorstellung vom Wesen der Elektrizität. Kein Wunder also, dass die Menschen angesichts des Auftauchens bislang unbekannter geheimnisvoller und daher bedrohlich erscheinender Kräfte Zuflucht in einer Umwelt suchten, die vordergründig der Zeit entsprach, in der Kerzen leuchteten und Wagen von Pferden gezogen wurden, Ursachen und Wirkungen verständlich und vertraut waren. Wahrscheinlich war die im Vergleich zur stürmischen, wie außer Kontrolle geratenen Vorwärtsentwicklung von Wissenschaft und Technik retardierende kulturelle Reaktion ebenso sehr ein neurotisches Symptom wie ein gesellschaftspolitischer Masterplan, wie ihn der Wiener Kongress mit der Restauration der absoluten Monarchien entworfen hatte – und diesen zumindest bis zur Mitte des Jahrhunderts, und in marginal modifizierter Form sogar noch länger durchsetzte.

Die Befassung mit dem Historismus sollte tatsächlich nicht als kunsthistorischer Exkurs gesehen werden. In seiner Betrachtung als gesellschaftspolitisches Phänomen mit vielfältigen Wurzeln findet sich die Erklärung für wesentliche Vorgänge – und Versäumnisse – in der Planung der Städte und der Wohnanlagen in unserer Zeit.

Zweifellos sind ja im 20. Jahrhundert ähnliche psychologische Mechanismen wirksam wie ein Jahrhundert zuvor. Die Funktion einer Dampfmaschine, ja eines Explosionsmotors sind heute Schulwissen, und die junge Generation hantiert unbefangen am PC. Trotzdem sind die Kräfte des Atoms und die elektronisch gesteuerte Welt für viele, wenn nicht die meisten, unheimlich und damit bedrohlich. Daher setzt uns die Unterhaltungsindustrie in einer märchenhaften Vergangenheit spielende Fantasien vor, das Historische wird geschätzt und geschützt wie noch nie. All dies ist wohl auch die Suche nach Halt in einer beängstigend rasanten Entwicklung, die alles Vertraute zu verlassen scheint.

Nicht zuletzt deshalb spuken historistische, das heißt städtebaulich und stadtsoziologisch restaurative Vorstellungen durch fast alle heutigen Planungskonzepte, Wettbewerbe und Gutachten. Schlagworte, wie „kritische Rekonstruktion" beherrschen die wichtigsten und größten bis hin zu kleinen und mittleren Bauaufgaben. Auch die „nachhaltige Stadtplanung" ist ein solches Schlagwort, das ins Gemeinverständliche übersetzt bedeutet, dass nur die Stadtformen der Vergangenheit von Bestand sein können. Nun mag man im Anknüpfen an die Historie die pietätvolle Erhaltung gewachsener Strukturen sehen. In zentralen Stadtkernen, die nur marginal dem Wohnen dienen, sondern vor allem der alten Funktion des Marktplatzes, kann dies auch argumentiert werden. Aber gründerzeitliche Straßenraster mit Blockrandbebauungen in den Wohngebieten können heute nicht mehr die Erwartungen der Wohnungssuchenden an die Lebensqualität ihres Daheims erfüllen – dazu ist die Emanzipation der Unterschicht in den letzten Jahrzehnten des 20. Jahrhunderts zu weit fortgeschritten. Man erinnere sich: Ein Bürger war – lange Zeit – nur, wer ein Haus besaß. Der Rest war – so weit nicht Familie – Gesinde. Wie dieses lebte, war kein Gegenstand von Interesse, und schon gar nicht der Architektur. Aber aus diesem Gesinde ist die große Zahl der demokratischen Massengesellschaft geworden, und fühlt sich als Bürger – mit den gleichen Ansprüchen und Rechten wie vordem die Besitzenden –, deren Kleider und Häuser man sich – mangels einer besseren Alternative – überstülpen will, auch wenn dies nur in stark verkleinertem Maßstab möglich ist.

Die Kriterien einer Grünen Stadt

Zum Schönsten, das je geschrieben wurde, gehört für mich Hölderlins Gedicht „Brot und Wein". Es beginnt:

„Rings um ruhet die Stadt; still wird die erleuchtete Gasse,
Und mit Fackeln geschmückt, rauschen die Wagen hinweg.
Satt gehn heim von Freuden des Tags zu ruhen die Menschen,
Und Gewinn und Verlust wäget ein sinniges Haupt
Wohlzufrieden zu Haus; leer steht von Trauben und Blumen,
Und von Werken der Hand ruht der geschäftige Markt.
Aber das Saitenspiel tönt fern aus Gärten; vielleicht, daß
Dort ein Liebendes spielt oder ein einsamer Mann

Ferner Freunde gedenkt und der Jugendzeit; und die Brunnen,
Immerquillend und frisch, rauschen an duftendem Beet.
Still in dämmriger Luft ertönen geläutete Glocken,
Und der Stunde gedenk rufet ein Wächter die Zahl.
Jetzt auch kommt ein Wehn und regt die Gipfel des Hains auf,
Sieh! und das Schattenbild unserer Erde, der Mond,
Kommet geheim nun auch; die Schwärmerische, die Nacht kommt,
Voll mit Sternen, und wohl wenig bekümmert um uns,
Glänzt die Erstaunende dort, die Fremdlingin unter den Menschen
Über Gebirgshöhn traurig und prächtig herauf."

Eine vollkommenere Beschreibung der idealen Stadt kann es, so glaube ich, nicht geben. Die Grüne Stadt ist ein Ort, wo Menschen eng miteinander leben, arbeiten, tätig sind, sich erholen, sich vergnügen, die Muße genießen – sich all dessen erfreuen, was unser Geist geschaffen hat, ohne Verzicht auf die allumfassende Natur, aus der wir gekommen sind, die uns gebildet hat, die uns Fähigkeiten und Bedürfnisse, Ängste und Begierden, Träume und Sehnsüchte mitgegeben hat. Auf nichts aus diesem Kosmos – in uns und um uns – können wir verzichten, ohne einen Verlust zu erleiden.

Die Grüne, durchgrünte Stadt ist ein jahrhundertealter Traum – von „Amaurotum" an, der Stadt in Thomas Morus' „Utopia" mit ihren prächtigen Gärten voll Wein, Obst und Blumen bis zur „Garden City" Ebenezer Howards. Die Renaissanceutopie wurde nie, die „Garden City" nur im Ansatz ausgeführt.

Ziel des Konzepts ist, in einer städtischen, insbesondere innerstädtischen Wohnform diejenigen Bedürfnisse zu befriedigen, deren Erfüllung die große Zahl der Wohnungssuchenden vor allem im Einfamilienhaus „im Grünen" erwarten. Die heute geltende akademische Auffassung vom städtischen Wohnen geht allerdings dahin, diese Forderung als romantisch, widersprüchlich, ja schlicht als unsinnig zu betrachten: Wer in der Stadt leben will – oder muss – hätte sich damit abzufinden, dass die städtische Umwelt eben aus Straßen und Verkehr, aus Asphalt, Lärm und Staub bestünde. Dass es zwar Alleen geben könne, und hin und wieder einen Park, aber nicht Wiesen und Landschaft, die es übrigens in den meisten Einfamilienhaussiedlungen auch nicht gäbe. Letzteres ist richtig, Ersteres aber nur bedingt: Eine grüne, durchgrünte Stadt ist möglich. Dichte ohne Enge ist möglich, Erschließung ohne Straßen, und Urbanität

Insel Utopia, Titelholzschnitt von Thomas Morus' Roman „Vom besten Zustand des Staates und der neuen Insel Utopia", 1516

und städtisches Leben in einer grünen Umwelt. Es ist einfach falsch, evolutionär entstandene elementare Bedürfnisse aus städtebaulicher und architektonischer Fantasielosigkeit als für die große Zahl unerfüllbar und überflüssig zu erklären. Teilzuhaben an den Phänomenen der Natur, dem Erlebnis der Jahreszeiten, das Angebot sozialer Kontakte, spielerischer kreativer, geselliger und physischer Aktivitäten, von Aussicht und Wasser, sind angeborene psychische Erfordernisse und daher legitim – jedenfalls in einer Gesellschaft, deren Emanzipation und materielles Potenzial soweit fortgeschritten sind wie unsere.

Ein Hauptziel ist die Verkehrsfreiheit auf den möglichst zu größeren Einheiten zusammengefassten Grundstücken, ermöglicht durch die unterirdische Führung der individuellen Erschließung in einem unter den Gebäuden verlaufenden Garagensystem. Die dadurch überflüssig gewordenen Straßen, sie mögen bestehen oder nur gewidmet sein, werden in Grünräume umgewandelt, in Eigengärten der Bewohner und in parkartige, mit großen Bäumen bepflanzte halböffentliche Flächen. Ebenso wichtig ist, nicht nur für die Wohnqualität der einzelnen Wohnungen, sondern auch zur Vervollständigung der Einbettung der Bauten in baumbestandene Grünräume, durch bepflanzbare Loggien, Terrassen und Veranden grüne Fassaden zu schaffen. Die Summe dieser bepflanzten Loggien und Terrassen sowie des begrünten Dachs wird dabei in den meisten Fällen gleich groß sein, wie die durch den Bau in Anspruch genommene Bodenfläche, sodass diese, vertikal gestapelt, als Erholungsraum wiedergewonnen wird. Der Wert solcher Gestaltung der wohnungszugehörigen Freiräume liegt in ihrer Naturnähe – so naturnah, wie es in der Stadt eben möglich ist. Dies wird auch wohl von den meisten Menschen als Gewinn an Lebensqualität empfunden, selbst wenn man eine solche bepflanzte Loggia oder Terrasse nur als Surrogat für einen Garten bezeichnen mag. Aber wie viel dies den meisten Menschen zu bedeuten scheint und ebenfalls wie viel sich auf kleinstem Raum in diesem Sinne verwirklichen lässt, zeigen uns nicht zuletzt die japanischen Städte, wo in wenigen Schritten Entfernung von tosenden Katarakten des Verkehrs jedes kleinste Stück Erde lebendes Grün hervorbringt.

Zu den wichtigen Kriterien einer grünen Stadt zählt der Wasserzugang für alle Bewohner, durch Schwimmbäder, die der Erholung, dem Körpererlebnis, und nicht zuletzt der Gesundheit dienen. Dazu kommt die Fähigkeit des Wassers, uns unsere Schwerelosigkeit vor der Geburt zurückzugeben. Umgeben sind die Schwimmbäder von Dachgärten, die gleichzeitig als Sonnen- und Aussichtsdecks genutzt werden, für Kleinkinderspielplätze, Lesepergolen, Grillplätze oder einfach, um in den Himmel, nach den Wolken zu schauen. Dachgärten und Schwimmbäder sind insbesondere auch jene bandstiftenden Situationen, die erwiesenermaßen kommunikative und partizipatorische Aktivitäten stimulieren.

Ein weiteres angestrebtes Ziel ist nicht nur die Steigerung der Wohn- und Lebenszufriedenheit in signifikantem Ausmaß, sondern auch Verhaltensänderungen: Abnahme der Suburbanisationstendenzen, weniger Freizeitflucht, mehr Freizeit im engeren Wohnbereich und dadurch Zunahme kommunikativer oder sogar dem kulturellen Bereich im engeren Sinn angehörige Aktivitäten, und bessere Nachbarschaftskontakte. Die Anonymität der Stadt wird durch das Gefühl, gleichzeitig „in einer kleinen Gemeinde" zu leben, ergänzt, eine für viele Menschen wichtige Bereicherung ihres psychischen Befindens.

Die Abnahme der Freizeitflucht bedeutet eine Abnahme der ökologischen Belastung der stadtnahen Natur. Diese Wirkung erhöht sich bedeutend, wenn darüber hinaus eine Abnahme der Präferenz des Einfamilienhauses als Wohnideal erreicht wird.

Dazu kommt, und dies ist eine der wichtigsten Komponenten des Konzepts einer Grünen Stadt, der allgemeine gesundheitliche, d.h. psychische und physische Nutzen durch das in der Stadt selten gewordene Erlebnis von Wasser, Aussicht, Wind und Himmel auf dem gemeinsamen Dachgarten, und die rekreative und kreative Funktion der privaten begrünten Freifläche, der jeder Wohnung zugeordneten geräumigen Terrasse oder Loggia, Übergang zu den halb-öffentlichen parkartigen Grünräumen. Es sind nicht nur poetische Klischees, den Wechsel der Jahreszeiten und den Geruch der Erde nach dem Regen zu erleben.

Die Voraussetzung hiefür ist vor allem ein Baukörper, der in den beiden wesentlichsten Parametern der Wirtschaftlichkeit, nämlich seiner Geometrie und seinen Erschließungsrelationen, den konventionellen Modellen überlegen ist. Er sollte, im Idealfall, eine strikt Nord-Süd verlaufende Hauptachse aufweisen, der gut besonnte Wohnungen nach Osten und Westen ermöglicht. Denn rechnet man die Stunden der Besonnung mal der besonnten Fläche, so ergeben sich bei dieser einseitigen Anordnung nahezu die gleichen Werte wie bei einer reinen Südorientierung und nahezu die doppelten Werte wie bei einer nord-süd durchgehenden Wohnung.

Die besondere Wirtschaftlichkeit der Konstruktion und der Baukörpergeometrie ist eine entscheidende Voraussetzung des Konzepts einer Grünen Stadt. Diese soll schließlich nicht ein Biotop für Millionäre, sondern eines für die große Zahl der Bevölkerung sein, deren wirtschaftliche Leistungsfähigkeit beschränkt ist. Nur diese Wirtschaftlichkeit erlaubt, die Wohnbauten mit Gemeinschaftsräumen für Geselligkeit und Hobby auszustatten, die den Bewohnern, Erwachsenen, Halbwüchsigen, Kindern und Senioren zur freien Gestaltung überlassen werden.

Die Erschließung von Wohnungen über eine mittlere Verteilung wird zwar von manchen kritisiert, erwiesenermaßen allerdings nicht von den Bewohnern. Dieses Erschließungssystem ermöglicht nämlich sparsame, dem tatsächlichen Bedarf entsprechende Anordnung von Treppenhäusern und Liftanlagen, was einerseits, weil nur in geringer Anzahl benötigt, großzügige Eingangshallen ermöglicht, andererseits großflächige Dachgärten und Schwimmbäder, ebenso wie rationelle Tiefgaragen. Dass diese kompakte Geometrie der Baukörper die Voraussetzung niedriger Heizkosten ist, ebenso wie günstiger Betriebs- und Servicekosten der Aufzugsanlagen, vor allem aber um zehn bis 15 Prozent günstigerer Errichtungskosten, wird in seinem Ausmaß und seiner Auswirkung aber offenbar zu wenig realisiert: Denn die Ausstattung von Bauten für die große Zahl, also innerhalb eines begrenzten Preissegments, mit für die Wohn-

A

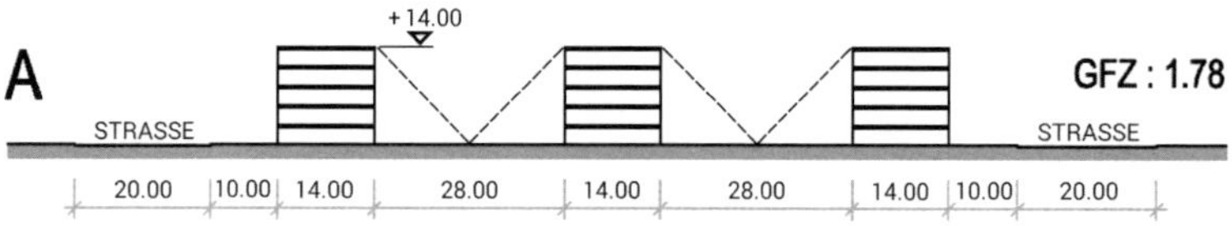

B

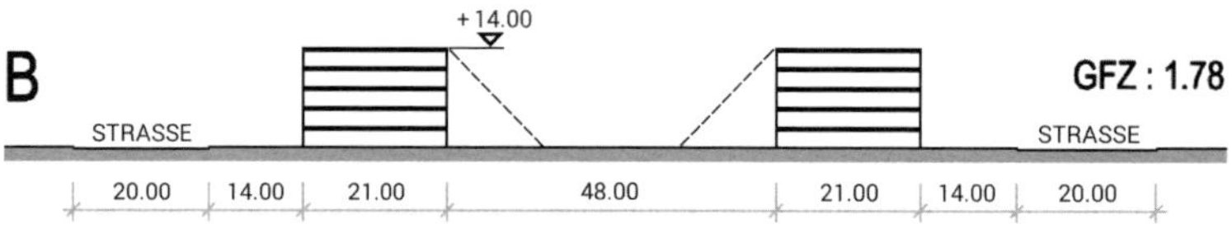

und Lebensqualität wesentlichen Freizeit- und Gemeinschaftseinrichtungen kann, und wird auch in Zukunft, nur durch Einsparungen in den, nennen wir es, nur bedingt qualitätsrelevanten Komponenten ermöglicht werden. Ebenso hängt die ökologisch wichtige Anordnung der Garage ausschließlich unter den Gebäuden, und zwar in ökonomischer Form, mit diesem Konzept zusammen.

Dazu kommt: Dieses Konzept und diese Geometrie der Baukörper ist auch die Voraussetzung, wertvolles städtisches Bauland dicht jedoch ohne Enge zu bebauen, eine kompakte und gleichzeitig durchgrünte Stadt zu schaffen. Das zeigt eine einfache Überlegung: Die Beispiele A und B weisen die gleiche Geschossflächendichte auf. Der geringere Fassadenabstand in A(x) zwingt, hinter Vorhängen zu leben. Gleichzeitig erlauben die geringen Abstände nur niedrigwüchsige Bepflanzung, die keine Wirkung auf das Kleinklima ausüben, keinen Einsichtschutz bieten, keine Distanz schaffen, keinen Nistplatz für Vögel darstellen usw. Das Verhältnis der Fassaden zum Volumen ist in B um ein Drittel günstiger als in A. Weiterer Vorteil: In B können die Garagen unter den Gebäuden situiert werden, in A muss zusätzlicher Boden versiegelt werden. Beispiel C zeigt, dass darüber hinaus auf dem gleichen Grundstück auch eine höhere Dichte möglich ist, ohne dass Enge entsteht und sogar der Vorgarten verbreitert wird. Die Bauten in A und B weisen fünf Geschosse × 2,80 Meter = 14,00 Meter Höhe auf. Der Abstand von 48,0 Meter in B lässt aber bis zu acht Geschosse × 2,80 Meter = 22,40 Meter zu, also bis zur doppelten (!) Dichte bei gleichbleibend großzügigem Abstand.

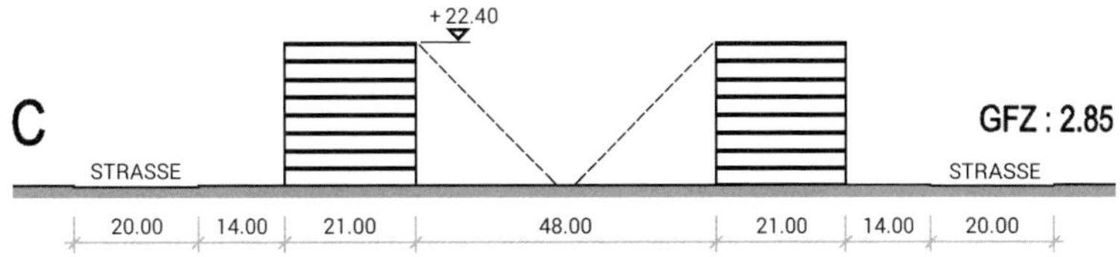

Das Konzept der Bauten einer Grünen Stadt, die durch größere Trakttiefen bei gleicher Dichte weiträumigere Grünräume ermöglichen, entfaltet auch direkte ökologische Wirkungen, die Möglichkeit der Einbettung der Wohnungen in naturnahe Biotope. Dies wird als notwendiges und anzustrebendes Ziel bei jener Mehrheit von Architekten und Stadtplanern auf Widerstand stoßen, die, dem 19. Jahrhundert verhaftet, Natur in der Stadt nur in der Form von „städtischem Grün", als Möblierung von „Boulevards" oder als punktuelle, in das Häusermeer eingestreute Parks sehen wollen.

Die Grüne Stadt bedeutet ungeachtet der Rückholung der Natur eine kompaktere Stadt kürzerer Wege und damit außer der Reduktion der Kosten für die technische Infrastruktur vor allem auch eine relative und absolute Reduktion der Straßenflächen. Einerseits, weil dichter bebaute Gebiete zu ihrer Erschließung eines geringeren Straßenanteils bedürfen als weniger dichte, und zweitens, weil im Inneren der Grundstücke die Erschließung über die unterirdischen Garagensysteme erfolgt, die den ruhenden und den ins Zielgebiet rollenden Verkehr aufnehmen, sodass oberirdischer Straßenraum in Grünflächen und Gärten umgewandelt werden kann. Wie gezeigt, kann der Gewinn an Grünräumen beträchtlich sein.

Dass durch die Vergrößerung der begrünten Flächen in der Stadt das Kleinklima, die Staubfilterung, die Dotation des Grundwassers verbessert werden, ist evident. Dass die vom Verkehr befreiten Grünräume Kinderspielplätze ermöglichen, Erholung und Kommunikation für ältere Menschen bieten, kommt ebenso hinzu, wie der Gewinn an Lebensqualität in einer parkartigen Stadtlandschaft, anstatt einer mit Asphalt und Beton versiegelten Steinwüste.

All dies spart selbstverständlich nicht direkt und am Bauwerk selbst Energie. Aber es ist leicht einsehbar, obwohl konkrete Untersuchungen ausstehen, dass die daraus resultierenden Einsparungen an Energie beträchtlich, insgesamt sogar höher sein könnten, als alles, was sich durch optimierte Bauphysik erreichen lässt: Das Konzept vermag beweisbar die Freizeitflucht ebenso zu reduzieren wie die Präferenz des Einfamilienhauses als Wohnideal, also die Suburbanisation. Allein der Freizeit- wie der Pendelverkehr könnte einen Verbrauch – und Verschwendung – an Energie bedeuten, der weit über alles hinausgeht, was sich durch Wärmedämmung, Kollektoren, Wärmerückgewinnung und Wärmespeicher erzielen lässt.

Das heißt: ökologisches Bauen in einer Grünen Stadt darf sich nicht nur auf unmittelbares Energie- und Wassersparen beschränken, sondern muss auch Verhaltensweisen ermöglichen, wenn nicht sogar nahelegen, die nicht zu unverhältnismäßigem Verbrauch an Energie und Land führen. Dies bedeutet wiederum, dass die ökologische Stadt eine kompakte Stadt kurzer Wege sein muss, trotzdem intensiv durchgrünt und ausgestattet mit dem Angebot, man könnte sagen, eines Ferienhotels, urban durch eine Vielzahl kommunikativer, spielerischer, sich vielleicht sogar dem kulturellen Bereich nähernder Optionen.

Die kompaktere Stadt mit kürzeren Wegen wird auch zu einer allgemeinen Verkehrsreduktion führen, direkt durch die Verringerung der Distanzen, indirekt durch den größeren Anreiz, diese kürzeren Distanzen in einer durchgrünten und verkehrsreduzierten Stadtlandschaft zu Fuß oder mit dem Rad zurückzulegen. Evident ist, dass eine kompaktere Stadt sich durch öffentliche Verkehrsmittel leichter, wirtschaftlicher und gleichzeitig attraktiver versorgen lässt.

Das Konzept der Grünen Stadt ermöglicht auch kleinere Projekte, die sehr viel grüner als die Stadt rundherum sind. Es ist immer wieder möglich, Teile von Verkehrsflächen in grüne Fußgängerzonen rückzubauen und im versteinerten Raster der Stadt des 19. Jahrhunderts in Temperatur- und Luftfeuchtigkeitsgraden messbare Klima- und am Vogelgesang in der Stadt erkennbare biotopische Oasen zu schaffen, wobei sich ab einer Größenordnung von etwa zweihundert Wohnungen wirtschaftlich und räumlich vieles, das die größeren Anlagen aufweisen, ebenfalls schaffen lässt, vom Dachschwimmbad bis zu

Party- und Hobbyräumen, und trotzdem unter den Kosten üblicher Bauten zu bleiben. Das Paradoxon einer Grünen Stadt, die gleichzeitig höhere Dichten und mehr Grün ermöglicht, und all dies in Verbindung mit Optionen für Freizeit und individuelle Entwicklung, und einem differenzierten Angebot abgestufter sozialer Kontakte, führt insgesamt zur Wiederherstellung jenes Beziehungsgeflechts, dessen Fehlen für viele in der Anonymität einer sozial nur diffus strukturierten Großstadt eine deformatorisch wirkende psychische Belastung darstellt. Der psychisch und physisch therapeutische Nutzen geht ganz offenbar weit über den scheinbaren „Luxus" hinaus. Von der insgesamt ökologischen, die Natur und die Menschen zurückholenden Stadt profitieren alle – nicht zum Geringsten die Öffentliche Hand.

Die Grüne Stadt für alle

Man kann die Stadt für alle mit den wunderbaren Worten Hölderlins beschreiben, man kann sie als Biotop im Sinne unserer evolutionären Bedürfnisse definieren, und man kann ihre zum Funktionieren nötigen Eigenschaften ganz pragmatisch darlegen, als diejenige Stadtform, die den als unabdingbar erkannten logistischen und ökologischen Kriterien – ökologisch umfassend, also auch auf den Menschen bezogen, diesem die gleichen Rechte wie einem seltenen Lurch zugestehend – bestmöglich entspricht. Man kann allerdings auch ganz banal und pragmatisch verlangen, dass die Lebensqualität der ganzen Stadt der jener Viertel entspricht, in denen vorzugsweise durch Besitz und/oder Macht Privilegierte wohnen. Jede dieser Formulierungen oder Definitionen, wenn sie erfüllt würden, könnten der emanzipierten demokratischen Massengesellschaft am Beginn des neuen Jahrtausends entsprechen. Die Annäherung hat in vielen Bereichen schon stattgefunden: der medizinischen Versorgung, dem Reisen-Können, dem Zugang zu Information und Ausbildung, der Gleichheit vor dem Gesetz. Im Einklang mit unserer Natur zu wohnen – und um es immer wieder zu sagen: zu leben –, ist immer noch ein Privileg. Diesen Abstand zu verringern, die „Armen" in der gleichen Stadt wie die „Reichen" wohnen zu lassen, ist das Ziel des Konzepts einer Grünen Stadt.

Es sei nochmals auf die Möglichkeit hingewiesen, dass die Preisgabe dieser umfassenden Stadt- und Wohnbaupolitik zugunsten einer ästhetisierend kleinbürgerlichen Sicht der Stadt auch ihren

Katsura Palast bei Kyōto, 17. Jahrhundert, Blick auf den Teepavillon, Foto 2007

Anteil am Rückgang der Wählergunst für die dafür politisch Verantwortlichen haben dürfte. Die Anziehungskraft der klassischen Stadtparteien bestand ja nicht nur in ihrer Vision von einer Welt sozialer Gerechtigkeit, sondern der von einer besseren Welt überhaupt. Diese wiederum entsprach sehr weitgehend unseren evolutionären Idealvorstellungen: Sie war im Einklang mit der Natur, sie war grün und friedlich, gesellig ohne Feindschaft und damit ohne Angst. Die Arbeit war, zumindest in einem höheren Sinn, schöpferisch und ohne Fron, der Körper war nicht Last und Sünde, sondern Freude, die Zukunft unermesslich und vielversprechend. Ein wesentlicher Faktor dieser Zukunft und dieser neuen Welt war besseres, ja schönes Wohnen.

Nun lässt sich der Standpunkt einnehmen, dass, wenn der Auftraggeber nicht mehr verlangt als einfach Wohnungen zum Schlafen und Fernsehen, es dem Architekten nichts bringt, weil nicht erwünscht und donquichotisch, mehr zu planen oder sogar darüber zu diskutieren. Dieser Standpunkt, so kurzsichtig er ist, zeigt aber auch, dass es weitere Beteiligte gibt: Zunächst den Bauherren und Auftraggeber, der aber nicht der tatsächliche Auftraggeber ist. Dieser ist der Endnutzer – der Wohnungssuchende. Solange dieser mangels eines besseren Angebots widerspruchslos kauft oder mietet, schenken ihm die Wohnbaumacher, wen immer man darunter subsumieren will, wenig Beachtung.

Die Welt, zumindest die westliche, ist reicher geworden, und wird es, aller Wachstumskritik – und Pessimismus – zum Trotz, von

Die Hängenden Gärten der Semiramis, Standbild aus einem Computerspiel

Jahr zu Jahr. Man sage nicht, das materielle Wachstum zerstöre das ökologische Gleichgewicht. Es geht nur darum, die Möglichkeiten, die der Wohlstand eröffnet, in die richtige Richtung zu lenken, die angeborenen, autochthonen Bedürfnisse der Menschen direkt, durch natürliche, unserer Natur entsprechende Lebenssituationen zu befriedigen – und so die Flucht in Substitute zu begrenzen.

Die Stadt als Biotop ist eine komplexe Aufgabe, die weder der einzelne Bürger noch die Mechanismen der freien Wirtschaft, was immer man darunter verstehen will, zu lösen vermögen. Der einzelne Bürger kann die Stadt, die ihm kein Biotop zu sein vermag, nur verlassen, total oder in der Freizeit. Dass ihm Baustoffhandel, Bausparkassen und Dorfbürgermeister dabei Beihilfen leisten, liegt nahe – auch wenn dies direkt und indirekt der Natur ebenso wie der Stadt und damit uns allen zum Nachteil gereicht.

Die „innovativen" Wohnformen

Die Evolution hat einige Millionen Jahre gebraucht, um unsere Instinkte, Bedürfnisse und Verhaltensweisen zu programmieren.
Die Erwartung, dass die Einführung des schnurlosen Telefons und die innerhalb weniger Generationen möglich gewordene, bislang unvorstellbare Mobilität das menschliche Genom verändert haben sollten, ist daher, soweit wir diese Vorgänge zu verstehen gelernt haben, voreilig. Unsere Testgruppe, die durch Besitz und / oder Macht Privilegierten aller Zeiten, haben jedenfalls ihre bereits vor Tausenden

Jahren entwickelten Wohnformen kaum verändert, selbst in diesem letzten Jahrhundert, in dem die größten technologischen und gesellschaftlichen Veränderungen stattgefunden haben, die es in der Geschichte je gab. Und, um es nochmals und immer wieder festzustellen, diese Gruppe hat sich, und zwar sogar verstärkt, genau diejenigen Wohnformen und Lebensweisen geschaffen, und genau jene Umwelt, die unserer evolutionären Programmierung entspricht. Im 20. Jahrhundert hat – erstmalig – auch die große Zahl, die Unter- und Mittelschicht, so gut es eben ging, das Gleiche versucht – wenn auch in Ermangelung ausreichender Möglichkeiten nicht gleich erfolgreich, und daher mit ökologischen, logistischen und urbanistischen Konsequenzen, die uns allen zum Schaden gereichen, und durchaus dazu führen könnten, die Tradition der im Ganzen doch nicht erfolglosen und uns ans Herz gewachsenen europäischen städtischen Zivilisation zumindest infrage zu stellen.

In der Geschichte des Wohnens – in unserem Sinn und Verständnis – hat sich, von den für uns erkennbaren Anfängen bis heute nur insofern eine Entwicklung abgezeichnet, als es zu einem immer weiter gehenden Ineinanderfließen von Innen und Außen kam, zu einem Öffnen der Höhle, zum Versuch, sich, so weit das Klima es zulässt und Gefahr durch Mensch und Tier geringer geachtet werden, wieder in den Lebensraum Natur einzugliedern. Von den hängenden Gärten der Semiramis, wie immer diese ausgesehen haben mögen, über die Landhäuser der römischen Aristokraten zu den Palazzi und Villen der Renaissance, über die Schlösser des Barock in ihren wohl künstlichen, doch zumeist in die freie Natur übergehenden Gartenlandschaften, bis hin zu den sich in die Natur öffnenden Raumfolgen von Frank Lloyd Wright, Richard Neutra, Ludwig Mies van der Rohe und anderen, ist die Richtung eindeutig.

In Wahrheit dürfte sinnvolle Innovation nur darin bestehen können, Wohnformen immer genauer unserem evolutionären Programm und den jeweiligen ökologischen, ökonomischen, soziologischen Randbedingungen anzupassen. Dies wird, sieht man von bestimmten Nischenprojekten ab, immer aus einem gleichbleibenden Kern funktionaler Raumbezüge bestehen, die konzeptiv nur wenig, d. h. im Wesentlichen nur durch die wirtschaftlich bedingten Dimensionen variiert werden.

Sicher hat das Fernsehen die Lebensweise der Menschen beeinflusst, die mechanischen Küchengeräte, Tiefkühlkost, Sanitärinstallation und Zentralheizung – doch nichts davon hat neuer Wohnformen bedurft oder sie herbeigeführt. Das Gleiche gilt für die nahezu totale und globale Mobilität, die kürzere Arbeitszeit, den Urlaubsanspruch, die Alterssicherung, alles, was die gesellschaftliche Entwicklung und Emanzipation für die letzte Generation verändert hat. Variationen der funktionalen Zusammenhänge des Wohnens sind nur das Ergebnis größerer oder geringerer räumlicher Möglichkeiten, nicht grundsätzlicher Art.

Die Lebensweisen von Menschen sind, so besonders und individuell es dem Einzelnen erscheinen mag, in den funktionalen Bedürfnissen so ähnlich, dass es sich in Wahrheit um Identität handelt. Die aus der Nähe gesehen riesigen Unterschiede zwischen einzelnen Lebenssituationen verschwinden, aus einiger Distanz und in Bezug auf ihre Grundelemente betrachtet, fast völlig.

Innovation – im Wohnen und Leben der großen Zahl – muss, wenn sie sinnvoll sein soll, der Optimierung der Lebensqualität und der als vital erkannten ökologischen Randbedingungen dienen. Die Ökologie umfasst, als Lehre von den Wechselwirkungen des Lebendigen, nicht nur den Umgang mit Grund und Boden, mit der Natur in der Stadt und um sie herum, sondern auch alles damit Zusammenhängende: Die Logistik des Verkehrs und der technischen Infrastruktur, die soziologischen und urbanistischen Konsequenzen, die ökonomische Ermöglichung der notwendigen Maßnahmen. Das ist eine so komplexe Aufgabe, in so riesigen Dimensionen und Auswirkungen auf die Lebensqualität von Millionen Menschen, dass es gar keiner spektakulären Innovationen für Klone mit zwei Köpfen und vier Armen bedarf. Die Optimierung, in je höherem Maß sie gelingt, ist die Innovation. Der zeitgenössische Wohn- und Städtebau hat diese Aufgabe noch keineswegs gelöst, ist in Wahrheit davon noch weit entfernt. Schlimmer noch, er bewegt sich nicht einmal in diese Richtung, sondern zurück ins 19. Jahrhundert.

Wir sind immer noch Geschöpfe der Natur – auch in der Mega-City. Die Natur aus dieser auszuschließen, soziale Kontakte zu entpersönlichen, keine Optionen zu bieten für Körpererlebnis und Spiel, muss zum immer wieder beobachtbaren, wenn auch zumeist nicht in seinen Zusammenhängen gesehenen Überspringen in Aggression, Resignation, sinnlosen Konsum, aber auch Reduktion der Ansprüche und Interessen auf das ohne Mühe und billig Erreichbare führen, das nicht immer das Beste sein mag.

Wohnbau ist ein wesentlicher, und wenn wir den Menschen, wie naheliegend, im Mittelpunkt unserer Welt sehen, der wesentlichste Bestandteil des Städtebaus, der Gesellschaftspolitik und der Kulturpolitik.

Die Forderung, die Natur in die Stadt zurückzuholen, auch in der Stadt im Einklang mit einer sensibel entwickelten Form der Natur zu leben, ist eine viel realistischere Ideologie als die Stadt-Romantik, die in der intellektuellen Boheme vorherrscht. Wozu kommt, dass diese Sphären einander keineswegs ausschließen – tatsächlich ermöglicht erst eine kompakte und gleichzeitig durchgrünte Stadt jene lebendige Bewohnbarkeit, in der sich Urbanität überhaupt zu entwickeln vermag. Das Phänomen „Urbanität" kann dabei, ebenso wie der Kulturbegriff, viel differenzierter und umfassender gesehen werden, als es gemeinhin geschieht.

Dieses Programm, das weder ich noch ein anderer Architekt, sondern die Evolution erfunden hat, zu verwirklichen, zu vervollständigen, besser zu machen, ist die Innovation, nach der die Menschen in den Städten suchen.

Anmerkungen

Harry Glück hat Zeit seiner professionellen Tätigkeit Texte verfasst zur Frage des Wohnens und der Stadt. Manuskripte wurden über die Jahre weiterbearbeitet und liegen in verschiedenen Fassungen vor. Posthum erschien 2018 eine 460-seitige Gesamtsammlung von Texten Harry Glücks: „Schriften zur Architektur für Menschen". Aus einem Manuskript, das sich mit diesem Buch im Wesentlichen deckt, haben die Herausgeber eine gestraffte Fassung erstellt und sie mit Abbildungen versehen. Beatrix Becker-Glück, Rechteinhaberin für die Schriften, und Nikolaos Kombotis, Glücks langjähriger Mitarbeiter und auch Co-Autor, haben die gekürzte Fassung gegengelesen und autorisiert.

1 Die „Savannen-Hypothese" der Anthropologie geht davon aus, dass die Vorfahren der Menschen den aufrechten Gang durch die Verlagerung des Lebensraums vom Wald in die offene Steppe entwickelten. Wenn die These auch heute umstritten ist, belegen aktuelle Studien nach wie vor, dass Menschen übereinstimmend offene, reich strukturierte Landschaftsflächen mit Wasser als schön empfinden.

2 Die Siedlerbewegung in Wien nach dem Ersten Weltkrieg mit dem Gartenstadt-Verfechter Hans Kampffmeyer als Protagonisten war keine „romantisch-kleinbürgerliche Idylle", sondern eine basisdemokratische, partizipative und grüne Bewegung.

3 Die Niederlande waren Vorreiter im sozialen Wohnungsbau der Zwischenkriegszeit. In Amsterdam entstanden ab 1913 Wohnanlagen nach Plänen von Michel de Klerk; in Rotterdam ab 1918 das Justus-van-Effen-Quartier in Spangen, und die Anlage Tusschendijken nach Plänen der Architekten Michiel Brinkman und Jacobus Johannes P. Oud. Ouds Siedlung Kiefhoek wurde 1928–30 errichtet.

4 Im „Neuen Frankfurt", dem Stadtplanungsprogramm der Stadt Frankfurt am Main unter dem Bürgermeister Ludwig Landmann und dem Stadtbaurat Ernst May, entstanden zwischen 1925 und 1930 12.000 neue Wohnungen. Das umfassende Programm des „Neuen Frankfurt" setzte neue Maßstäbe in der Stadtplanung. In Berlin waren der Stadtbaurat Martin Wagner und der Architekt Bruno Taut maßgebende Figuren im sozialen Wohnungsbau der 1920er-Jahre.

5 Le Corbusier zog das Terrassenhaus doch in Erwägung – 1933 in seinem Projekt für die Terrassenwohnanlage Durand in Algerien. (Vgl. S. 67 f.)

Die *Erfindung* des Terrassenwohnhauses

Gerhard Steixner, Maria Welzig

Wir sind Teil der Natur. Naturkontakt ist essenziell für die körperliche und psychische Gesundheit.[1] Die Erfahrung der Natur begründet ein tieferes Verständnis für das Leben: Veränderung, Wachsen, Blühen, Werden und Vergehen. Gerüche, Geräusche, die Vielfalt an Farben und Formen. Das Summen der Insekten, der Gesang der Vögel, der Wind in den Blättern und Gräsern, der Geschmack von Früchten. Die Natur aktiviert alle Sinne.

Die Möglichkeit, sich frei in einem natürlichen Umraum zu bewegen und sich selbst dabei zu entdecken, hat sich für Kinder im Lauf der letzten Jahrzehnte radikal reduziert. Was macht es mit Heranwachsenden, ohne diese alltäglichen Erfahrungsmöglichkeiten aufzuwachsen?[2]

Eine andere Interpretation von städtisch

Es gilt, zu einem neuen Verständnis von Urbanität zu kommen und den angeblichen Widerspruch zwischen Stadt und Natur aufzulösen: von der Stadt der Repräsentation, der Hierarchien, der militärischen Erwägungen und des Verkehrs zu einer radikal auf die Nutzerinnen und Nutzer ausgerichteten ökosolaren Stadt.

Das Buch rückt ein Modell wieder in den Blick, das in einem Zeitfenster von fünfzehn Jahren rund um 1968 als Lösungsansatz für die Herausforderungen des Wohn- und Städtebaus projektiert und realisiert wurde: das Terrassenwohnhaus. Die Protagonistinnen und Protagonisten dieser Wohntypologie dachten die Stadt neu.

Harry Glück, Terrassenhausanlage Inzersdorfer Straße, 1974, Foto 2014

Und sie boten eine Alternative zur autogerechten und zur monofunktional gegliederten Stadt der 1950er- und 1960er-Jahre. Terrassenhäuser erfüllen annähernd den Wunsch einer großen Mehrheit der Bevölkerung nach Naturkontakt, nach einem ausreichend großen Freiraum mit Privatsphäre, den man bepflanzen, den man hegen und pflegen kann. Gleichzeitig bieten sie als kompakte (Groß-)Strukturen die Vorteile der Stadt und eine dichte Mischung von Wohnen und Infrastruktur.

Das Terrassenhaus setzt an die Stelle des Prinzips der Fassade die kategorische Ausrichtung auf die Nutzerinnen und Nutzer: Mit der individuellen Aneignung und Bepflanzung ihrer Terrassen werden die Bewohnerinnen und Bewohner zu Mitgestaltern der Stadt. Balkone dagegen bieten meist weder Sichtschutz noch Privatsphäre. Sie gelten als formale Elemente der Fassade und dürfen oft nicht den eigenen Bedürfnissen entsprechend verändert werden, ja in manchen Fällen ist sogar ihre Bepflanzung verboten.[3]

Die dicht eingewachsenen Terrassenwohnanlagen jener Zeit kündigen einen Paradigmenwechsel in den Maßstäben der ästhetischen Stadtwahrnehmung an. Der Terrassenbewuchs als vertikaler Grünraum geht fast nahtlos in die großzügigen gemeinschaftlichen Grünflächen über – durch die Trennung der Verkehrsebenen können die (halb)öffentlichen Räume vom Autoverkehr freigehalten werden.

Eine neue Interpretation von städtisch bieten die Terrassenstrukturen auch hinsichtlich der Frage von Privatheit und Gemeinschaft. Raum für Kommunikation und Gemeinschaft, für Bewegung, für soziales und urbanes Leben sind Teil des Terrassenwohnkonzepts. Die damals geplanten Terrassenstrukturen sind meist als Hybride konzipiert: von Wohnen, urbaner Infrastruktur und (ruhendem) Verkehr.

Das Terrassenhaus als *Erfindung* am Beginn des 20. Jahrhunderts

Um 1900 und dann vor allem in den 1920er-Jahren wurden erstmals systematisch Antworten gesucht auf die Frage des Massenwohnbaus als zentrale Herausforderung für die Gesellschaft. Neue städtebauliche Typologien wurden entwickelt, neue Bauweisen für den Wohnbau nutzbar gemacht, „Luft, Licht, Sonne" als elementare Grundbedürfnisse postuliert, auf die alle Anrecht haben.

Die öffentliche Hand, die Politik wurde zur Akteurin. Die sozialen, stadtplanerischen und architektonischen Programme konnten damit in den 1920er-Jahren erstmals in größerem Maßstab umgesetzt werden. In Rotterdam und Amsterdam, in Wien, in Berlin und in Frankfurt entstanden in den 1920er-Jahren im größeren – und in Wien im großen – Maßstab wahre Alternativen zur bisherigen Praxis des Wohn- und Städtebaus: Wohnhöfe und Siedlungen mit großzügigen Grünräumen anstelle des maximal verdichteten Blockrandrasters, auf die Bedürfnisse der Bewohnerinnen und Bewohner zugeschnittene Wohnungen, Wohnfolgeeinrichtungen für Gemeinschaft, Bildung und Körperpflege. Voraussetzung dafür waren entsprechende steuerliche, rechtliche und bodenpolitische Neuerungen, die einen sozialen Wohnbau überhaupt erst ermöglichten.

In dieser Zeit und in diesem Kontext kam es auch, man kann es so nennen, zur Erfindung des Terrassenwohnhauses. In der europäischen Bautradition ist der Terrassentypus, abgesehen von den mythischen Hängenden Gärten Babylons, ohne Vorbild. Die Anstöße für seine Entwicklung im 20. Jahrhundert kamen, wie so oft bei wesentlichen Entwicklungsschritten in der Architektur, nicht rein aus der Disziplin heraus. In dem Fall gab der medizinisch-gesundheitliche Bereich den Anstoß. Luft und Sonne brauchte es für die Heilung der Volkskrankheit Tuberkulose. Der Arzt David Sarason schlug daher zu Beginn des 20. Jahrhunderts die Terrassierung von Sanatoriumsbauten vor, und er forderte in einem nächsten Schritt die Anwendung des Wissens um die Heilung der Tuberkulose auch im Wohnbau und in der Stadtplanung.[4] Der Pionier in der Entwicklung des Terrassentypus'

Henri Sauvage

Projekt Metropolis, 1928

Sozialer Wohnbau mit Schwimmbad, Paris, Rue des Amiraux, 1916–27, Schnitt und Ansicht, Foto 2016

für den Wohnbau auf der Basis der medizinischen Erkenntnisse ist zweifellos der Architekt Henri Sauvage.[5] 1903 gründete er zusammen mit Frantz Jourdain und anderen eine Gesellschaft für hygienischen und erschwinglichen Wohnbau („Société anonyme de logements hygiéniques à bon marché"). In mehrjähriger Studien- und Praxisarbeit zum Arbeiterwohnbau entwickelte Sauvage als Lösung für die drängende Aufgabe das Terrassenwohnhaus. Es sollte gesündere Städte generieren, mehr Licht und Luft in die Wohnungen und in die Straßen bringen, die Bewohner mit einem privaten Garten, die Stadt mit Grün ausstatten und im Inneren Gemeinschaftseinrichtungen und Infrastruktur anbieten. Ganze Häuserblocks und Straßenzüge entwarf Sauvage mit terrassierten Arbeiterwohnhäusern. Erstmals realisieren konnte Sauvage die Terrassen im Wohnhaus in der Rue Vavin (1909–1912). Bauherr für dieses Experiment war die kurz zuvor von ihm selbst und anderen gegründete „Gesellschaft für Terrassenwohnhäuser" (Société anonyme des maisons à gradins). Bereits hier ist ein wesentliches Element der Anlagen der 1960er- und 1970er-Jahre ausgebildet: der Pflanztrog, der auch den Einblick in die darunterliegenden Terrassen verhindert.

Sauvage und sein Büropartner Charles Sarazin waren sich des Terrassenprinzips als künftige Architekturform für den Städtebau so sicher, dass sie es 1912 patentieren ließen.[6] Im Rahmen des Wohnbauprogramms der Stadt Paris (Habitations à Bon Marché) realisierten Sauvage und Sarazin zwischen 1916 und 1927 das erste Terrassenhaus im sozialen Wohnbau. Die siebengeschossige,

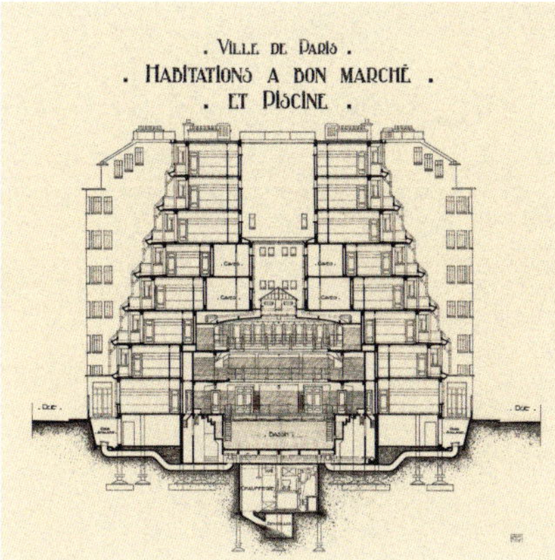

78 Wohnungen umfassende Anlage in Eisenbetonkonstruktion, die sich in eine bestehende Blockverbauung an der Rue des Amiraux einfügt, ist an ihren drei Straßenseiten terrassiert. Jede Wohnung verfügt über eine Terrasse. Der „Bauch" des Hauses, sein Inneres, wird für soziale Folgeeinrichtungen genutzt. Sauvage hatte ursprünglich ein Kino vorgesehen, die Stadt Paris wollte jedoch eine Einrichtung zur Verbesserung der schlechten Gesundheitslage – so erhielt der soziale Wohnbau ein Schwimmbad, das noch heute in Betrieb ist und nun der Allgemeinheit offen steht. Das nach herkömmlichen Gesichtspunkten problematische fensterlose Innere wurde als Möglichkeit begriffen für zusätzliche Nutzungen.[7]

Wesentliche Anstöße für eine Vereinbarung von Dichte und Wohnqualität (Licht, Luft, Sonne, Garten) kamen auch von Le Corbusier, der übrigens auf dem Gründungskongress der CIAM in La Sarraz, 1928, die Pionierleistung der Verwendung von Eisenbetonkonstruktionen im Wohnbau gegenüber Sauvage alleine für sich beanspruchen wollte.[8] Mit seinen Immeubles Villas entwickelte Le Corbusier ab 1922 das Verfahren gestapelter Einfamilienhäuser. (Vgl. S. 36, 39) Dieses Prinzip brachte er 1933 im Projekt Durand für Oued Ouchaia in Algerien in eine Großform: Zeilen mit je dreihundert Wohnungen, die sich längsseitig in großzügigen Terrassen zurückstufen und auf der anderen Seite entsprechend auskragen, wo auch die Erschließungskerne und die Laubengänge situiert sind. Jeder Block enthält gemeinsame Service-Einrichtungen. Die vier Blocks liegen in einem Landschaftspark mit Sport- und Spaziermöglichkeiten und Swim-

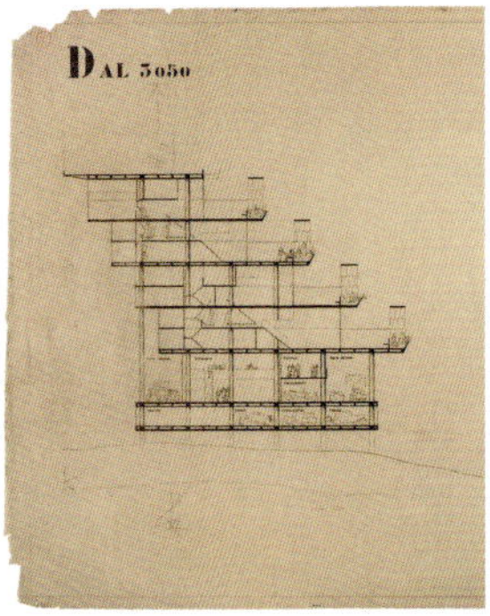

ming-Pools, die sich in das hügelige Gelände einfügen. Der Autoverkehr bewegt sich auf Erdgeschossniveau, der Fußgängerverkehr auf Höhe des ersten Stocks.[9] Mit dem Durand-Projekt entwarf Le Corbusier das klassische Prinzip des linearen, entlang einer Längsseite zurückgestuften Terrassenhauses. Ein Profil, das sich quasi unendlich fortsetzen lässt.

Adolf Loos – möglicherweise inspiriert bei seinen zahlreichen Paris-Aufenthalten nach 1918 durch Sauvages Bauten und Terrassenkonzepte für den sozialen Wohnbau[10] – beschäftigte sich 1923 ebenfalls intensiv mit Terrassenstrukturen. Drei davon waren bezeichnenderweise für Frankreich geplant: am ausgereiftesten das Grand Hotel Babylon für Nizza, 1923, in dem das Innere als repräsentativer, von oben natürlich belichteter Saal genutzt wird; ein Sporthotel für Paris und als abgetreppte Hausform im wohlhabenden Segment „20 Villen für die Cote d'Azur".[11]

Loos sah das Terrassenmodell ebenfalls als Lösungsmöglichkeit für den verdichteten Sozialwohnbau. 1923 schlug er Terrassenhäuser für zwei Standorte in Wien vor, für die Inzersdorfer Straße und für den Winarskyhof. Beide Projekte entstanden für den Wiener Verein für Siedlungs- und Kleingartenwesen. Anders als bei Sauvage sind die Terrassen von Loos aber keine privaten Freiräume, sondern bilden „Hochstraßen" – eigentlich Laubengänge, von denen aus die Wohnungen erschlossen werden und die gemeinschaftlich zu nutzen sind. Mit der neuartigen Planung stieß Loos bei der Gemeinde jedoch auf Ablehnung.

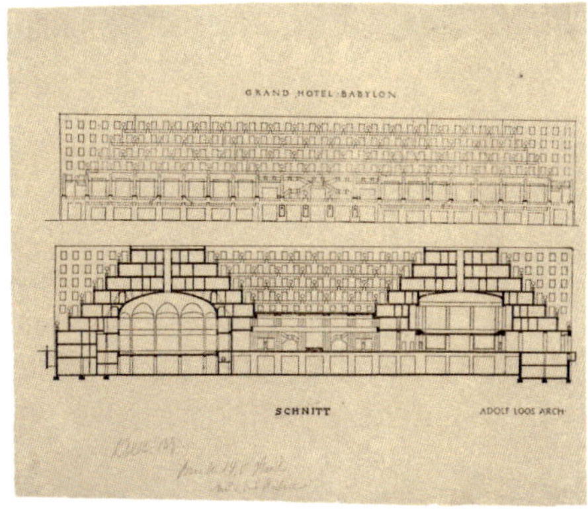

Le Corbusier, Projekt Terrassenwohnanlage Durand, Algerien, 1933, Schnitt und Schaubild

Adolf Loos, Projekt für ein Grand Hotel Babylon, Nizza, 1923, Ansicht und Schnitt

Im selben Kontext wie Loos planten 1923 für den Wiener Verein für Siedlungs- und Kleingartenwesen auch Oskar Strnad und Peter Behrens eine Terrassenwohnanlage für die Inzersdorfer Straße (im Rahmen des Vorschlags für einen Wiener Generalarchitekturplan). Mit den revolutionären Wohnbauprogrammen im Roten Wien und im Neuen Frankfurt hatte es in den frühen 1930er-Jahren ein Ende. Nicht zuletzt, weil wesentliche Protagonisten jüdisch waren und vertrieben oder ermordet wurden.[12]

Die Terrassenstruktur als Lösungsansatz für den Wohn- und Städtebau: 1960er-Jahre

Wie nach einem großen Stau entfalteten sich im Lauf der 1960er-Jahre neue gesellschaftliche Ansätze. Gerechte Verteilung war eine politische Übereinkunft. Jeder sollte am Wohlstand teilhaben. Die aufsteigende Produktivitätskurve verlief bis Mitte der 1970er-Jahre parallel zur Lohnkurve. Die gleichzeitigen technologischen Entwicklungen ließen alles möglich erscheinen.

Gegen die autogerechte, auf die Interessen von Bauwirtschaft, Ökonomie und Technik ausgerichtete Stadtentwicklung regte sich in Europa bereits seit den 1950er-Jahren Widerstand. Wobei die Kritik weitgehend nicht aus Architektur- und Stadtplanungskreisen kam. Der US-amerikanische Historiker, Soziologe und Philosoph Lewis Mumford schrieb seit den 1930er-Jahren gegen eine den Menschen und die menschliche Natur ausblendende technokratische

Stadtentwicklung.[13] Stadt- und Architekturentwicklung sollten im Sinn eines „organischen Humanismus" in Einklang mit den Gegebenheiten des menschlichen Körpers stehen. Das sensationelle Foto der aufgehenden Erde vom Raumschiff Apollo 8 aus, über den Mondhorizont hinweg, 1968, wurde zu einem Bild der Epoche: Schlagartig machte es die Schönheit und Verletzlichkeit des Blauen Planeten und die Verbundenheit seiner Bewohner sichtbar.

Der Psychoanalytiker Alexander Mitscherlich veröffentlichte 1965 das im deutschsprachigen Raum einflussreiche Buch „Die Unwirtlichkeit unserer Städte". „Man pferche den Angestellten hinter den uniformierten Glasfassaden dann auch noch in die uniformierte Monotonie der Wohnblocks, und man hat einen Zustand geschaffen, der jede Planung für eine demokratische Freiheit illusorisch macht." Damit kritisierte Mitscherlich sowohl die kapitalistische als auch die sozialistische Baupraxis. Er plädierte für Bürgerbeteiligung. Für die Planung des Olympischen Dorfes in München 1968 wurde Mitscherlich zum Sonderberater bestellt.

In der gesamten industrialisierten Welt entwickelten Architekten und Stadtplaner in den 1960er-Jahren Terrassenstrukturen in verdichteter Form. Die Anlagen, die in jenen Jahren vielfach konzipiert und in kleiner Zahl realisiert wurden, machen sich industrielle Fertigungsmethoden zunutze und sind zur Schonung der Bodenressourcen überwiegend als Großstrukturen geplant. Gleichzeitig erfolgte ihre Entwicklung als Reaktion auf eine rein technokratische Stadtentwicklung, als Abkehr vom Mainstream der autogerechten Stadt, als Alternative zu den monofunktionalen Stadterweiterungen.

Zugrunde lag den geplanten Terrassenstrukturen die Idee einer Trennung der Verkehrsebenen und gemischter Nutzungen – sofern diese einander nicht stören. Das Resultat sind verkehrsfreie gemeinschaftliche (Grün-)Räume.

Das ökologische Moment spielte bei der Entwicklung der Terrassenkonzepte eine wesentliche Rolle. Das kommende Umweltszenario stand vor fünfzig Jahren bereits in aller Klarheit vor Augen.[14] Ebenso sind die Konzepte getragen von einer verstärkten Öffnung der Architektur zu anderen Disziplinen, wie Verhaltensforschung, Soziologie, Umweltforschung, Verkehrsexpertise, Demografie und anderen. Vor allem begann die Idee der Mitbestimmung in die Debatte Eingang zu finden. Mit den privaten Terrassen und Gärten geben die Anlagen den individuellen Bedürfnissen Raum.

„Earthrise", aufgenommen aus dem Apollo-8-Raumschiff am 24. Dezember 1968

Die Ideen für neue, demokratische Wege im Wohn- und Städtebau für die große Zahl zirkulierten in den 1960er-Jahre nicht nur als theoretisches Konstrukt in einem Kreis von Experten. Sie beeinflussten die Baupolitik der Staaten und Städte. Wobei sich hier keine klaren parteipolitischen Zuordnungen treffen lassen: In Frankreich realisierte der gaullistische Staat unter Georges Pompidou ebenso innovative soziale Architekturkonzepte wie die kommunistisch regierten Städte. In Österreich initiierte der christdemokratisch regierte Staat die Serie „Wohnen Morgen" und die sozialdemokratisch regierte Stadt Wien kam mit einer Serie von Terrassenwohnbauten der Forderung „Luxus für alle" im sozialen Wohnbau nahe wie noch nie. In Italien führte die christdemokratische Regierung den größten sozialen Wohnbauplan in der Geschichte des Landes durch. Das sozialistische Jugoslawien experimentierte in großem Maßstab mit unterschiedlichsten Wohnbautypologien und Nachbarschaftskonzepten. Wohnbau für die große Zahl braucht den Willen und das Bekenntnis der öffentlichen Hand. Terrassenwohnhäuser sind dabei ein Indikator für politisches Wollen: „Das größtmögliche Glück für die größtmögliche Zahl."[15]

Wie in gesellschaftspolitischen und philosophischen Belangen war Frankreich in den 1960er-Jahren auch in Architektur und Stadtentwicklung richtungsweisend. Von Sauvage und Le Corbusier führt eine Linie zu Georges Candilis und Jean Balladur. Der marxistische Architekt und Stadtplaner Georges Candilis war seit dem vierten CIAM Kongress, in Athen 1933, mit Le Corbusier verbunden; von 1945 bis in die 1950er-Jahre war er einer von Le Corbusiers

Georges Candilis mit Shadrach Woods und ATBAT-Afrique, Wohnanlagen in Casablanca, Marokko, 1954

Kenzo Tange, Projekt für die Bucht von Tokio, 1960

Paul Rudolph, Überbauungsprojekt für den Lower Manhattan Expressway, New York, 1967–70

Hauptmitarbeitern und verantwortlich für die Realisierung der Unité d'Habitation in Marseilles (1947–1952). 1951 bis 1952 planten Candilis und Shadrach Woods für das französische Bauingenieursbüro ATBAT Afrique Wohnanlagen in Casablanca, in welchen sie die Moderne an die dortigen klimatischen und kulturellen Gegebenheiten zu adaptieren versuchten. Von der lokalen Tradition ausgehend stapelten sie Hofhäuser zu einer „Cité Verticale". Eine Adaptierung und Weiterentwicklung von Le Corbusiers Immeubles Villas.

Auch unter dem Eindruck dieser nordafrikanischen Erfahrungen – wo gleichzeitig der Kampf gegen die französische Kolonialherrschaft stattfand – gründeten Candilis und andere auf dem zehnten CIAM Kongress, 1953, in Opposition zu den universalistischen Dogmen der CIAM – und vor allem auch in Opposition zum Dogma der Funktionstrennung in der Stadtplanung – das Team X. Gleichzeitig blieb Candilis eine Brücke zu Le Corbusier.

In Frankreich realisierte Candilis in Büropartnerschaft mit Shadrach Woods und Alexis Josic zehntausende Sozial-Wohnungen, ganze Stadtteile, die von einer sozialen Durchmischung und dabei von einer radikalen Gleichheit aller ausgingen sowie von einer im Zentrum fußläufigen Stadt der gemischten Funktionen. Candilis war der wohl einflussreichste Protagonist in der Stadtplanung und im Wohnbau für die große Zahl nach dem Zweiten Weltkrieg.[16]

Er war auch einer der Architekten in Frankreichs einmaliger staatlicher Planungsunternehmung für die Küstenregion Languedoc-Roussillon: Anstelle des maximal ökonomisierten Hotel-Wildwuches,

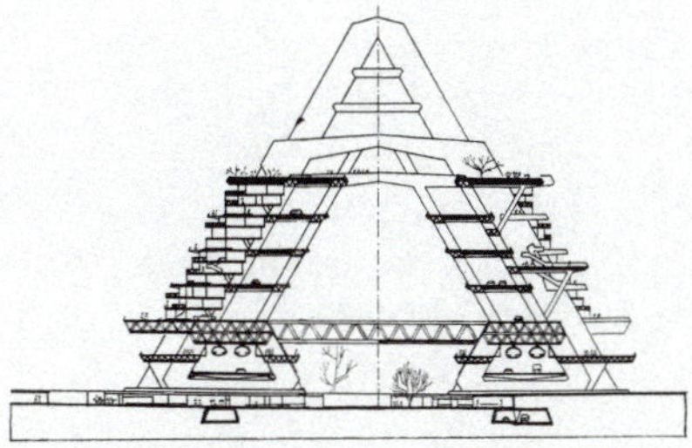
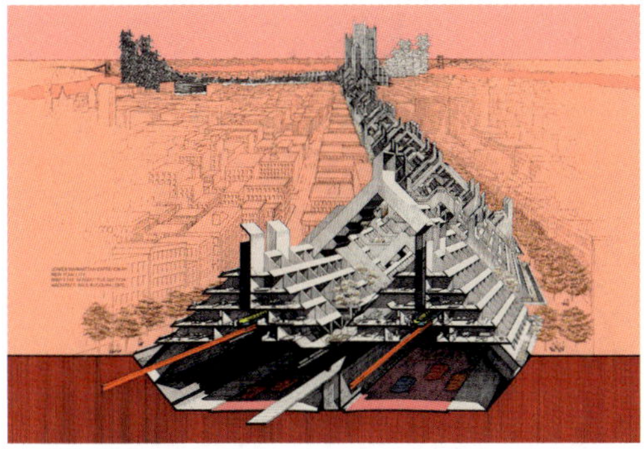

wie er sich an den spanischen Küsten ereignete, ein gesamtheitlicher und sozialer Ansatz für das neue Phänomen des (Reise-) Urlaubs für die große Zahl. Aus dem Nichts entstanden fünf neue (Ferien-)Städte mit Häfen und Verkehrsaufschließung.[17] Die bemerkenswerteste Leistung innerhalb des Großprojekts ist die Stadt La Grande Motte, die ab 1963 als reine Terrassenstadt angelegt wurde.

In Japan erwuchs, wohl auch unter dem Eindruck der kompletten Vernichtung durch die Atombombe, aus dieser Erschütterung heraus, ein neues Denken über Architektur und Stadt. Wachsende, teils terrassierte Großstrukturen, in die sich einzelne Module einfügen und herausnehmen lassen (Plug-ins), Bionik – die Übertragung von Phänomenen der Natur auf die Technik und Architektur, die Verbindung von Mensch und Natur. Mit diesen Ideen, mit ihren Projekten und Manifesten, inspirierte die Gruppe der Metabolisten um Kenzo Tange, Noboin Kawazoe, Kisho Kurokawa und Kyonori Kikutake, seit dem Ende der 1950er-Jahre die Architektinnen und Architekten in Europa und den USA.

In den USA entstanden Projekte für Überbauungen von Verkehrsachsen und Planungen in bisher undenkbaren Größenmaßstäben. Kenzo Tanges Projekt für eine Stadterweiterung in der Bucht von Tokio oder Paul Rudolphs Überbauungsprojekt für den geplanten Lower Manhattan Expressway in New York (der im Sinne der autogerechten Stadt eine Schneise durch Manhattan geschlagen hätte) waren als Terrassenstrukturen angelegt. Ein Projekt für San Francisco

Moshe Safdie, Habitat 67 auf der Weltausstellung Montreal, in Bau 1966

DP Architects im Auftrag der Stadtverwaltung von Singapur, Golden Mile Complex, Singapur, 1967–73, Erschließung, Foto 2017

von 1962 zeigt parabolisch terrassierte Türme mit sechzig Stockwerken und tausend Wohnungen pro Einheit. Damit wird die übliche Hierarchisierung eines Wohnhochhauses ausgeglichen: Die Wohnungen der unteren Geschosse haben zwar keine Fernsicht, dafür aber großzügige Terrassen. Ein vergleichbares Konzept liegt Alt-Erlaa, Graz St.Peter oder der Schlangenbader Straße zugrunde.

Die erste Realisierung einer Terrassenwohnanlage als Großstruktur war das „Habitat 67" auf der Weltausstellung 1967 in Montreal. Mit der signalhaften Anlage fügte der israelisch-amerikanische Architekt Moshe Safdie Einfamilienhäuser mit Garten horizontal und vertikal zu einer städtischen Struktur zusammen. Jede der großzügig bemessenen Wohnungen hat mindestens eine Terrasse, zwischen zwanzig und neunzig Quadratmeter groß. Die Verkehrsebenen für Fußgänger, Radfahrer und Auto wurden getrennt. Der aus einzelnen vorgefertigten Wohnmodulen bestehende „Habitat 67" ist allerdings kein Prototyp für günstiges Wohnen, es mangelt an der wirtschaftlich notwendigen Kompaktheit. Im Vordergrund stand das skulpturale Moment, die Bildgebung für die Weltausstellung. Realisiert wurden Terrassenwohnbauten in der Folge jedoch kaum in Nordamerika und Japan, sondern hauptsächlich in Europa oder auch in Israel.

Wie in Frankreich waren auch in Großbritannien die drei Jahrzehnte nach dem Ende des Zweiten Weltkriegs, die *Trente Glorieuses,* eine Hoch-Zeit der Investition in gesellschaftliche und kulturelle Emanzipation. Soziale Ziele waren treibende Kräfte der Politik und Stadtverwaltung. In den 1960er-Jahren entstanden im Auftrag der

Londoner Stadtverwaltung zwei Terrassenwohnanlagen, die das Verhältnis von Stadt, Straße und Wohnen neu interpretierten: das Brunswick Centre und das Alexandra Road Estate, beide vom fortschrittlichen Baudepartment des London Borough of Camden Council durchgeführt. Ein Sektor des riesigen Stadtentwicklungsgebiets Thamesmead im Großraum London wurde ebenfalls mit vier- bis fünfgeschossigen Terrassenhäusern bebaut. Diese Bebauungsform brachte dem Projekt internationale Aufmerksamkeit ein. Der Golden Mile Complex (1967–1973) im Zentrum der ehemaligen britischen Kronkolonie Singapur ist, wie das Brunswick Centre, ein hybrides Experiment. Initiiert und durchgeführt vom Staat als Stadtreparatur, beherbergt es vor allem Geschäfte und Büros sowie in den terrassierten Geschossen auch Wohnungen. Wie im Brunswick Centre erhält die Erschließung hohe gestalterische Bedeutung – sie nimmt über mehrere Geschosse reichend den „Bauch" der Terrassenstruktur ein. Der Golden Mile Complex ist eine „kollektive Form".[18]

In Italien ging die größte Kampagne zur Verbesserung der Wohnungslage für Arbeiterinnen und Arbeiter Ende der 1940er-Jahre von der christdemokratischen Regierung aus. Treibende Figur war Amintore Fanfani (1908–1999), unter anderem Minister für Arbeit und Soziales. Er trat für staatlichen Wohnungsbau ein. Seine langjährige Beschäftigung mit den Wohnverhältnissen der Arbeiterinnen und Arbeiter speiste sich aus dem Grundsatz der christlichen Nächstenliebe. Das sogenannte Fanfani-Gesetz ermöglichte den Wohnbauplan INA-Casa, in dessen Rahmen zwischen 1949 und 1963 in Italien

Cesare Blasi, Gabriella Padovano
Terrassenwohnanlage Via Airolo, Mailand, 1966–1971, im Rahmen des INA-Casa Programms des italienischen Staates, Foto 2010

355.000 Wohnungen nach dem Prinzip von einzelnen Nachbarschaften gebaut wurden. Ein Vordenker für INA-Casa und Berater bei der Umsetzung war der Industrielle Adriano Olivetti. Olivetti war der wohl wichtigste private Auftraggeber sozialer Architektur im Italien der 1950er-Jahre und Pionier in Überlegungen zur Stadt- und Regionalplanung.[19] Er verkörpert das Modell eines „demokratischen oder partizipativen Paternalismus".[20] Als Berater von INA-Casa und als Präsident des *Istituto nazionale di urbanistica* spielte er eine wesentliche Rolle im Bauen der öffentlichen Hand. Im Rahmen von Olivettis Architektur-Initiativen rund um den Firmensitz in Ivrea konnte eine experimentelle Intervention wie der Super-Hybrid *Centro di Servizi Sociali e Residenziali* in Ivrea entstehen.[21]

Die Terrassenanlage in der Via Airolo in Mailand, aus der zweiten Phase von INA-Casa (1966–1972), ist als Stadtreparatur konzipiert: bestehend aus Zeilen und Lückenverbauungen, die sich in den Blockrand einfügen, mit einer Geschäftszone im Erdgeschoss.

Das Buch *Neue urbane Wohnformen* der Architekten Ot Hoffmann und Christoph Repenthin gab 1965 im deutschsprachigen Raum einen Impuls für eine neue Interpretation städtebaulicher Schemata durch Gartenhofhäuser, Teppichsiedlungen und Terrassenhäuser. Die Terrassenwohnhäuser werden dabei genealogisch aus einer Verdichtung von Teppichsiedlungen hergeleitet: „Bei weiterer Verdichtung beginnen sich die Wohnebenen übereinanderzuschieben, wir sprechen dann vom Terrassenhaus."[22] Das ökologische Moment spielte in den Überlegungen des Buches bereits eine wesentliche

Ot Hoffmann
Baumhaus, Darmstadt
1968–1972, Foto 2011

Rolle. Ot Hoffmanns eigenes Baumhaus mit Terrassen in Darmstadt (1968–1970) ist als grünes Statement zu verstehen. Die Wohnhügelkonzepte, die ab Ende der 1950er-Jahren als Spezialform der Terrassenwohnhäuser entstanden,[23] waren gegen die massive Zersiedelung und Zerstörung der Landschaft durch Einfamilienhäuser gerichtet. Ab 1965 wurden in Marl, Deutschland vier Wohnhügel gebaut. Die Autos fahren unterirdisch in Garagen ein; so entstehen autofreie gemeinschaftliche Freiräume. Jede Wohnung verfügt über eine Terrasse oder einen Garten.

Hermann Schröder, einer der Architekten der Wohnhügel in Marl, realisierte zusammen mit Peter Faller eines der frühen Terrassenhäuser Deutschlands, in der Tapachstraße bei Stuttgart, 1965–1973. Es stellt das von Le Corbusier in seinem Durand-Projekt geprägte Modell dar: eine Zeile, die sich an einer Längsseite in Terrassen zurückstuft. An der anderen kragt sie gegengleich aus; An der auskragenden Seite befinden sich die Vertikalerschließungen und die Laubengänge.

Die Stadt München ließ sich bei dem Renommee-Projekt für die Olympischen Spiele 1972 auf eine architektonische Innovation ein und plante das Olympische Dorf als grüne Terrassenstadt – ein bemerkenswerter sozialer und baukultureller Akt. Das autarke Quartier zählt heute zu den beliebtesten Wohngegenden der Stadt. Seine Planung und Realisierung innerhalb von äußerst kurzer Zeit, zwischen 1968 und 1972, übte Strahlkraft aus auf weitere Terrassen-Großprojekte in Mitteleuropa.

Die früheste gebaute Terrassenwohnanlage in Österreich, und überhaupt eine der frühesten in Europa, ist Hans Puchhammers und Gunther Wawriks Siedlung Goldtruhe in Niederösterreich (1966–1969). Eine Forschungsarbeit von Puchhammer und Wawrik beschäftigte sich im Jahr 1969 mit den Möglichkeiten einer Realisierung von Terrassenwohnbauten im Rahmen der Wiener Bauordnung.[24]

Eine wichtige Initiative für Österreich stellte die Ausstellung „Neue städtische Wohnformen", 1966/67, dar, veranstaltet von der im Jahr zuvor gegründeten Österreichischen Gesellschaft für Architektur. Der Titel lehnt sich wohl an Hoffmann-Repenthins Buch „Neue urbane Wohnformen" an. Die in der Ausstellung gezeigten Projekte waren fast ausschließlich Terrassenstrukturen. Dazu erschien ein manifestartiger Forderungskatalog für den Wohnbau.[25] Wie viel in diesen Jahren um 1968 möglich war, zeigen die Folgen der Ausstellung: Die Stadt Wien gab eine Wohnanlage mit über 2.100 Wohnungen, das Schöpfwerk, an die Veranstalterinnen und Veranstalter der Ausstellung in Auftrag. Und ebenfalls 1968 beauftragte eine stadteigene Wohnbaugenossenschaft für dieselbe Stadterweiterungsachse eines der größten Experimente im Wiener Wohnbau: den Wohnpark Alt-Erlaa. Die Zahl der Wohnungen von Alt-Erlaa entspricht etwa der des Olympischen Dorfes in München.

In Wien konnte sich als einzige Stadt weltweit der Terrassenwohnbau mit einer größeren Anzahl von Anlagen durchsetzen. Das Wohnbauprogramm des Roten Wien der 1920er-Jahre war die Basis, auf der das Wiener Terrassenhaus-Phänomen aufbauen

ANPAR
Michel Andrault, Pierre Parat

Pyramidenförmiges Wohnhaus
Créteil, 1979
Les Pyramides Evry,
1973–80, Fotos 2014

Jean Renaudie, Renée Gailhoustet
Jeanne Hachette Center
Ivry-sur-Seine, 1969–75, Foto 2014

konnte.[26] Das französische Büro ANPAR (Michel Andrault, Pierre Parat) beschäftigte sich über Jahrzehnte mit der Terrassentypologie. Anknüpfend an ihre Landsleute Sauvage und Balladur entwickelte ANPAR vor allem das pyramidenförmige Terrassenhaus weiter – hin zur allseitig abgestuften Pyramide: als Solitär und begehbares Hügelhaus, wo neben einer Innenerschließung auch Außenwege zu den Wohnungen führen oder zusammengefügt zu einem Geflecht von 2.000 Wohnungen in den „Pyramiden von Evry“, einer der Neustädte im Gürtel um Paris.

Ivry-sur-Seine ist eine jener kommunistisch regierten Gemeinden im Pariser Umland, die ab den 1950er-Jahren neue Wohnsiedlungen forcierten, meist nach sowjetischem Vorbild als vielgeschossige Plattenbauten. Im Rahmen dieser Wohnbauoffensive, aber als Alternative zu den Plattenbauten setzten Jean Renaudie und Renée Gailhoustet ab 1970 sternförmig terrassierte Hügel mitten zwischen den historischen Stadtkern und die 1960er-Jahre-Hochhäuser. Ihr Ansatz war eine dichte Mischung von Wohnungen, Büros, einem Kino und Geschäften, verbunden durch ein gewundenes Fußgänger-Wegenetz und (halb)öffentliche Plätze. Keine Wohnung gleicht der anderen, jede verfügt über einen eigenen Terrassengarten. Während das prominenteste Beispiel der Plattenbauten à la Sowjetunion in den *banlieus rouges*, die 1963 eröffnete Juri Gagarin-Siedlung in Ivry-sur-Seine, im Jahr 2019 abgerissen wurde, sind die nun gänzlich in Grün eingewachsenen Terrassenbauten von Gailhoustet und Renaudie heute begehrte Wohnorte.

Terrassenbebauung in Novi Beograd, 1970er-Jahre, Foto 2011

Das ehemalige sozialistische Jugoslawien betonte seine Sonderstellung als blockfreier Staat durch prononcierte und eigenständige Modernität in Architektur und Stadtplanung. Der 1948 begonnene Stadtteil Novi Beograd war in den 1960er- und 1970er-Jahren geradezu ein Städtebau-Labor. Unterschiedlichste (Wohn-)Typologien und Gemeinschaftsmodelle wurden hier erprobt. In bester Lage, an der Save, kam die Terrassentypologie zur Anwendung: als Cluster aus vier- bis fünfgeschossigen terrassierten Blöcken, die jeweils in einem offenen U angeordnet sind.

Die *Features* des Terrassenhauses

Die Bauweise der Terrassenanlagen ist die Schottenbauweise. Die Lasten werden über Scheiben abgetragen, die in einem Abstand von rund fünf bis sechs Metern angeordnet sind. Es gibt keine tragenden Außenwände. So sind raumhohe und raumbreite Wandöffnungen möglich. Industrialisierte Fertigungsweisen, repetitives Bauen, die Reihung gleichartiger Module sind Mittel, um ökonomisch zu bauen.

Die Erschließungsmöglichkeiten sind vielfältig: Laubengang, Spänner und Mittelgang in unterschiedlichen Kombinationen sowie Direkterschließungen über Außenstiegen. Als Alternativen zur Geschosswohnung kamen vielfach auch Maisonette- und Split-Level-Wohnungen zum Einsatz. Einerseits um Baukosten einzusparen durch die Reduktion der allgemeinen Erschließungsflächen, andererseits um Einfamilienhaus-ähnliche Wohnqualitäten zu offerieren.

Das Material ist (Sicht-)Beton. Bei einer Reihe von Bauten wählten die Architekten und Bauträger jedoch einen weißen Anstrich und gegebenenfalls gedämmte Industriepaneele aus Blech oder Faserzementplatten.[27] Das Hauptkennzeichen der Anlagen sind natürlich die Terrassen – ein Außenraum meist in der Größe eines Zimmers. „Der Balkon oder die Loggia als Forderungen gestrigen Wohnens genügen unseren Wohnansprüchen nicht mehr", schreibt 1968 Viktor Hufnagl, (Mit-)Initiator der Ausstellung *Neue urbane Wohnformen* und Architekt des Schöpfwerks in Wien.[28] Terrassen hingegen bieten Privatsphäre und Naturkontakt.

Das einfache Mittel der Pflanztröge ist äußerst wirkungsvoll. Ist ein solcher vorhanden, steigt die Wahrscheinlichkeit einer Bepflanzung durch die Bewohnerinnen und Bewohner. Und in den großen Trögen sind auch tief wurzelnde Sträucher und Bäume möglich. So können hängende Gärten entstehen, Sichtschutz inklusive. Auf ihren Terrassen haben die Menschen die Möglichkeit sich in ihrer Individualität nach außen sichtbar zu entfalten.

Ein wichtiges *Feature* der Terrassenstruktur ist die gemischte Nutzung, die Idee, Wohnen mit urbanen und sozialen Zusatzfunktionen zu verknüpfen. Die ausgewählten Anlagen bieten Räume für Kommunikation und Gemeinschaft – Jugendclub, Hobbyräume, Schwimmbäder, Sauna, Gemeinschaftszentren, Schule und andere – und erweitern die Wohnfunktionen, etwa um Gästewohnungen und Arbeitsräume. Dafür werden vielfältige räumliche Möglichkeiten genutzt. Da ist vor allem der Bauch des Terrassenhauses – die Problemzone, die durch Gemeinschaftsräume zur Möglichkeitszone wird. Da ist aber auch das Gemeinschaftsgeschoss, wie in Graz St. Peter oder eine durchgehend begehbare Begegnungszone, an der Kommunikations- und Hobbyräume anliegen, wie in der Schlangenbader Straße, da sind Gemeinschaftsterrassen. Die Erdgeschosszone wird für Geschäftslokale genutzt, die großen Anlagen weisen eigene Zentren auf.

Die Autos fahren in die Garagen unterhalb der Wohnblöcke ein. Dadurch werden ausgedehnte Grünflächen und fußläufige halböffentliche Räume möglich. Grünraum nicht als schematisches, möglichst pflegeleichtes Abstandsgrün, sondern als modelliertes Gelände, mit Hügeln und Mulden sowie einer vielfältigen Baum- und Strauchbepflanzung. Hier entsteht landschaftlicher Raum mit intimen und geschützten Bereichen. Die Terrassierung der Bauten und die Offenheit zum Stadtraum verhindern eine beengte Freiraum-Situation, wie sie bei allseitig umschlossenen Höfen auftreten kann. Das parkähnliche Gelände der größeren Anlagen erlaubt auch, den Bewegungsdrang auszuleben – bis hin zum Rodeln im Winter.

Bewegung und Körpererfahrung ermöglichen speziell die Schwimmbäder, die wichtiger Bestandteil der Wohnbauten von Harry Glück sind. Hier lassen sich auch zwanglos soziale Kontakte knüpfen. Bereits der erste soziale Terrassenwohnbau in der Geschichte der Typologie aus den 1920er-Jahren ist mit einem Schwimmbad ausgestattet. (Vgl. S. 66 f.)

Die Auswahl der Beispiele

Die ausgewählten Beispiele entstanden als experimentelle Terrassen-Wohnbauten in Europa in der Zeit um 1968. Die Auswahl zeigt, dass derartige Strukturen unter vielfältigen urbanistischen Bedingungen umsetzbar sind und unterschiedliche typologische Varianten bilden können. Die Beispiele decken weitgehend das Feld des städtebaulichen Vokabulars ab. Sie haben grundsätzlichen Modellcharakter für den Wohn- und Städtebau. Kriterien für die Auswahl waren ferner die Größe der Baulose, ihre Lage im Stadtraum, die Lage an Verkehrsachsen und die Bündelung verschiedener urbaner Funktionen. Fünf städtebauliche Kategorien lassen sich identifizieren: Autarke Inseln – Dicht an der Peripherie – Verkehrsindizierte Sonderformen – Dicht im Blockraster – Hybride in der Kernstadt.[29] Innerhalb dieser Kategorien zeigen die Beispiele wiederum unterschiedliche Interpretationen des Themas.

Autarke Inseln Das Olympische Dorf in München und der Wohnpark Alt-Erlaa in Wien sind mit ihrer Anzahl von über dreitausend Wohnungen und entsprechender Infrastruktur autarke Stadtteile. Alt-Erlaa folgt einem streng modularen Konzept mit konsequenter Ost-West Orientierung der Wohnungen und Mittelgangerschließung. Als Superstruktur setzt sich Alt-Erlaa über herkömmliche europäische Stadtvorstellungen hinweg. Dem Olympischen Dorf mit etwa derselben Wohnungsanzahl liegt dagegen eine organische Stadtidee zugrunde. Wie bei einem Flügel entfalten sich kammartig angeordnet, gestaffelte Baukörper. Die Terrassen sind weitgehend südorientiert, die Wohnungen sind durchgesteckt und über Spänner und Laubengänge erschlossen. Die Dichte ist weit geringer als im Wiener Beispiel. Beiden gemeinsam ist die Leistung, eine „Kleinstadt“ gänzlich fußläufig zu erschließen. In München geschieht dies in der Höhe des zweiten Obergeschosses.

Dicht an der Peripherie Die Terrassenwohnanlage Koseze bei Ljubljana, der Heinz-Nittel-Hof in Wien und die Terrassenhaussiedlung St. Peter in Graz sind Modelle für dichte Quartiere am Stadtrand in der Größenordnung von fünfhundert bis 1.500 Wohnungen. Koseze bei Ljubljana und der Nittel-Hof weisen dieselbe Anzahl von Wohnung auf – rund 1.500. Wie Alt-Erlaa zeigen sie einen betont rationalen, unsentimentalen städtebaulichen Ansatz. In Koseze sind die Module autonome Einzelhäuser; 34 idente Module sind in zehn parallelen Zeilen angeordnet. Jede Zeile hat eine eigene Tiefgarage; die Autos fahren an den Stirnseiten der Zeilen in Tieflage in die Garagen ein. Die Zeilen sind in strengem Nord-Süd-Verlauf angeordnet, in maximaler Ausnutzung des unregelmäßigen Grundstücks.

Die Terrassenwohnanlage St. Peter in Graz ist mit ihren auf vier Blöcke verteilten 530 Wohnungen gleichfalls modular konzipiert. Die Architekten waren in St. Peter jedoch bestrebt, die Baukörper in gestalterische Spannung zueinander zu versetzen und sie kleinteiliger aufzulösen. Die einzelnen Blöcke erhielten speziell gestaltete Kopfbauten. Die Module wurden höhenmäßig gestaffelt, auch um Weitblicke für die Wohnungen der Vis-à-vis-Zeilen zu ermöglichen.

Mit seiner charakteristischen, aus der Umgebung herausfallenden Struktur und Größe ist der Nittel-Hof vom Flugzeug aus erkennbar. Seine mäandrierende Bandstruktur setzt sich über alle Kontext-Ansprüche hinweg.

Verkehrsindizierte Sonderformen Eines der großen Themen des Städtebaus seit dem 20. Jahrhundert ist die Frage: Wie mit dem Schnellverkehr und seinen Emissionen umgehen? Das Alexandra Road Estate in London (522 Wohnungen) bewältigt die Lage unmittelbar an der Bahn, in dem sie sich von dieser abwendet; ihre den Geleisen folgende Rückfront ist geradezu hermetisch geschlossen, sie wirkt wie die Außenseite eines Stadions. Die Wiener Anlage an der Hadikgasse (210 Wohnungen), einer Ausfallsstraße, wendet sich dagegen der Straße nach Süden hin zu; die Planung reagiert mit Zurückrücken und Staffeln der Baukörper, mit einem baulichen

Schallschutz, der gleichzeitig zum architektonischen Signet wurde und mit einem dichten pflanzlichen Filter. Die Berliner Anlage an der Schlangenbader Straße geht noch einen Schritt weiter: Die Autobahn verschwindet im „Bauch" der sechshundert Meter langen Terrassenzeile (1.064 Wohnungen). Es ist bislang weltweit die einzige Überbauung einer Autobahn.

Dicht im Blockraster Die Wohnanlage Inzersdorfer Straße in Wien und Wohnen Morgen Wien zeigen mit einer Größe von zwei- bis dreihundert Wohnungen, dass Terrassenwohnanlagen und ihre Grünräume auch innerhalb des Blockrasters funktionieren. Die eine Anlage interpretiert das Thema des (nach Süden offenen) Hofes, die andere das Thema Straße-Zeile-Grünraum. Beide Planungen öffnen sich mit ihren Grünflächen zum Stadtraum und erweitern ihn so – vice versa.

Hybride in der Kernstadt Das *Centro di Servizi Sociali e Residenziali* (später Unità Residenziale Est, dann Hotel La Serra) in Ivrea (55 temporäre Apartments) und das Brunswick Centre in London (560 Wohnungen) setzen mit ihrem dichten Nutzungsmix quartiersübergreifende Impulse. Das Brunswick Centre kombiniert Wohnungen mit einer Fußgängerzone, Geschäften, Büros und einem Kino. Das *Centro di Servizi Sociali e Residenziali Olivetti* ist ein Hybrid aus Schwimmhalle, Kino, Restaurant, Auditorium, Geschäften, Büros und Plug-in-Kapseln für temporäres Wohnen. Die Anlage bildet eine Brücke zwischen der historischen Stadt, dem modernen Firmengelände Olivetti und einem Park. Als Teil der Architekturoffensive von Adriano Olivetti weist sie mit ihren Raumschiff-Anklängen eine avanciertere Architektursprache auf als die Bauten der öffentlichen Hand. Superhybride sind rar.

Gleichzeitig gibt es auch kategorienübergreifende Gemeinsamkeiten. Alt-Erlaa und die Schlangenbader Straße beruhen auf einem ähnlichen Konzept: Eine lineare Struktur, die in den unteren Geschossen terrassiert ist, darüber eine Hochhausscheibe mit Loggien, Mittelgangerschließung und alle sechzig Meter ein Erschließungsturm. Die Straße bzw. der Platz als Raum der Begegnung ist Thema des Alexandra Road Estate, des Brunswick Centre, von Wohnen Morgen Wien und des *Centro di Servizi Sociali e Residenziali* (La Serra). Sowohl bei Wohnen Morgen Wien als auch in der Alexandra Road

Neave Brown
Alexandra Road Estate
London, Rückseite, Foto 2013

wird zudem ein Teil der Wohnungen über Außenstiegen direkt von der Straße aus erschlossen. Ein Teil der Anlagen sind Demonstrativbauvorhaben mit begleitenden Forschungsprojekten. Bauherr ist in fast allen Beispielen die öffentliche Hand. Nur das *Centro di Servizi Sociali e Residenziali* ist die Unternehmung der privaten Firma Olivetti. Nicht alle Anlagen bestehen aus Mietwohnungen. In der Terrassenhaussiedlung in Graz und im Olympischen Dorf sind es Eigentumswohnungen, jedoch im günstigen, also geförderten Preissegment. Eine besondere Stellung im sozialen Terrassenwohnbau nimmt Wien ein: In keiner anderen Stadt wurden so viele Anlagen, und mit einem derart hochwertigen Infrastruktur-Angebot realisiert. Deshalb finden sich in der Auswahl fünf Beispiele aus Wien.

Die Rezeption: Medien, Kritik, Bewohner

Die meisten Anlagen wurden nach der Fertigstellung, die in etwa mit dem Aufkommen der Postmoderne zusammenfiel, von den Medien und der Fachkritik verdammt. Die Großstrukturen sprengten die herkömmliche Stadtvorstellung und ließen das gewohnte Bild von Fassade und Straße hinter sich. Spätestens im 21. Jahrhundert kehrte sich jedoch die Einschätzung um, die Anlagen erfuhren späte Würdigung durch die Fachwelt und stehen heute zum großen Teil unter Denkmalschutz.[30] Die Bewohnerinnen und Bewohner dagegen nahmen die Anlagen von Anfang an positiv an. Diverse Studien belegen die hohe Zustimmung. Die Identifikation mit der Wohnanlage spiegelt sich auch in Gemeinschaftsaktivitäten und in Bewohner-Initiativen. So kam der Antrag für den Denkmalschutz der Alexandra Road und der Schlangenbader Straße von den Bewohnerinnen und Bewohnern selbst. Heute haben die Anlagen den Status von Kultobjekten. Auffallend viele künstlerische Projekte und Filmdokumentationen beschäftigen sich mit ihnen.

Das Buch will mit der europaweiten Zusammenschau dieser Idee für ein besseres Wohnen Bewusstsein für das Mögliche wecken und Erkenntnisse bieten als Grundlage für künftiges Handeln.

Anmerkungen

1 Dies ergab zuletzt eine interdisziplinäre Studie am Zentralinstitut für Seelische Gesundheit in Mannheim 2019, siehe https://doi.org/10.1038/s41593-019-0451-y (9. September 2019).

2 Eine Studie aus dem Jahr 2019 an der Uppsala Universität weist nach, dass das Vorhandensein von Grünräumen in Wohngebieten im Kindesalter mit einem geringeren Risiko für psychische Störungen von der Pubertät bis zum Erwachsenenalter verbunden ist, siehe: https://www.pnas.org/content/116/11/5188. (17. September 2019).

3 https://www.derstandard.at/story/2000108308651/wenn-die-schilfmatte-am-balkon-verboten-ist (8. September 2019).

4 David Sarason: Das Freilufthaus, ein neues Bausystem für Krankenanstalten und Wohngebäude: Prämiiert mit der Goldenen Medaille vom Internationalen Tuberkulosekongress in Washington 1908, Lehmann 1913. Vgl. zur Entwicklung des Terrassenhauses im Gesundheits-Kontext auch Pierre-Louis Laget, L'invention du système des immeubles à gradins. Sa genèse à visée sanitaire avant sa diffusion mondiale dans la villégiature de montagne et de bord de mer, online gestellt 18 Juli 2014, http://journals.openedition.org/insitu/11102 ; DOI: 10.4000/insitu.11102 (28. September 2019). In Frankreich und der Schweiz entstand in den 1930er-Jahren eine Reihe von terrassierten Krankenhäusern. In Deutschland arbeiteten in den 1920er- und 1930er-Jahren die Architekten Richard Döcker und Marcel Breuer am Terrassenprinzip für Krankenhäuser.

5 Vgl. vor allem Loyer, Francois / Guéné, Hélène / Sauvage, Henri: Les Immeubles a Gradins. Set Back Buildings, hg. vom Institut Francais d'Architecture, Brüssel 1987. David Sarason hielt 1902 einen Vortrag in Paris, dem auch Sauvage beiwohnte.

6 „Système de construction de MM. Henri Sauvage et Charles Sarazin demandé le 23 janvier 1912, délivré le 3 avril 1912, publié le10 juin 1912, N°439.292 (procédé de construction à gradins)", siehe https://archiwebture.citedelarchitecture.fr/pdf/asso/FRAPN02_SAUHE_BIO.pdf, S. 10. (10. September 2019) Siehe auch: F. Loyer, H. Guéné: Henri Sauvage, les immeubles à gradins, Paris/Liège, IFA/Mardaga, 1987. Sauvage meldete in den 1920er-Jahren noch weitere Patente an für Eisenbetonkonstruktionen und modulare Bauweisen im Wohnbau. Minnaert, Jean-Baptiste / Sauvage, Henri: les brevets et la construction rapide, in: Revue de l'Art, 1997, 118, S. 41–55; DOI: https://doi.org/10.3406/rvart.1997.348359. (10. September 2019)

7 Im „Bauch" des Hauses in der Rue Vavin brachte Sauvage sein eigenes Atelier unter.

8 Minnaert, Jean-Baptiste / Sauvage, Henri: les brevets et la construction rapide, in: Revue de l'Art, 1997, 118, S. 41–55; DOI: https://doi.org/10.3406/rvart.1997.348359 (09. August 2019).

9 In klarer Nachfolge von Le Corbusiers Terrassenprojekt für Algerien realisierte dessen ehemaliger Mitarbeiter, Antonio Bonet, 1957/58 einen Terrassenwohnbau in Mar del Plata in Argentinien – eines der ersten und seltenen Terrassenhausprojekte Südamerikas.

10 Das aufsehenerregende Terrassenhaus in der Rue Vavin stand ja schon seit 1912. Der soziale Terrassenwohnbau in der Rue des Amiraux war in Bau und wurde 1922 und 1923 bereits publiziert – unter anderem in den bekannten Zeitschriften L'Architecture und L'Architecture Vivante.

11 „Eine neue Hausform. Terrassenhaus" lautete Adolf Loos' Text dazu, in: Die Neue Wirtschaft. Wiener Organ für Finanzpolitik und Volkswirtschaft, 1. Jg., Wien, 20. Dezember 1923. Zur Entwicklung des Terrassenhauses in Wien vgl. De Chiffre, Lorenzo: Das Wiener Terrassenhaus – Entwicklungsphasen und Aktualität eines historischen Wohntypus mit Fokus auf den lokalspezifischen architektonischen Diskurs, Dissertation an der Technischen Universität Wien, Fakultät Architektur und Raumplanung, Wien 2016.

12 Der revolutionäre Wiener Finanzstadtrat Hugo Breitner, der für das Wohnbauprogramm des Roten Wien ebenso bedeutsame Gemeinderat Robert Danneberg und der Stadtrat für Wohlfahrts- und Gesundheitswesen, Julius Tandler, waren jüdischer Herkunft. Ebenso der als Oberbürgermeister zwischen 1924 bis 1933 für das „Neue Frankfurt" verantwortliche Ludwig Landmann. Nicht zu reden von den planenden Architekten.

13 1934 veröffentlichte Lewis Mumford „Technics and Civilization" und 1944 „The Condition of Man". „The City in History" erschien 1961.

14 Vgl. z.B. Robert Jungk und Werner Filmer: Terrassenturm und Sonnenhügel. Internationale Experimente für die Stadt 2000, Schwann Verlag, Düsseldorf 1970, S. 8 und S. 82–136. 1972 erschien die vom Club of Rome in Auftrag gegebene und vom Massachusetts Institute of Technology durchgeführte Studie zur Zukunft der Weltwirtschaft. „Die Grenzen des Wachstums" lautete ihr sprechender Titel.

15 Jeremy Bentham und Stuart Mill entwickelten im Zuge der Aufklärung die utilitaristische Idee eines Wohlfahrtsstaates, dessen Gesetze „das größtmögliche Glück für die größtmögliche Zahl" gewährleisten sollten.

16 Der Architekt der Terrassenhausanlage in Koseze bei Ljubljana, Viktor Pust, hatte bei Candilis-Josic-Woods gearbeitet.

17 Funktionieren konnte dieses Megaprojekt durch Gründung einer fünf Ministerien übergreifenden Kommission, die schließlich für zwanzig Jahre Bestand haben sollte.

18 Die Bezeichnung stammt vom japanischen Pritzker-Preisträger Fumihiko Maki.

19 In Kooperation mit INA-Casa trat Olivetti auch als Bauherr sozialer Wohnbauten auf.

20 Die Definition stammt vom Soziologen Franco Ferrarotti.

21 Entstanden bereits nach Adriano Olivettis plötzlichem und frühem Tod, 1960.

22 Hoffmann, Ot / Repenthin, Christoph: Neue urbane Wohnformen. Gartenhofhäuser, Teppichsiedlungen, Terrassenhäuser, Bertelsmann, Gütersloh - Berlin 1969[3] (1. Auflage 1965), S. 101: „Vom terrassierten Gartenhofhaus zum Terrassenhaus. Studentenwohnungen in New Haven, USA, Paul Rudolph, New Haven".

23 1959 plante Ot Hoffmann einen Wohnhügel als Teppichsiedlung (Wiesbaden). Roland Frey und Hermann Schröder entwickelten 1959 Wohnhügelkonzepte.

24 Puchhammer, Hans / Wawrik, Gunther: Terrassenhausbauten, Studie zum Terrassenhaus im Rahmen der Wiener Bauordnung, 1969.

25 Neue städtische Wohnformen, Ausstellung, veranstaltet von der Österreichischen Gesellschaft für Architektur, Hufnagl, Viktor / Czech, Hermann, Wien 1967.

26 Zum Phänomen des Wiener Terrassenhauses vgl. De Chiffre 2016, siehe Anm. 11.

27 Die Terrassentypologie in Schottenbauweise ist jedoch auch in Ziegel umsetzbar, wie eine Anlage in Norrebro / Kopenhagen (1974–1978) zeigt (Murergade-karreen, Niels J. Holm).

28 Hufnagl, Viktor, in: Neue städtische Wohnformen, Ausstellung, veranstaltet von der Österreichischen Gesellschaft für Architektur, Hufnagl, Viktor / Czech, Hermann, Wien 1967.

29 Die Kategorien sind ein Resultat der Forschungsarbeit „Evaluierung Meilensteine europäischer und außereuropäischer Nachkriegsmoderne 1958–1978" am Forschungsbereich Hochbau, Konstruktion und Entwerfen an der Architekturfakultät der Technischen Universität Wien / Univ. Prof. Gerhard Steixner, seit 2010. La Grande Motte liegt als Terrassen(ferien)stadt außerhalb dieser Kategorien.

30 Unter Denkmalschutz stehen heute das Brunswick Centre, das Alexandra and Ainsworth Estate, das Olympische Dorf in München, Wohnen Morgen Wien, die Autobahnüberbauung Schlangenbader Straße, La Grande Motte und La Serra.

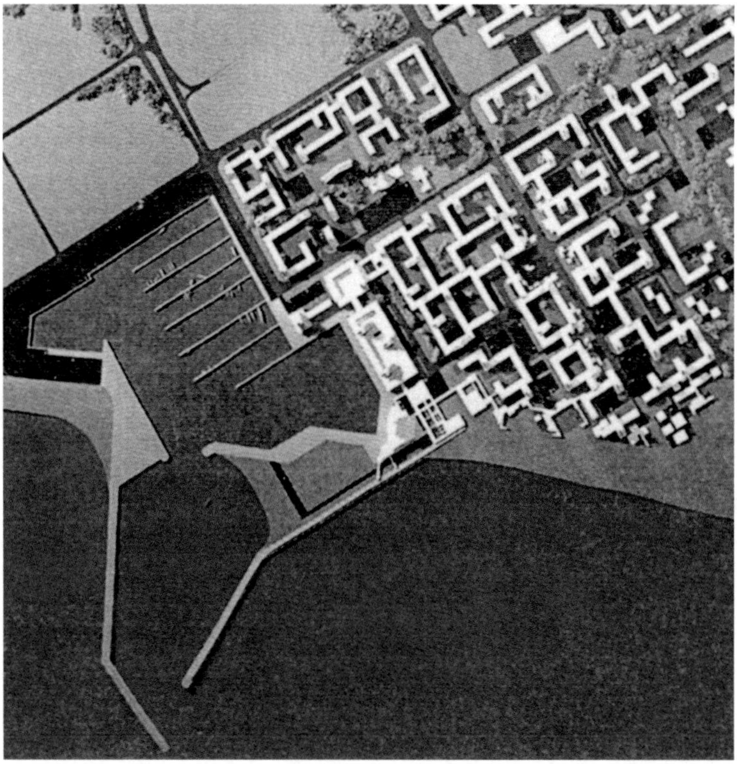

Grundstücksfläche 1.200 Hektar
Grünflächen 70 %
Apartments ca. 25.000 (110.000 Betten)

Architekten
Jean Balladur mit 60 weiteren Architektinnen und Architekten

Landschaftsplanung
Pierre Pillet

Steuerungsgruppe für das Gesamtprojekt
Mission Racine

Kunst im öffentlichen Raum
Joséphine Chevry, Michèle Goalard, Albert Marchais und andere

La Grande Motte, Frankreich
Küste der Region Languedoc-Roussillon (heute Region Okzitanien)

Bauherrin
Republik Frankreich

Planungsbeginn 1963
Baubeginn 1966
Einzug der ersten Feriengäste 1968
Baufertigstellung ca. 1983

Lageplan 1:10.000

„Sonnenterrassen für alle" – La Grande Motte

Maria Welzig

Der städtische Raum von La Grande Motte entspringt einer philosophischen Betrachtung der Natur des Menschen.
Jean Balladur[1]

Demokratisierung des Urlaubs

So wie die Qualität des Wohnens für die unteren bis mittleren sozialen Schichten der treibende Ansatz für die in diesem Buch vorgestellten Wohnbauten ist, geht es bei La Grande Motte um eine andere Domäne, die bislang wohlhabenden Schichten vorbehalten war: die Urlaubsreise, in deren Genuss ab den 1950er-Jahren auch die Mittelschicht und die Arbeiterklasse kamen. Urlaub wurde zu einem Gut für alle. Freie Zeit für Erholung, für Naturkontakt, für körperliche Rekreation, für neue Eindrücke.

Während in Spanien und Italien die Deckung dieser neuen Nachfrage ungezügelt vor sich ging, Natur und Strände rücksichtslos verbauend, entwickelte der französische Staat in seinen *Trente Glorieuses*[2] ein Konzept für eine adäquate urbanistische und architektonische Antwort auf die Demokratisierung des Urlaubs.

In einem beispiellosen Großprojekt erwarb der Staat zunächst den Boden im sumpfigen und von Stechmücken bevölkerten Küstenabschnitt der Region Languedoc-Roussillon, um ihn dann urbar zu machen. Fünf neue Hafenstädte entstanden in dem vormals unbebauten Land.

La Grande Motte, Fotos 2019

L'avenue de l'Europe

Blick aus der Wohnanlage Acapulco

George Candilis, richtungsweisender Architekt im sozialen Wohnbau jener Zeit, spielte beim Gesamtkonzept der neuen Erholungsorte für die große Zahl eine tragende Rolle. Die Planungsgruppe erarbeitete eine „Doctrine pour la Ville de Loisir du Plus Grand Nombre".[3]

Eine egalitäre Terrassenstadt

Zum Leitstern des Projekts wurde die Hafenstadt La Grande Motte, geplant ab 1963 von Jean Balladur. Balladur bewegte sich als junger Mann im philosophischen Umkreis von Jean-Paul Sartre und arbeitete während seines Studiums für dessen Zeitschrift „Les Temps Modernes". In diesem wichtigsten Publikationsforum der französischen linken Intellektuellen publizierte Balladur auch später immer wieder über architektonische Themen. Im Jänner-Heft 1956 erschien sein Beitrag „Urbanisme et démocratie".[4]

La Grande Motte liegt eine neue Auffassung von Stadt zugrunde: egalitär, grün, auf den Menschen statt auf das Auto ausgerichtet. Vor allem Letzteres ist angesichts der Entstehungszeit erstaunlich. Entsprechend der Vorstellung einer demokratischen, klassenlosen Gesellschaft gab es keine Grand Hotels oder Luxusressorts oder exklusive Bereiche in der vordersten Reihe.[5]

Die Unterkünfte bestehen vorwiegend aus kleinen Apartments in Wohnungsblöcken. Die Apartmentanlagen sind gleichwertig hinsichtlich ihrer Lage und ihrer jeweiligen Vorteile. Während die erste Planung für La Grande Motte, 1962, noch herkömmliche Blocks aufwies,

zeigte eine zweite Planung von 1963 sämtliche Wohnbauten als Terrassenanlagen: eine reine Terrassenstadt. Alle Wohnungen haben Terrassen und Loggien.

Eine eigenständige Stadt

Eine Feriensiedlung, ja, aber von Anfang an angelegt wie eine ständig bewohnte Stadt. Jean Balladur plante alle entsprechenden Einrichtungen mit – Schule, Rathaus, Kirche, Synagoge, Sportanlagen, Kultureinrichtungen, Ausstellungshalle, Kongresshalle, Schwimmbad, Gesundheitszentrum, Restaurants und Cafés, Kinos, Marktplatz, Hauptplatz – und Friedhof. Dezidiert nicht als Satellitenstadt der nahen Großstadt Montpellier angelegt, zeigte La Grande Motte damit auch eine Alternative zu den Schlafstädten der „Banlieus" auf.

Folgerichtig wurde La Grande Motte 1974 auch zur eigenen Gemeinde erhoben. Die Ausstattung eines Ferienortes und die einer „normalen" Stadt ergänzen einander. Eines nützt dem anderen – die großzügige Infrastruktur wäre nicht entstanden für reine Saisongäste und sie wäre auch nicht entstanden für ein paar Tausend Einwohner.

Vorgesehen waren vier- bis sechstausend dauerhaft hier Lebende und etwa 60.000 Urlaubende pro Jahr. Die Anzahl der Einheimischen sollte, nach dem Vorbild der historischen Badeorte St. Tropez oder Deauville, etwa zehn Prozent der jährlichen Gästeanzahl ausmachen. Heute leben neuntausend Menschen das ganze Jahr über in La Grande Motte und zwei Millionen Urlauber zieht die Stadt jährlich an.

Innenhof der Wohnanlage Acapulco

Architektur und Grünraumplanung gleichrangig

In der Dominanz des fahrenden und parkenden Autoverkehrs sah Balladur eine Hauptursache für verfehlte Stadtentwicklung. In La Grande Motte wird der Autoverkehr gänzlich von der Küste ferngehalten; entgegen dem in Badeorten bisher Üblichen führt keine Autostraße die Küste entlang. Der Hauptautoverkehr wird auf separaten Straßen, außerhalb des Stadtzentrums gebündelt. In den übrigen Straßen erhielten Fußgänger luxuriös breite Gehsteige, mit ausgesucht schönen Bodenbelägen, Sitzgelegenheiten und Schatten spendenden Bäumen. Zwischen Fahrbahn und Promenaden gibt es keine oder nur geringe Niveauunterschiede. Immer wieder liegen den Boulevards kleine begrünte Plätze an. Zusätzlich verfügt La Grande Motte über ein eigenes, nicht versiegeltes Fußgänger-Wegenetz parallel zu den Straßen, unter Bäumen.

Architektonische und landschaftliche Planung waren für Balladur in La Grand Motte gleichrangig. Pierre Pillet war der kongeniale Landschaftsplaner. Siebzig Prozent der Fläche von La Grande Motte sind Grünflächen, damit ist der Ort einer der grünsten sowie Fußgänger- und Radfahrer-freundlichsten Europas.

Die beiden ersten Terrassenhäuser, die 1968 nach Plänen Balladurs fertiggestellt wurden, „Le Grand Pavois" und „La Provence", bildeten das typologische Modell: Pyramiden über annähernd quadratischem Grundriss, die an zwei Seiten terrassiert sind. Ein kühner Bezug zu den (allseitig) terrassierten Stufentempeln in Teotihuacán.

Die Februar-Ausgabe 1971 des deutschen Reisemagazins Merian war der neuen Urlaubsdestination im Languedoc-Roussillon gewidmet, auf dem Cover die Apartmentanlage Le Grand Pavois in La Grande Motte.

In Vorbereitung auf sein Lebensprojekt La Grande Motte hatte Balladur 1962 eine Brasilien-Reise unternommen und auch die Tempelanlagen in Mexiko besucht.[6] Funktional und zeitlich näher liegt der Konnex zu Balladurs Landsmann Henri Sauvage und dessen Pionierkonzepten und -bauten für terrassierte Arbeiterwohnhäuser, auf die Balladur sich auch explizit bezieht. Sauvages Konzept des „Hygienischen Wohnens mit Licht, Luft und Sonne für alle" in Terrassenhäusern wurde in La Grande Motte, wenn auch im Kontext einer Ferienstadt, realisiert.

Insgesamt arbeiteten sechzig Architekten an La Grande Motte – nach klaren Vorgaben Balladurs: Vom Neigungswinkel der terrassierten Pyramiden bis zur Anzahl der Wohnungen war alles vorgegeben. Die meisten Bauten folgten dem Vorbild der ersten beiden von Balladur geplanten Pyramiden mit Terrassierungen an zwei Seiten. Es entstanden jedoch auch allseitig terrassierte Pyramiden, wie der Komplex „Les Incas" von Lucien Guerra, 1975 (240 Wohnungen). Vor allem die Anlage der Bauten im Rahmen des urbanistischen Konzepts ist interessant und auf städtische gemischt genutzte (Wohn-)Quartiere übertragbar. Die rund zehngeschossigen terrassierten Bauten sind mit niedrigeren horizontal gelagerten „Brücken" zu Anlagen mit zum Beispiel zweihundert Wohnungen zusammengefügt; dichte urbane Strukturen, wie „Landschaften" gestaffelt. Die Anlagen sind durchgängig. Sie haben sorgfältig gestaltete begrünte hofartige Freiräume. Ihre Erdgeschossbereiche sind oft freigespielt und als Arkadenzone für Geschäfte und Lokale ausgebildet.

Lucien Guerra
Wohnanlage Les Incas, 1975

Die Apartments sind einfach und klein, teilweise nur Studios mit integrierter Küche.

Im Stadtteil La Grande Motte du Couchant, der in den 1970er-Jahren begonnen wurde, wandeln sich die kristallinen Pyramiden zu weich geschwungenen, flügelartig in die Dünenlandschaft ausgreifenden terrassierten Anlagen. Als Modell für allgemeinen Wohnbau können auch die Quartiere mit verdichtetem Flachbau in La Grand Motte dienen.

Vom „Betonmonster" zum Nationalen Kulturerbe

Medien und Kritik reagierten in den 1980er-Jahren äußerst ablehnend auf die Stadt ex nihilo. Nach vierzig Jahren hat sich das Bild gänzlich gewandelt. Dazu trägt auch die Natur bei, die, wie es Balladurs und Pillets Konzept vorgesehen hat, nun ihren Teil tut. Die Bäume sind gewachsen, der Grünraum hat sich entfaltet. Aber auch die Qualitäten der ungewohnten Architektur finden nun Anerkennung, ja, haben Kultstatus. 2010 erklärt Frankreich La Grande Motte zum „Nationalen Kulturerbe des 20. Jahrhunderts".

2018, zur Fünfzigjahrfeier des Eintreffens der ersten Feriengäste, erschienen europaweit große und durchwegs begeisterte Berichte über La Grande Motte. „Sonnenterrassen für alle" titelte treffend die Süddeutsche Zeitung.[7] „Ein halbes Jahrhundert nach ihrer Gründung sieht die ‚Cité des Pyramides' weder alt noch verbraucht aus [...]", schrieb die Welt.[8] Ein schwedisches Designmagazin fragt

Jean Balladur, Jean-Bernard Tostivint
Wohnanlage Les Jardins de la Mer
im Stadtteil Motte du Couchant, 1974

Architekten nach Beiträgen über inspirierende Urlaubsdestinationen: NL Architects wählten La Grande Motte.[9]

La Grande Motte ist heute eine lebendige, funktionierende und von ihren kurzzeitigen und dauerhaften Bewohnerinnen und Bewohnern angenommene Stadt (wenn auch die Wohnungspreise nicht mehr mit der ursprünglichen Idee des „Urlaubs für alle" korrelieren). In ihrer Konsequenz als Terrassenhaus-Stadt, in ihrer Zurückweisung der Dominanz des Autoverkehrs und in ihrer Gleichrangigkeit von Grün und Architektur bleibt La Grande Motte bis heute unwiederholt.

Von den in diesem Buch vorgestellten Anlagen ist La Grande Motte als Ferienstadt einerseits eine Ausnahme, andererseits ist es das paradigmatische und bei Weitem umfassendste und größte Beispiel für das Modell der grünen Terrassenstadt. Eine Idealstadt. Und es ist eine der frühesten Terrassenhaus-Realisierungen.

Gerade der Kontext des Urlaubs für die große Zahl ist interessant für die Terrassenhäuser im sozialen Wohnbau. Über das sommerliche Lebensgefühl im Londoner Brunswick Centre sagt der Bewohner Stuart Tappin: „It's like being in the south of France".[10] Die Frage, was Menschen benötigen, um sich wohl, erholt und in gutem Kontakt mit der Natur, mit sich selbst und anderen zu fühlen, also im Idealfall der Urlaubszustand, steht hinter dem Konzept der Terrassenwohnanlagen. Ziel war, dass die Bewohnerinnen und Bewohner ihre Freizeit verstärkt in ihrem Wohnumfeld verbringen, damit die Freizeitmobilität reduzieren, Ressourcen schonen und soziale Kontakte stärken.

Anmerkungen

1 *„L'espace urbain de La Grande Motte résulte d'une conception philosophique sur la nature de l'homme"*, zitiert nach Ludwig, Wolfgang: La Grande Motte, die ideale Stadt am Meer, in: Wiener Zeitung, 13. Juli 2019, https://www.wienerzeitung.at/nachrichten/reflexionen/vermessungen/2018018-La-Grande-Motte-die-ideale-Stadt-am-Meer.html?em_cnt_page=1

2 Als *Trente Glorieuses* werden die drei Jahrzehnte nach dem Zweiten Weltkrieg, von 1945 bis 1975, bezeichnet. Prägende Politiker waren Charles de Gaulle als Präsident und Georges Pompidou als Premierminister und Präsident.

3 Funktionieren konnte dieses Megaprojekt durch Gründung einer fünf Ministerien übergreifenden Kommission unter Leitung von Pierre Racine, die schließlich für zwanzig Jahren Bestand haben sollte.

4 Mit Henri Lefebvre und Michel Ecochard debattierte Balladur 1967 über „L'Urbanisme aujourd'hui: Mythes et réalités", in: Les Cahiers du Centre d'Etudes Socialistes, Nr. 72–73, September 1967.

5 Nicht nur gibt es keine Luxushotels oder -ressorts, auch haben die wenigen Hotels keine repräsentativen, sondern unauffällige, bescheidene Eingänge.

6 Von der Brasilien-Reise 1962 nahm Balladur als weiteren prägenden Eindruck Oscar Niemeyers skulpturalen Umgang mit Beton mit. Balladur nahm sich um jedes Design-Detail an. Bis 1983, also über einen Zeitraum von 20 Jahren, fand jeden Freitag die Besprechung des Planungsteams statt. Balladur besaß mit seiner Familie eine Wohnung in La Grande Motte und wünschte, auf dem von ihm geplanten Friedhof der Stadt begraben zu werden.

7 Rößler, Antje: Sonnenterrassen für alle, in: Süddeutsche Zeitung, 11. Juli 2018, https://www.sueddeutsche.de/reise/la-grande-motte-in-frankreich-sonnenterrassen-fuer-alle-1.4049555

8 Schlömer, Hans. In: Welt, 22. August 2018, https://www.welt.de/reise/staedtereisen/article181249264/Frankreich-La-Grande-Motte-die-perfekte-Stadt-am-Meer.html

9 „La Grande Motte", NL Architects Blog, 25. Juni 2009, https://nlarchitects.wordpress.com/2009/06/25/la-grande-motte/

10 Stuart Tappin über die Terrassen des Brunswick Centre im Sommer, in: Beckmann, Karen: Urbanität durch Dichte? Geschichte und Gegenwart der Großwohnkomplexe der 1970er-Jahre, transcript Verlag, Bielefeld 2015, S. 408.

Literatur

Prelorenzo, Claude / Picon, Antoine: L'aventure du balnéaire. La Grande Motte de Jean Balladur, Éditions Parenthèse, Marseille 1999.

Direction régionale des affaires culturelles (DRAC) du Languedoc-Roussillon (Hrsg.): Jean Balladur et La Grande-Motte. L'architecture d'une ville, Monuments historiques et objets d'art du Languedoc-Roussillon, Montpellier 2010.

Ragot, Gilles: La Grande Motte, Patrimoine du XXe siècle, Paris 2016.

Meilensteine europäischer Terrassenwohnbauten

Ein Katalog

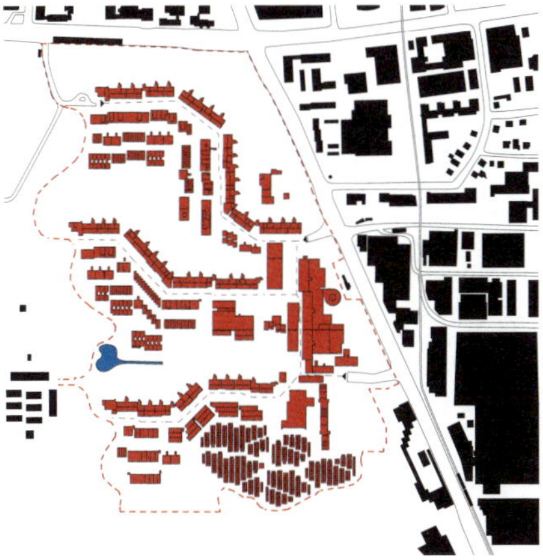
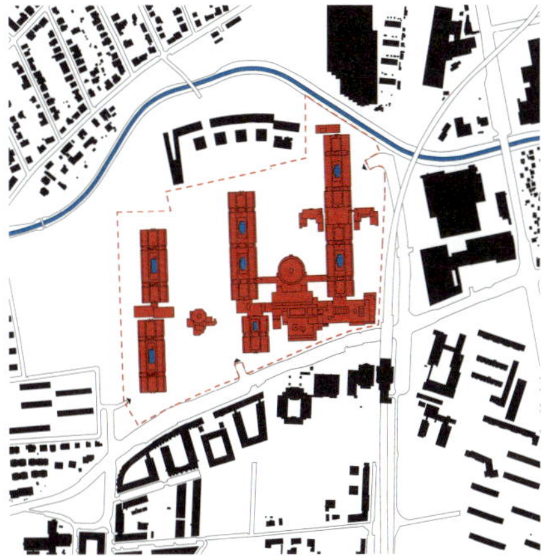

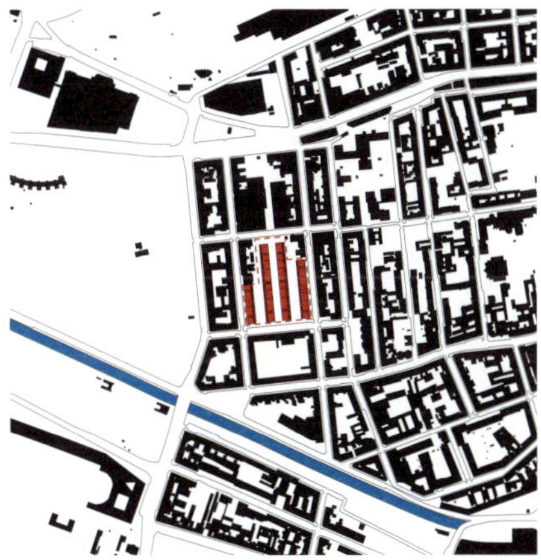

Dicht an der Peripherie

Terrassenhaussiedlung
St. Peter, Graz
Werkgruppe Graz
1965–78

Terrassenwohnanlage
Koseze, Ljubljana
Viktor Pust
1968–81

Heinz-Nittel-Hof, Wien
Harry Glück & Partner
1973–83

Verkehrsindizierte Sonderformen

Wohnanlage Hadikgasse, Wien
Harry Glück & Partner
1970–76

Alexandra Road Estate, London
Neave Brown
1967–79

Autobahnüberbauung
Schlangenbader Straße, Berlin
Georg Heinrichs, Gerhard Krebs,
Klaus Krebs
1971–80

Autarke Inseln

Olympisches Dorf, München
Heinle, Wischer und Partner
1968–72

Wohnpark Alt-Erlaa, Wien
Harry Glück & Partner
1968–85

Dicht im Blockraster

Terrassenwohnanlage
Inzersdorfer Straße, Wien
Harry Glück & Partner
1969–74

Wohnen Morgen, Wien
Wilhelm Holzbauer
1973–80

Hybride in Kernlage

Brunswick Centre, London
Patrick Hodgkinson
1967–72

La Serra, Ivrea
Iginio Cappai, Pietro Mainardis
1967–75

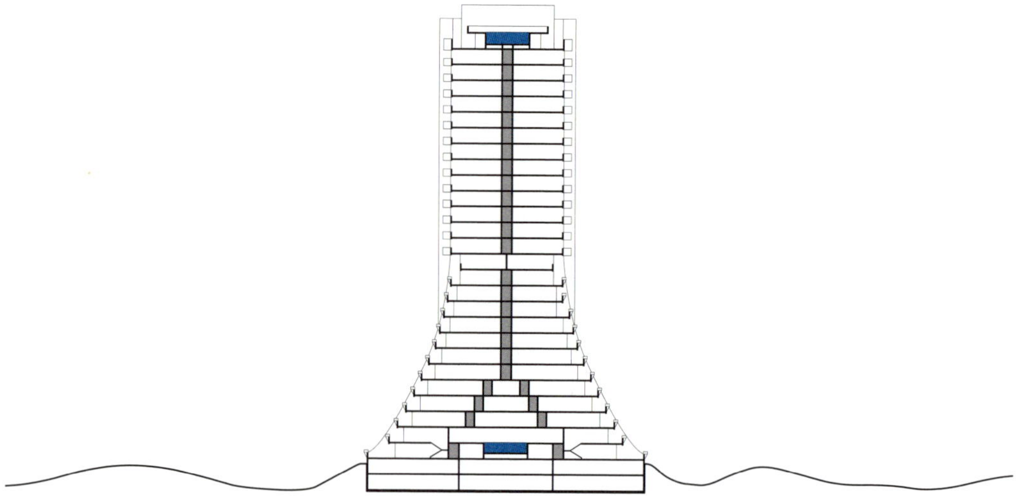

Wohnpark Alt-Erlaa, Wien

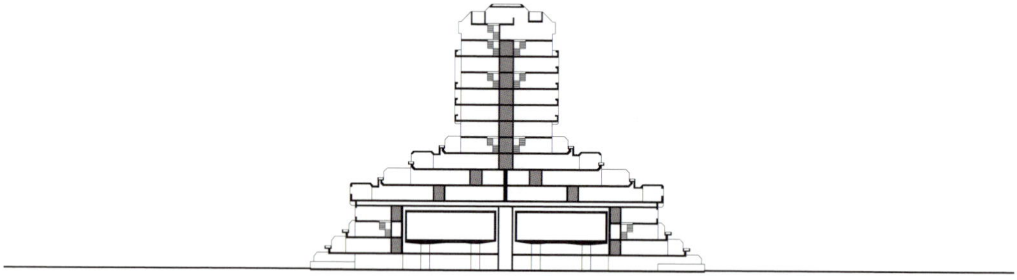

Autobahnüberbauung Schlangenbader Straße, Berlin

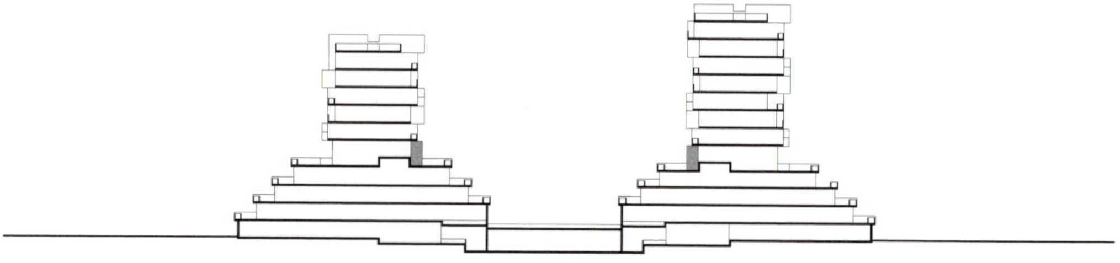

Terrassenhaussiedlung St.Peter, Graz

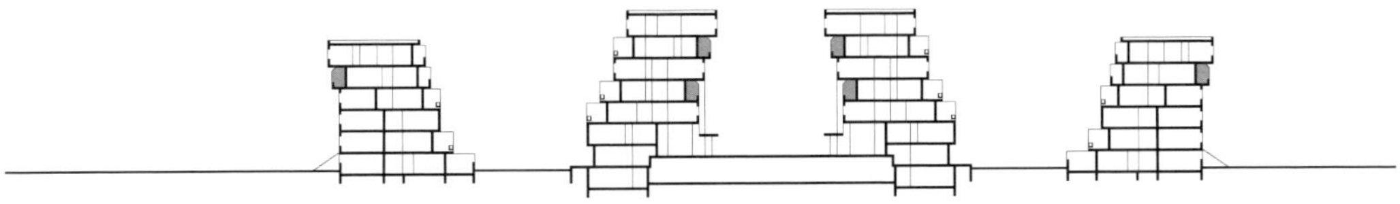

Wohnen Morgen, Wien

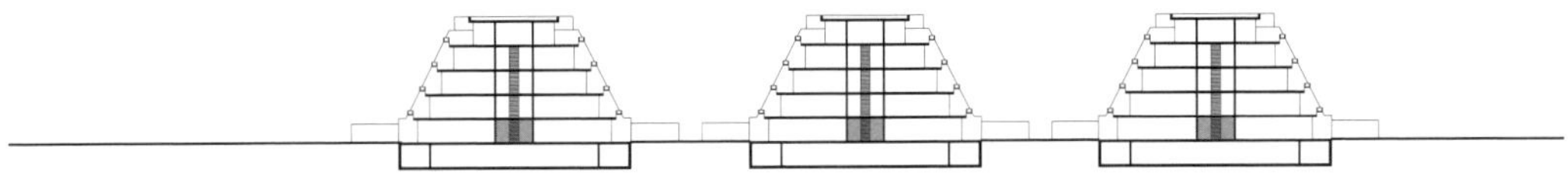

Terrassenwohnanlage Koseze, Ljubljana

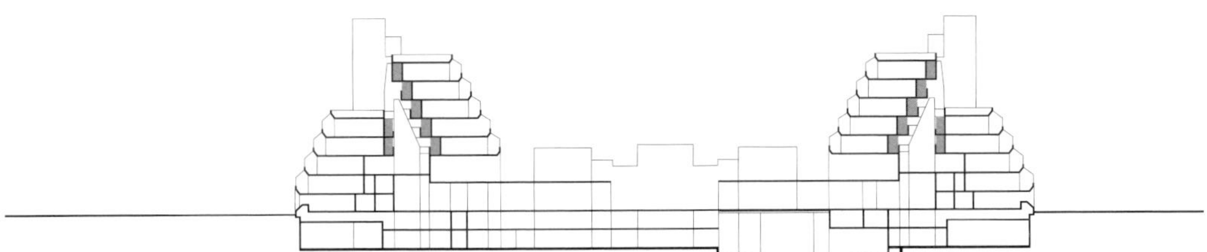

Brunswick Centre, London

Wohnräume nach Ost/West orientiert

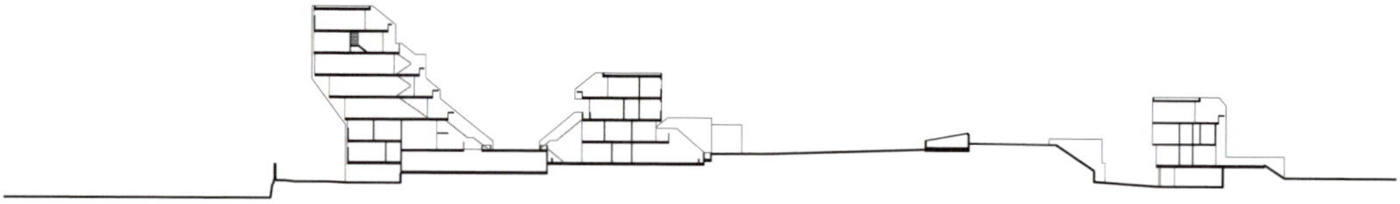

Alexandra Road Estate, London

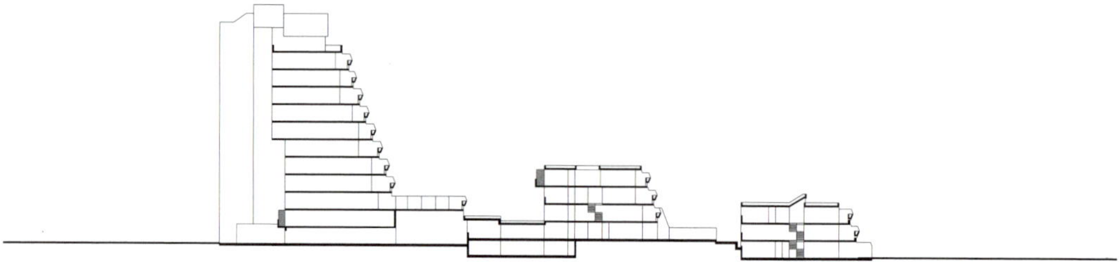

Olympisches Dorf, München

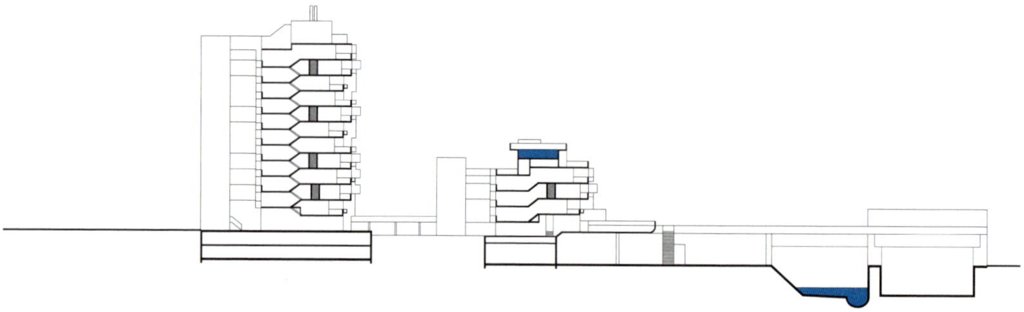

Wohnanlage Hadikgasse, Wien

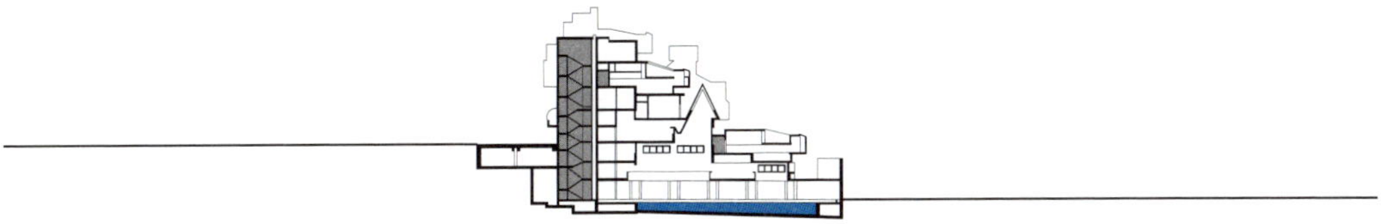

La Serra, Ivrea

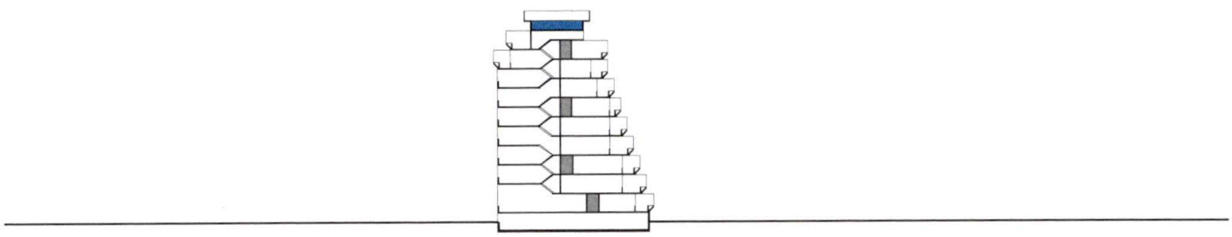

Terrassenwohnanlage Inzersdorfer Straße, Wien

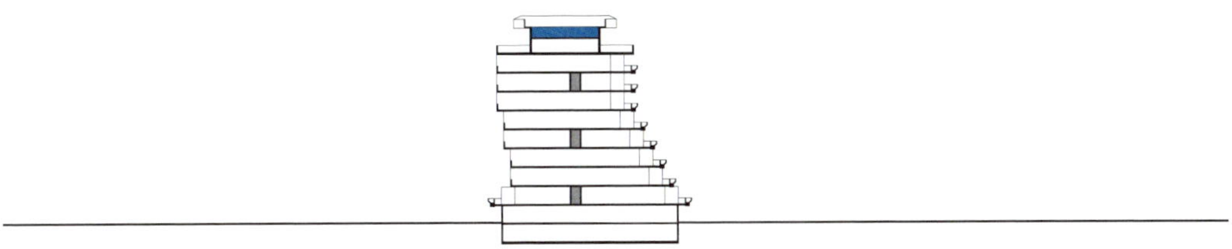

Heinz-Nittel-Hof, Wien

Wohnräume nach Süden orientiert

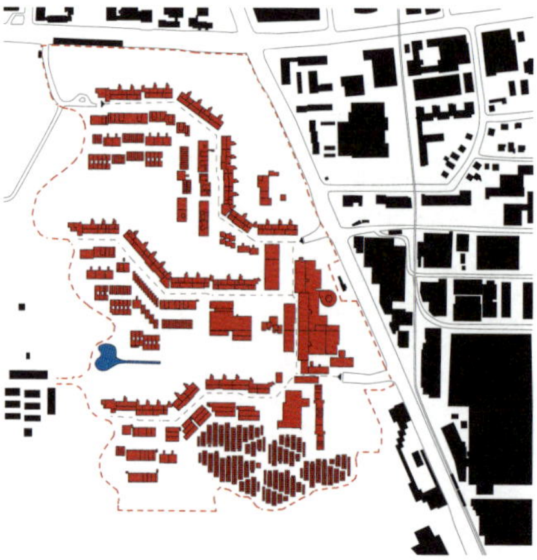

Autarke Inseln

Olympisches Dorf, München
Heinle, Wischer und Partner
1968–72

Wohnpark Alt-Erlaa, Wien
Harry Glück & Partner
1968–85

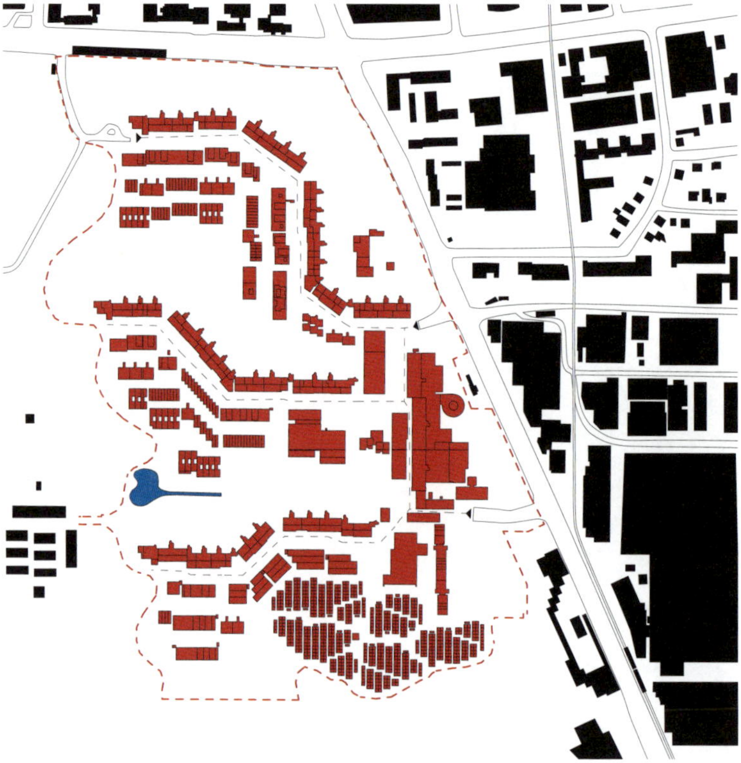

Wohnungen ca. 5.000
Geschossflächenzahl
Wohnen 1,0
Zentrum 2,4
Bebauungsgrad 39 %

Grundstücksfläche ca. 399.000 m²
Bebaute Fläche ca. 156.000 m²
Terrassenwohnungen ca. 3.000

Gemeinschaftseinrichtungen, Infrastruktur: Laden-, Büroflächen, Kirchen, Schule, Kindergärten, kulturelle Einrichtungen
Besondere technische Ausstattung: Pneumatische Müllentsorgungsanlage, Leitsystem „Media-Linien", Hans Hollein

München, Deutschland
Lerchenauer Straße, Mossacher Straße, Georg-Brauchle-Ring

Architekten
Heinle, Wischer und Partner

Bauherr
Olympia Bau-GmbH, später Olympiadorf Maßnahmeträger-GmbH & Co. München

Planung und Bau
1968–72

Lageplan 1:10.000

Olympisches Dorf, München

Heinle, Wischer und Partner

1968–72

Die hängenden Gärten von München

Natalie Heger

„Die Geschichte dieser Siedlung", wie der Architekturkritiker Manfred Sack schrieb, „hat Züge von einem Märchen: Am Anfang wortreich und wütend verdammt [...], dann, von einer wunderbaren Wandlung ergriffen, am Ende bejubelt und zu einer nun selbst für Geld fast unerreichbar gewordenen Wohnstatt mit paradiesischen Attributen. Das Märchen müßte die Erbauer aller unserer Siedlungen in der Nachkriegszeit neidisch machen."[1]

Unter den Großwohnsiedlungen der Nachkriegsmoderne nimmt das Olympische Dorf in München eine Sonderrolle ein. Das Projekt wurde durch den Kontext der Olympischen Spiele von besonderer Euphorie und mit viel Ehrgeiz angetrieben und gleichzeitig unter schwierigen Bedingungen und extremem zeitlichen Druck realisiert. Die spezifische Ausgangslage damals hat allerdings dazu beigetragen, dass ein städtebauliches Experiment entstehen konnte, das den Rahmen für eine sehr hohe Zufriedenheit bei den Bewohnerinnen und Bewohnern schafft. Urteile über die Wohnqualität im Olympischen Dorf ließen sich kaum besser formulieren. Vom „Paradies" und einer „Idylle" ist die Rede und der „enorme Wohnwert" befördere soziales Engagement auf ideale Weise.

Es lebt dort eine sehr aktive Bewohnerschaft, die sich u.a. in der bereits 1973 gegründeten Einwohner-Interessen-Gemeinschaft e.V. engagiert und aktuell um eine qualitätsvolle Belebung der Laden-

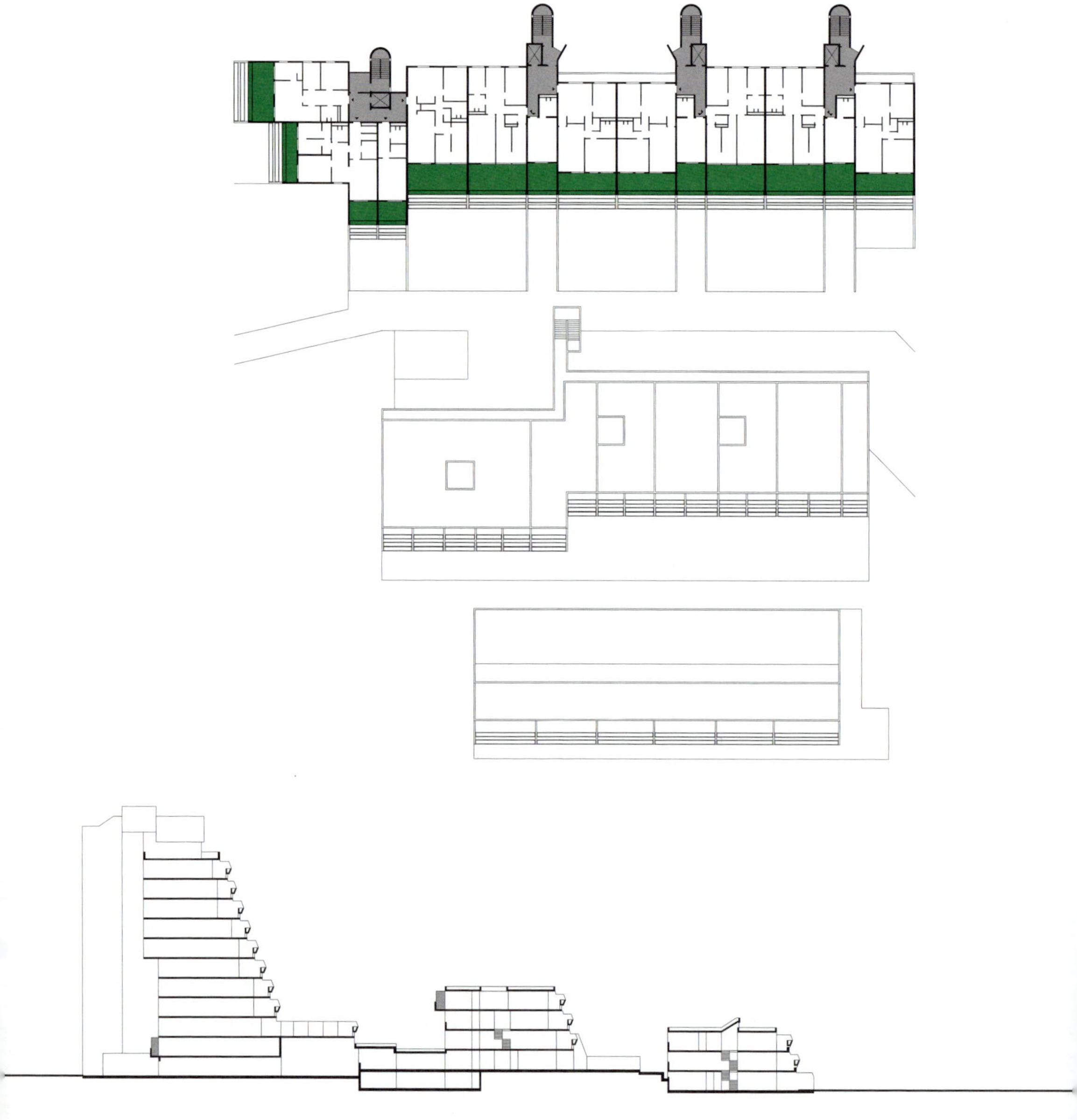

Grundriss 4. OG, Schnitt, 1:1.000

flächen des Zentrums bemüht. Als Teil des Ensembles „Olympiapark“ besteht seit 1998 Denkmalschutz und der Antrag um eine Bewerbung als Weltkulturerbe der Gesamtanlage wird aktiv vorangetrieben. So gehört das Olympische Dorf fünfzig Jahre nach seiner Fertigstellung zu den begehrten Wohnstandorten in München.

Blickt man in die Anfangsjahre direkt nach den Olympischen Spielen zurück, als die rund zwölftausend Athleten, Trainer, Betreuer und Funktionäre ausgezogen waren und die frisch sanierten Wohnungen zum Verkauf angeboten wurden, stellte sich die Situation noch ganz anders dar. Das damals eher negativ geprägte Image der neuen Stadt – in der Presse als „Betonburg“ und „Geisterstadt“ in den Schlagzeilen – hatte einen jahrelang hohen Leerstand zur Folge.[2] Die eher unwirtliche Umgebung wie das östlich und nördlich angrenzende Industrieareal, das noch spärliche Grün der Freiräume sowie düstere Meldungen zum Thema Kriminalität in der Siedlung trugen zu dem über Jahre anhaltenden eher schleppenden Wohnungsverkauf bei. Ein Leben in dieser „Retortenstadt“ schien zunächst für nur wenige attraktiv. Im Laufe der Jahre änderte sich dies grundlegend und immer mehr „Dörfler“ genossen die Vorzüge des Wohnens hier. Als das Olympische Dorf 1979 exemplarisch in der Ausstellung „Transformation in Modern Architecture“ im Museum of Modern Art in New York präsentiert wird, konnte schließlich auch die bis dahin kritisch gestimmte Fachwelt mit der Wohnstadt versöhnt werden.

Schauplatz Olympische Spiele

Hintergründe für die zögerliche Akzeptanz der Planstadt liegen auch in der Planungsgeschichte selbst begründet. Rund vier Kilometer nördlich des Stadtzentrums von München auf einer 280 Hektar großen Fläche eines ehemaligen Flugplatzes sollte die „Olympiade der kurzen Wege“ entstehen. Der 1967 ausgelobte Wettbewerb zum Olympiagelände Oberwiesenfeld war mit rund 100 teilnehmenden Büros einer der größten und aufgrund seiner politischen Dimension auch einer der bedeutendsten seiner Zeit.[3] Den ersten Preis gewann das Stuttgarter Büro Günter Behnisch mit Jürgen Joedicke. Nach einer Überarbeitung der Stadionüberdachungen der ersten und dritten Preisträger beauftragte die Olympia-Baugesellschaft das Büro Behnisch mit den Sportstätten im gesamten südlichen

Olympisches Dorf München, die „Straße" als Grünraum, 1979

Unter den Vorgärten verläuft im Erdgeschoss eine ca. fünf Meter hohe Erschließungsstraße. Sie ist über den Niveausprung zwischen Vorgarten und Wohnstraße belichtet.

Bereich und das Stuttgarter Büro Heinle, Wischer und Partner als dritten Preisträger mit der Planung des Olympischen Dorfs und dem Olympia-Pressezentrum einschließlich der Freianlagen (spätere zentrale Hochschulsportanlage). Dies hatte zur Folge, dass zum Olympischen Dorf kein weiterer Wettbewerb ausgerichtet wurde – eine Entscheidung, die massiven Protest in der Fachwelt auslöste. Fünf Architektenverbände schlossen sich zur „Aktion Olympia der freien Architekten Deutschlands" zusammen. In veröffentlichten Telegrammen, Stellungnahmen und persönlichen Briefen äußerten sie vehement ihre Bedenken, bekräftigten die Vorteile des bundesdeutschen Wettbewerbswesens zur Erlangung zukunftsweisender Wohnbaukonzepte und stellten ihre weitere Mitarbeit an den Olympiagremien und -ausschüssen ein.

Entwurfsexperiment im großen Team

Mit hohen Erwartungshaltungen und nur fünf Monaten Zeit zur Entwicklung eines tragbaren Konzeptes startete das Büro Heinle, Wischer und Partner in die erste Ideen- und Planungsphase für das Olympische Dorf der Männer.[4] Sie entwickelten ein spezielles Entwurfsverfahren, das sie „mehrstufige Optimierung" nannten und auf Erfahrungen mit systematischer Planungsarbeit aus vorherigen Projekten und Methoden aus der Systemtechnik, der Kybernetik und des Operations-Research stützten.[5]

Zunächst wurde ein interdisziplinäres Gremium aus 16 Fachberatern bestimmt, das die städtebaulichen Studien der 22 Architekten aus dem eigenen Büro in fünf Stufen prüfen und bewerten sollte. Das wesentliche Ziel war, eine möglichst große Varietät an Konzepten zu erzeugen, und durch die stufenweise Bewertung und schrittweise Reduktion am Ende den besten Entwurf zu erhalten. Dabei war die Abschirmung gegen den von Norden und Osten einwirkenden Verkehrslärm zu beachten, die Wohnungen nach Süden zum Park auszurichten und die zentrale Erschließung der Wohnstadt über den U-Bahnhof zu gewährleisten. In der ersten Stufe entstanden 57 unterschiedliche städtebauliche Konzepte, die anschließend schrittweise auf zwanzig, sieben und drei Alternativen reduziert wurden und schließlich zu einem Endergebnis führten.

Die Idee der „Straße"

Neben der städtebaulichen Maxime der urbanen Verdichtung in Kombination mit der Natur (begrünte und bewohnte Hügel) gelten für das Olympische Dorf die Leitkriterien menschlich, vielfältig, lebendig und freizeitbetont. Die städtebauliche Grundstruktur fügt sich in die Morphologie der „olympischen Landschaft" der Gesamtanlage mit den Sportstätten ein. Die Orientierung auf den südlich gelegenen Olympiapark macht einen wesentlichen Teil der Wohnqualität aus und sorgt für ein positives Image und eine Identität in der Wohnstadt. Programmatisch, räumlich sowie in seiner architektonischen Ausformulierung bezieht sich das Olympiadorf also ganz auf das Innere und den Park. Ein kontextueller Bezug zur städtischen Umgebung (Hauptverkehrsstraßen und Industrieflächen) bleibt weitestgehend aus. Grundsätzlich lassen sich drei Bereiche voneinander abgrenzen: das Olympische Dorf der Männer, das Olympische Dorf der Frauen (Scheibenhochhaus und Flachbebauung) und das „Dorfzentrum".[6]

Mit der Idee der „Straße", wie der Titel des aus dem Optimierungsverfahren hervorgegangenen Siegerentwurfs für den Bereich des ehemaligen Männerdorfs lautete und der das städtebauliche Prinzip bereits benennt, wird die Erschließung zum strukturgebenden Bestandteil der Gesamtanlage. Fußgänger- und Fahrverkehr sind horizontal voneinander getrennt geführt, sodass das gesamte Wohnquartier oberirdisch ausschließlich fußläufig und mit dem Fahrrad zugänglich ist, während der gesamte motorisierte Individualverkehr auf der Ostseite der Wohnstadt in die drei Hauptfahrgassen der darunterliegenden Ebene geleitet wird. Die drei „Fußgängerstraßen" werden von stark verdichteten, nach Süden ausgerichteten Wohnclustern gefasst und durch ein Leitsystem aus farbigen Rohren (Media-Linien)[7] begleitet. Prägend und Identität stiftend ist das unterschiedliche Farb- und Gestaltungskonzept in den jeweiligen Wohnarmen. Die stark verdichteten Wohnbereiche verzahnen sich mit großräumigen, öffentlichen Grünflächen, die mit Freizeiteinrichtungen wie Spielplätzen und Wasseranlagen angereichert sind. Einen räumlichen Kontrast zu dieser landschaftlichen Weite bilden die engen Wege und Querverbindungen zwischen den Wohnhäusern, die wesentlich zur räumlichen Qualität des unmittelbaren Wohnumfelds beitragen.

Das Dorfzentrum als urbane Schnittstelle

Dem Zentrumsbereich als „Rückgrat" der Wohnstadt wurde in der Planung eine besondere Aufmerksamkeit beigemessen. Während der Olympischen Spiele war das „Forum" zentraler Treffpunkt mit allen Versorgungseinrichtungen für die Athleten. Im Anschluss sollte es zentraler Identifikationsort der Wohnstadt mit einer Verdichtung infrastruktureller Einrichtungen werden. Die sich platzartig aufweitende Fußgängerplattform verbindet alle Hauptwegeverbindungen und bündelt die zusätzlichen Nutzungen. Die fußläufige Erschließung der gesamten Wohnanlage wird von der U-Bahn-Station aus über diesen Zentrumsbereich geleitet. Von hier aus führen Wege zu den drei Wohnclustern, in das Studentenquartier, zu den sozialen und kulturellen Einrichtungen (Grundschule, Kindergarten, Kirchen, Kulturforum mit Kino) sowie in die drei dazwischengelegenen öffentlichen Grünräume. In einer teilweise überdachten Passage finden sich Läden für den alltäglichen Bedarf, Restaurants, ein Ärztezentrum und ein Hotel. Trotz hoher Ambitionen bei der Planung machen die dunkle Ladenpassage, die räumlich nicht klar gefasste Platzaufweitung, eine insgesamt wenig differenzierte Ausformulierung des Außenraums und Probleme bei der Belegung der Ladenflächen das Zentrum heute zum schwächsten Teil der Wohnstadt.

Wohnvielfalt im Olydorf

Die urbane Wohnstruktur mit rund fünftausend Wohneinheiten (davon heute etwa zweitausend im ehemaligen Frauendorf) reicht vom 1-Zimmer-Apartment über Penthousewohnungen in Hochhauslage bis hin zu eingeschossigen Atrium-Reihenhäusern mit Garten. In sieben unterschiedlichen Wohnhaustypen sind insgesamt ungefähr siebzig verschiedene Grundrisse (1- bis 5-Zimmer-Wohnungen) verteilt.
Die Haustypologien sind kombiniert angeordnet, um zwischen den unterschiedlichen Bewohnern und deren Wohnbedürfnissen eine Beziehung herzustellen. Eine ausgeprägte Profilierung der Fassaden auf den terrassierten Südseiten steht im Kontrast zu den einfach gestalteten Nordseiten. Besonders augenscheinlich wird dies bei den bis zu 14-geschossigen Terrassenhochhäusern. Hoch aufragende vertikale Treppenhaustürme und Fensterbänder stehen im Kontrast zu den voll verglasten Südfassaden mit ebenerdigen Privatgärten und Terrassen in den Obergeschossen, die den Wohnraum nach außen erweitern („grüne Zimmer"). Die Pflanztröge dienen als Begrenzung der Terrassen und wurden so konzipiert, dass weder eine Einsicht von der Seite noch von der darüber oder darunter gelegenen Wohnung möglich ist. Sie erlauben die individuelle Gestaltung durch die Bewohnerinnen und Bewohner und erzeugen in ihrer Gesamtheit das prägende Bild der „hängenden Gärten". Die Trennung der einzelnen Wohneinheiten und gleichzeitige Abgrenzung zu den jeweiligen Nachbarwohnungen wurde mit dem konstruktiven Prinzip des modularen Schottenbausystems gekoppelt und nach außen hin ablesbar gestaltet. Zwanzig Zentimeter breite, nach vorne auskragende und

Wohnstraße und Badesee
im Olympischen Dorf, 1977

nach oben sowie unten abgeschrägte Schotten in einem Achsabstand von 3,90 Meter oder 7,80 Meter artikulieren die äußere Erscheinung der Südseiten im gesamten ehemaligen Dorf der Männer. Die massiven Pflanztröge aus Beton und durchlaufenden Geschossdecken gliedern das Fassadenbild horizontal und ermöglichen gleichzeitig die Durchsicht auf die Landschaft aus den oberen Geschossen und von den unteren Ebenen auf die öffentlichen Außenbereiche.

Die innere Belichtung der relativ tiefen Wohnungsgrundrisse wird durch die Vollverglasung nach Süden und die teilweise Anordnung von Oberlichtern gewährleistet. Die Grundrisse werden von fließenden Raumübergängen geprägt, in deren Kernbereichen die Bäder, Küchen, Abstellräume („Bauherz") liegen und bei den mehrgeschossigen Reihenhäusern die innere Erschließung angeordnet ist. Von ursprünglichen Ideen mobiler Wand- und Fensterelemente, flexibleren Wohnungen durch die Verringerung der Terrassenflächen zur Ausdehnung der Wohnfläche nach außen oder einer variablen Veränderung des Wohnraums im Innern konnte letztendlich nur die Anschlussmöglichkeit von Wandelementen an der Fassade zur Teilung von Doppelschlafzimmern in Einzelschlafzimmer realisiert werden.

Die Gliederung der Wohnungsgrundrisse in klar definierte gemeinschaftliche Bereiche und flexibel abgrenzbare Individualräume trägt den damaligen Wohnbedürfnissen Rechnung. Zugleich wird die Grundidee der Verbindung von Privatem und Öffentlichem, von Individuum und Gemeinschaft vom städtebaulichen Prinzip auf den kleinen Maßstab der einzelnen Wohnung übertragen.

Dass die Architekten bei der Planung des Olympischen Dorfs ihren Fokus auf soziale Aspekte gelegt hatten und für eine offene, freie Gesellschaft gebaut haben, lässt sich in der räumlichen Ausprägung unmittelbar ablesen. Mit Beginn der 1970er-Jahre ging die Ära des Wachstums, der großen Planungen und damit auch der großen Wohnsiedlungen allmählich zu Ende. Zudem verlagerten sich die städtebaulichen und architektonischen Leitbilder hin zu neuen Themen und gesellschaftlichen Anforderungen an das Wohnen. Damit blieb das Olympische Dorf München als Lebens- und Wohnmodell bis heute einzigartig.

Anmerkungen

1 Heinle, Wischer und Partner Freie Architekten: Eine Stadt zum Leben. Das Olympische Dorf München, Heinrich Müller Verlag, Freudenstadt 1980.

2 Zur Nutzungsgeschichte des Olympischen Dorfs vgl. auch Beckmann, Karen: Urbanität durch Dichte? Geschichte und Gegenwart der Großwohnkomplexe der 1970er-Jahre, transcript Verlag, Bielefeld 2015, S. 365 ff.

3 Für weitergehende Informationen zum Wettbewerb vgl. Heger, Natalie: Das Olympische Dorf München. Planungsexperiment und Musterstadt der Moderne, Reimer, Berlin 2014, S. 47 ff.

4 Heinle, Wischer und Partner zogen die Münchner Architekten und 4. Preisträger im Gesamtwettbewerb Gordon Ludwig, Franz Raab, Gerd Wiegand und Wolf Zuleger hinzu.

5 Das Optimierungsverfahren und seine Methodik ist umfangreich beschrieben in: Heger, Natalie: Das Olympische Dorf München. Planungsexperiment und Musterstadt der Moderne, Reimer, Berlin 2014, S. 113 ff.

6 Für die Planung des Olympischen Dorfs der Frauen hatten die Münchner Architekten Werner Wirsing und Günther Eckert bereits vor der Bewerbung um die Olympischen Spiele 1961 einen Auftrag vom Münchener Studentenwerk für die Neuplanung von Studentenwohnungen auf dem Gelände erhalten. 2010 wurden für den Bereich der Flachbebauung Ersatzneubauten der ARGE Wirsing / bogevischs buero fertiggestellt. Siehe hierzu: Domschky, Anke / Kurath, Stefan / Mühlebach, Simon / Primas, Urs: Stadtlandschaften verdichten. Strategien zur Erneuerung des baukulturellen Erbes der Nachkriegszeit. Triest Verlag, Zürich 2018, S. 72–89.

7 Die von Hans Hollein entworfenen „Media Linien" sind ein System aus verschiedenfarbigen Rohren, die die Hauptwege im Olympischen Dorf überspannen. Sie wurden als Beleuchtungs- und Orientierungssystem sowie als Kommunikations- und Medienanlage für Ton, Raumteilung, Sonnen- und Regenschutz, Heizung und Kühlung konzipiert. Die Anlage kam allerdings bereits während der Olympischen Spielen 1972 nur eingeschränkt zum Einsatz.

Literatur

Beckmann, Karen: Urbanität durch Dichte? Geschichte und Gegenwart der Großwohnkomplexe der 1970er-Jahre, transcript, Bielefeld 2015.

Domschky, Anke / Kurath, Stefan / Mühlebach, Simon / Primas, Urs: Stadtlandschaften verdichten. Strategien zur Erneuerung des baukulturellen Erbes der Nachkriegszeit, Triest Verlag, Zürich 2018.

Heger, Natalie: Das Olympische Dorf München: Planungsexperiment und Musterstadt der Moderne, Reimer, Berlin 2014.

Heinle, Wischer und Partner Freie Architekten: Eine Stadt zum Leben. Das Olympische Dorf München, Heinrich Müller Verlag, Freudenstadt 1980.

Hennecke, Stefanie / Keller, Regine / Schneegans, Juliane: Demokratisches Grün Olympiapark München, Jovis, Berlin 2013.

Bauten der Olympischen Spiele 1972 München, architektur wettbewerbe, 1. Sonderband, Karl Krämer Verlag, Stuttgart/Bern 1969.

Olympische Bauten München 1972, architektur wettbewerbe, 2. Sonderband: Bestandsaufnahme Herbst 1970, Karl Krämer Verlag, Stuttgart/Bern 1970.

Olympische Bauten München 1972, architektur wettbewerbe, 3. Sonderband: Bauabschluss Sommer 1972, Karl Krämer Verlag, Stuttgart/Bern 1972.

24

127
137

Wohnungen 3.180
Geschossflächenzahl ca. 2,5
Bebauungsgrad 31 %

Grundstücksfläche 240.000 m²
Bebaute Fläche ca. 74.500 m²
Bruttogeschossfläche: ca. 600.000 m²

Anzahl der Wohnungen 3.180
Block A 1.004
Block B 1.034
Block C 1.142

Wien, Österreich
Anton-Baumgartner-Straße 44

Architekten
Arbeitsgemeinschaft Harry Glück,
Kurt Hlaweniczka, Requat & Reinthaller
Landschaftsplaner
Marija und Wilfried Kirchner

Bauherr
GESIBA – Gemeinnützige Siedlungs- und Bauaktiengesellschaft

Planungsbeginn 1968
Baubeginn 1973
Fertigstellung 1976 (Block A), 1978 (Block B), 1985 (Block C)

Lageplan 1:10.000

Wohnpark Alt-Erlaa, Wien

Harry Glück & Partner
1968–85

Die große Zahl. Der Wohnpark Alt-Erlaa

Silke Fischer

„Das Unbehagen, das beinahe alle Realisierungen auf dem Gebiet des städtischen Wohnbaus nicht nur in Österreich begleitet, wird von Tag zu Tag stärker spürbar und die Lösung der damit verbunden Probleme ist eine Frage unserer Existenz." [1]

Mit diesem Befund eröffnen Wolfgang und Traude Windbrechtinger 1967 die Publikation zur Ausstellung *Neue städtische Wohnformen.* Ein Forderungskatalog berichtet indirekt über Missstände und verlangt alternative Modelle für die Stadt: die gemischte Stadt, die gemeinschaftsbildende Stadt, die Stadt der Fußgeher sowie generell Bewusstsein für den Wohnbau als die verantwortungsvollste Bauaufgabe der Zeit.

Terrassenhäuser liegen in der Luft und bei Harry Glück in Wien in nicht kleiner Zahl zur Ausführung auf dem Schreibtisch. 1974 vermeldet Glück die ersten Fertigstellungen, darunter die Wohnanlage Inzersdorfer Straße[2] im zehnten Wiener Gemeindebezirk, die sein Programm prototypisch erstmals umsetzt und erfolgreich unter Beweis[3] stellt: Hochwertiges Wohnen mit Naturkontakt ist in hohen Dichten (GFZ bis 4,0 für Einfügungen im gründerzeitlichen Stadtgebiet) und im Rahmen des sozialen Wohnbaus möglich. Das Terrassenhaus kann als „gestapeltes Einfamilienhaus" mögliches städtisches Äquivalent zum klassischen Einfamilienhaus, welches den Menschen Bedürfnis und Wunsch ist[4], werden.

Gemeinschaftseinrichtungen

2 Tennishallen mit insgesamt 3 Plätzen, Badmintonhalle mit 4 Plätzen, 7 Hallenbäder, 20 Saunaanlagen, 3 Solarien, 2 Sportplätze, 7 Schwimmbäder am Dach, 7 Kinderspielplätze, 7 Schlechtwetterspielplätze, Jugendzentrum, zahlreiche Räume zur gemeinschaftlichen Nutzung

Zusätzlich

Mieterbeirat, Wohnpark-TV, Wohnparkzeitung („WAZ")

Infrastruktur

2 Volksschulen, Fachmittelschule, 3 Kindergärten, Kirche, Ärztezentrum, Rundturnhalle, städtische Bücherei (Stadtteilbibliothek), Kaufpark Alt-Erlaa mit ca. 45 Ladeneinheiten, Individualverkehr: oberirdisch autofreie Wohnanlage, zusammenhängendes Garagensystem, bautechnisch als Hochgarage (unter den Wohnblöcken jeweils zweigeschossig) mit ca. 3.400 Stellplätzen

Besondere Ausstattung

Eigene Hausverwaltung und Hausbetreuung (das Team umfasst Elektrotechniker, Schlosser, Tischler, Maler, Installateure, Lüftungstechniker, Gärtner, einen Bäderdienst, Betreuer der Mülltransport- und Müllsammelanlage und des Altstoffzentrums)

Pneumatische Müllentsorgungsanlage

Kunst im Bau

Wohnungsaktiengesellschaft

geförderter Wohnbau, Mietwohnungen, alle Mieter halten je eine Aktie der Gemeinnützigen Wohnungsaktiengesellschaft Wohnpark Alt-Erlaa (Mieterinnen, Mieter und Aufsichtsräte halten 34 % der Anteile, 66 % GESIBA, Stand 2016)

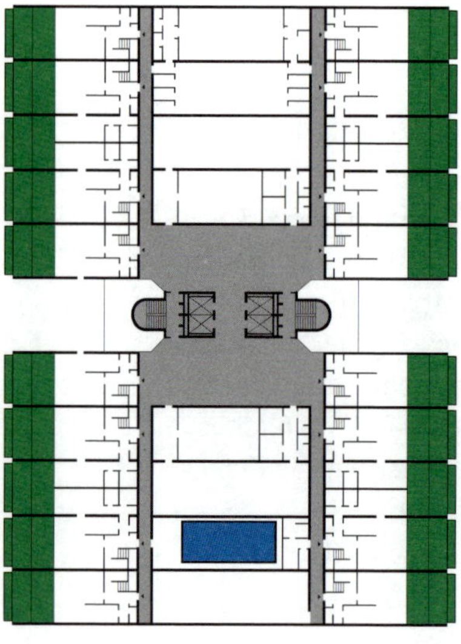

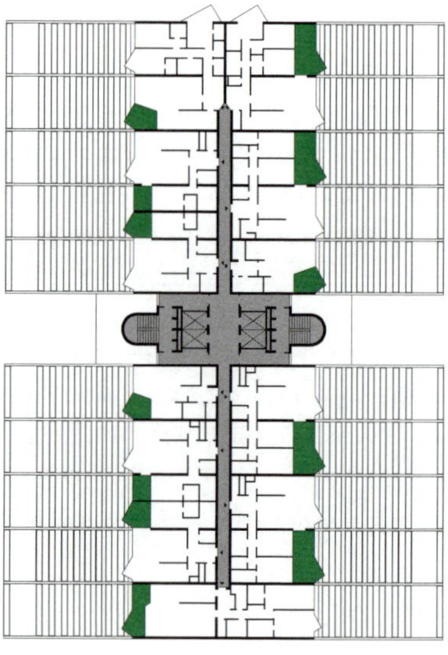

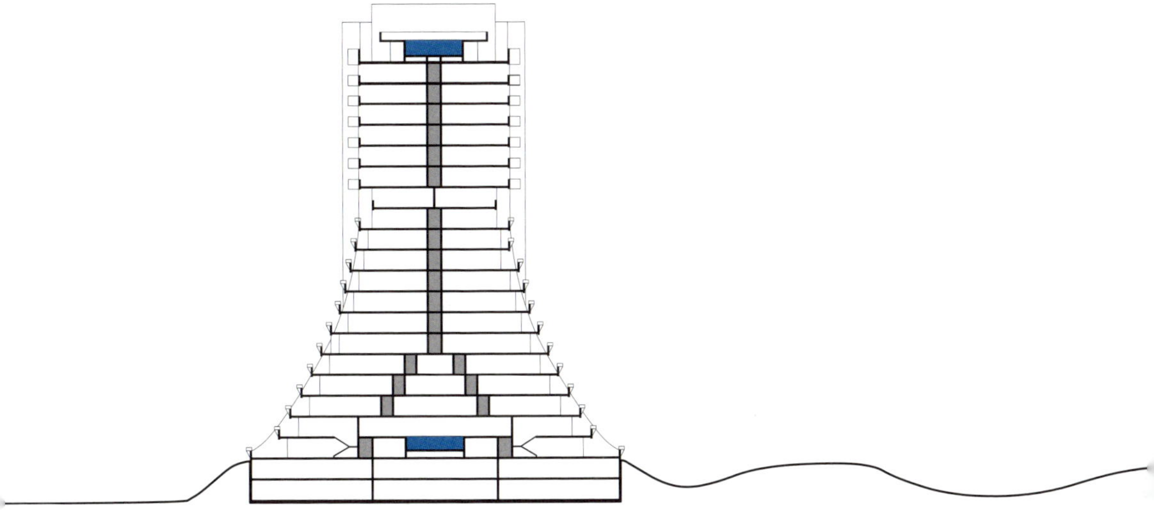

Grundriss EG und 14. OG, Schnitt, 1:1.000

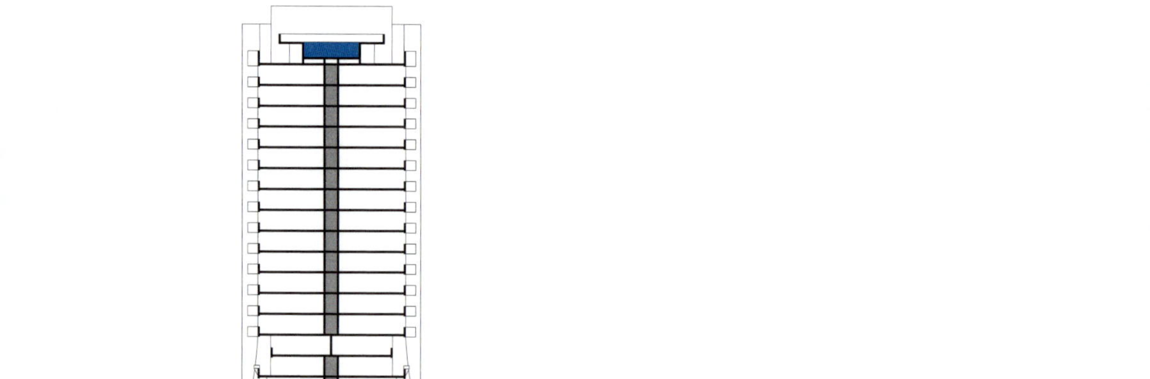

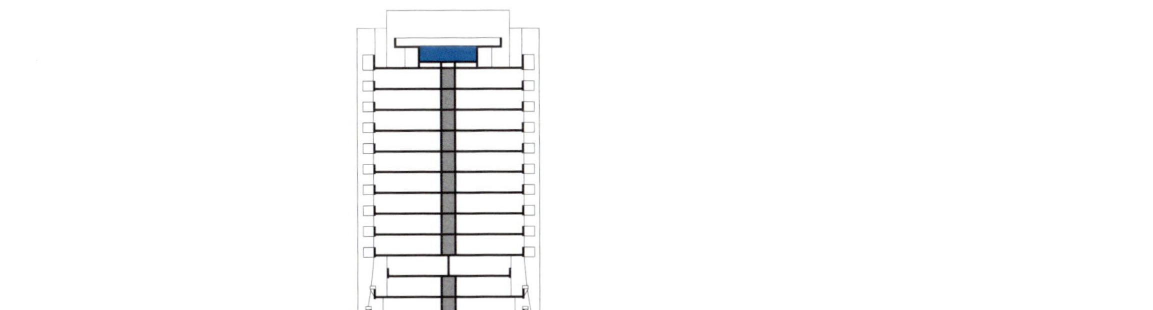

Schnitt 1:1.000

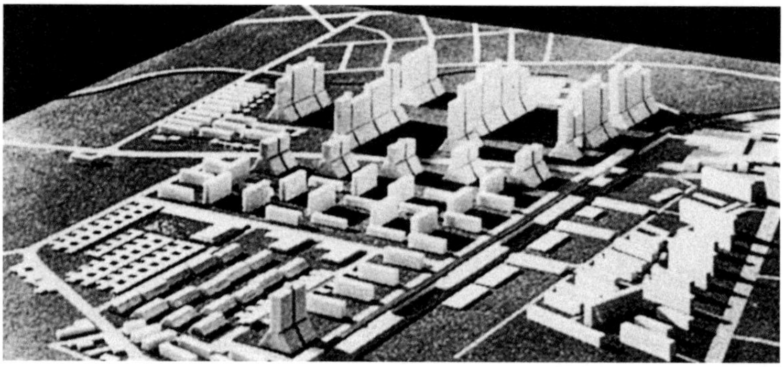

Der Wohnpark Alt-Erlaa ist die Überführung dieses Credos in ein alternatives Modell für zukünftige Stadterweiterungen und in einen größeren Maßstab. Freiraum, Wohnen und Infrastruktureinrichtungen formieren sich zu einem neuen Standard, ja einer neuen Möglichkeit: das Erreichen einer nächsten Qualitätsstufe in Sachen Wohnkultur.

Dafür relevant ist für Harry Glück ausschließlich der soziale Wohnbau und der wiederum bedingt das Arbeiten mit der großen Zahl. Der Wohnpark Alt-Erlaa hat mit ca. zehntausend Bewohnern in der Erstbezugsgeneration den Umfang einer Kleinstadt[5] und operiert mit einer vergleichsweise sehr großen Zahl.

Kontext: Wien, 1968

Der Planungsbeginn wird auf das Jahr 1968 datiert, die GESIBA[6] erwirbt in diesem Jahr das Grundstück im vorstädtischen, zu großen Teilen landwirtschaftlich genutzten 23. Wiener Gemeindebezirk und verheiratet (nach einem geladenen Kleinwettbewerb mit drei Teams) die Wettbewerbsteilnehmer zu einem Entwurfsteam, welches als ARGE mit der weiteren Bearbeitung beauftragt wird.[7]

Wien denkt in jenen Jahren in städtebaulichen Großprojekten: 1969 internationaler Wettbewerb für das Vienna International Center („UNO-City") mit Spatenstich 1973, 1971 internationaler städtebaulicher Wettbewerb Wien Süd (Stadterweiterungsgebiet für 60.000 Einwohner), ab 1972 Bau der Donau-Entlastungsrinne als Hochwas-

Städtebauliches Arrangement Alt-Erlaa zur Planungsausstellung *Stadtentwicklungsachse Meidling – Siebenhirten,* 1969.

Eine eigene Haltestelle hat Alt-Erlaa immer gehabt. Ab 1979 verkehrt die Schnellstraßenbahn 64 ab Westbahnhof nach Alt-Erlaa.

serschutzmaßnahme und damit Bau der 21 Kilometer langen künstlichen Donauinsel, Wiens erfolgreichstem Badestrand.

Wohnbau in Wien ist – durch stagnierende und perspektivisch sogar rückläufige Bevölkerungszahlen[8] – vor allem *Stadterneuerung,* die Verhältnisse sind noch immer unbefriedigend: zu klein, zu viel Überbelag, zu viel Klo am Gang. Für eine Gesellschaft auf Wohlstandskurs ist das inakzeptabel. Die städtebauliche Strategie der Zeit heißt *Stadtentwicklungsachse* und meint verdichtetes Wohnen im großen Maßstab entlang leistungsfähiger, schienengebundener, öffentlicher Verkehrstrassen. Ein Prototyp zur kontrollierten und systematischen Erschließung der Fläche zwischen Stadtzentrum und Stadtgrenze ist die *Stadtentwicklungsachse Meidling – Siebenhirten,* die 20.000 neue Wohneinheiten für das südliche Wien – die Bezirke Meidling (12.) und Liesing (23.) – vorsieht. Die Planung formuliert fünf Schwerpunkte: Ausbau der U-Bahnlinie U6 bis an den Stadtrand als Erschließungsstrang und infrastrukturelles Rückgrat sowie die daran angelagerten Großwohnprojekte *Schöpfwerk, Alt-Erlaa, Wiener Flur, In der Wiesen.*

Eine Ausstellung dazu findet 1969 statt und zeigt für das Grundstück Alt-Erlaa bereits die charakteristischen Wohnkörper mit dem terrassierten Sockel und „normalen" Aufsatz, jedoch in erweiterter städtebaulicher Formation. Der Typ war erfunden, ist aber elastisch. So ändert sich in weiterer Folge die Anzahl der Geschosse ebenso wie Anzahl und Position der Zeilen auf dem sich in der Größe ändernden Grundstück. Während der Wohnpark Alt-Erlaa lediglich eine

Alt-Erlaa, Block A–B 180 Meter. Die Stadt der Zukunft muss die Grüne Stadt sein. Der Raum zwischen den Baukörpern ist eine parkgleiche Landschaft, frei von motorisiertem Verkehr.

städtebauliche Feinjustierung erfährt[9], werden andere Projekte der Planung in die typologische Banalität (*Wiener Flur*) oder fernere Zukunft verbannt: Die Verlängerung der U-Bahnlinie U6 entsprechend der Planung und heutigem Umfang wird schlussendlich erst 1995 fertiggestellt, die Verkehrsachse ab 1979 jedoch von der Straßenbahn 64, U-Bahn-ähnlich und im regelmäßigen Takt, bedient.

Im Endausbau und auch heutigem Ist-Zustand gliedert sich der Wohnpark Alt-Erlaa mit 3.180 Wohneinheiten in drei nord-süd ausgerichtete Wohnzeilen von gleicher Länge (ca. dreihundert Meter) und beachtlicher Höhe (siebzig bzw. achtzig Meter), die – auf einem genordeten Plan von rechts nach links – als Blöcke A bis C bezeichnet werden. Das Programm drittelt sich in Portionen à ca. tausend Wohnungen, was als baufirmenfreundlicheres Format gewertet werden kann und schlussendlich als Bauzeitenplan gültig wird: 1973 erfolgt der Spatenstich für Block A und 1976 dessen Fertigstellung. Block B wird im Jahr 1978 übergeben, die Fertigstellung von Block C folgt im Jahr 1985. Die Wohnzeilen selbst sind durch öffentliche Infrastruktur (Kaufpark, Schule, Kirche, Freizeiteinrichtungen) sowie ein Garagensystem miteinander ver- und an die Stadt angebunden. Darüber hinaus ist der Wohnpark Programm: Das Verhältnis bebauter Fläche zu nicht bebauter Fläche beträgt in etwa 1:3. Alt-Erlaa ist ein städtebauliches Konzept: das Modell einer Grünen Stadt.

Alt-Erlaa, 1.000 Wohneinheiten des Blocks A nach der Fertigstellung 1976. Im Grunde ist jedem (echten) Terrassenhaus ein soziales Manifest eingeschrieben: Die Diagonale entkräftet die übliche Hierarchie des „Oben" und „Unten" im Geschosswohnungsbau und zielt auf die Gleichwertigkeit aller Wohnungen.

Der Typ (Das hohe Haus)

Wenn es nach dem Architekten geht, dann ist Alt-Erlaa in erster Linie das Ergebnis logischen Denkens[10]:

- Der Wohnbau der Zukunft ist der Wohnungsbau für eine emanzipierte und demokratische Massengesellschaft.[11] Der Wohnbau der Zukunft ist der Wohnbau für die große Zahl.
- Nur durch die extreme Verdichtung des Wohnraums mittels einer effizienten Hochhaustypologie kann weitläufiger Freiraum, ja eine naturnahe Landschaft und damit eine Grüne Stadt realisiert werden.
- Nur durch eine zielgerichtete Ökonomisierung des Wohnbaus kann zusätzliches Raumprogramm (gemeinschaftlich als Wohnergänzungsnutzung und privat z.B. als wohnungseigene Terrassen) und damit hohe Wohnqualität auf Stadt-, Haus- und Wohnungsebene finanziert und realisiert werden.
- Nur die große Parzelle lässt beides überhaupt zu. Das unübliche Maß der Ausstattung wie auch die autofreie Ausgestaltung der Siedlung durch Errichtung unterirdischer Garagen und deren Verbindungswege braucht die kritische Masse.

Das hohe Haus ist Mittel zum Zweck. Der Griff in den Raum erfolgt zugunsten der Schonung der Fläche. Die parkgleiche Landschaft ist frei von motorisiertem Verkehr. Der Raum zwischen den Baukörpern ist über die Maßen entscheidend: Die Abstände zwischen den Blöcken sind mit ca. 180 Meter groß genug (der Vergleich zum Wiener Stadtpark ist üblich), um Weite und damit Distanz zu erzeugen. Größe wird hier relativ. Die Terrassierung der unteren Geschosse stützt auch die Qualität des Außenraumes. Ein Spaziergang durch Alt-Erlaa ist ein Spaziergang durch ein grünes Tal. *Wie sich ein Haus im Boden verankert,* bekommt hier eine neue Bedeutung.

Harry Glück wehrte sich in Interviews und Texten redlich gegen die vorschnelle Verwendung der Begriffe „Turm" und „Hochhaus" und damit gegen die Banalisierung seines Projektes. Und in der Tat ist die Idee zum charakteristischen Schnitt ein Kunstgriff. Das Volumen wird mittig in „oben" und „unten" geteilt. Der obere Bauteil – neun bzw. 13 Vollgeschosse – profitiert durch die hohe Lage mit Aussicht und ist dadurch ein qualitativer Selbstläufer. Die ewig benachteiligten unteren Geschosse jedoch – im Fall von Alt-Erlaa die unter zwölf – werden durch Terrassierung aufgewertet.[12] Der damit entstehende Freibereich ist eine ausgleichende Qualität für die Wohnungen und der durch die Terrassierung entstandene zusätzliche Raum im Inneren des Gebäudes wird zur Zone des Gemeinschaftlichen (Hallenschwimmbäder, Saunen, Vereinsräume) und Nützlichen (Abstellräume aller Art).

Das Modul

Aus dem charakteristischen Schnittprofil extrudiert Glück 786 Laufmeter Wohnbau zu gleichen Teilen in 22 und 26 Vollgeschossen. Was sich städtebaulich in drei Zeilen gliedert, sind zwölf standardisierte Module in Schottenbauweise zu je zwei mal fünf Achsen Wohnbau à 5,80 Meter und einem zentralen Vertikalerschließungssegment.

Jeder Erschließungskern ist mit vier Aufzügen, zwei Stiegen sowie vertikalen Versorgungsschächten (Haustechnik, Müll) ausgestattet und bedient zu zwei Seiten jeweils vier Wohnungsachsen in Mittelgangtypologie sowie eine Wohnungsachse in Randlage, die – je nach Position des Moduls – entweder Stirnseite mit zusätzlicher Belichtungsmöglichkeit ist oder in Mittellage gerät. Im Schnitt werden so 250 Wohnungen pro Stiegenhaus, also sechzig Wohneinheiten pro Lift, erreicht. Die Vertikalerschließungen halten auf Erdgeschossniveau sowohl nach Ost als auch West Eingänge bereit und sind über das Dach sowie die unteren Wohngeschosse miteinander verbunden.

Alt-Erlaa, Block A 1976, Detailansicht Gleichheit ohne Gleichförmigkeit. Die Wohnungsvielfalt ist auch in der Ansicht erkennbar: Je nach Typ variieren Wohnungs- und/oder Terrassentiefe. Ausnahmslos alle Wohnungsachsen der terrassierten Geschosse werden mit Pflanztrögen ausgestattet: je zwei Stahlbetonfertigteile (Bügel) halten einen aus Glasfaser verstärkten Kunststoff-Pflanztrog.

Die (zwölf) Module können in eine Reihe und ohne Fuge aneinandergesetzt werden oder (einzeln) frei stehen. Alt-Erlaa ist eine Variation städtebaulicher Möglichkeiten und das Arrangement muss als *auf das Grundstück zugeschnitten* verstanden werden. Block A und C reihen jeweils zwei mal zwei Module aneinander und unterbrechen die Reihe demnach in zentraler Lage. Der Abstand zwischen den Baukörpern wird erdgeschossig in beiden Blöcken mit Tennishallen geschlossen, in Block A lagern sich weitere Infrastruktureinrichtungen an: Ärztezentrum und Kindergarten im Osten, Hausverwaltung und ein weiterer Kindergarten im Westen. Block B umfasst in Summe ebenfalls vier Module, wobei ein Modul freistehend bleibt und weitere drei Module aneinandergereiht werden. Der Zwischenraum ist hier öffentlicher Durchgang sowie Eingang zum Schulkomplex.

Wohldosierte Abweichungen, Verschiebungen, Variationen – darunter auch die einfache, aber nicht regelmäßige Höhenstaffelung – und gestalterische Einzelmaßnahmen verhindern totale Strenge, die ja immerhin auch möglich wäre, und sind als städtebauliche Lockerungen zu verstehen: So geht Gleichheit ohne Gleichförmigkeit, so geht Disziplin und zielgerichtete Effizienz ohne Einfalt.

Wohnen

Die (zwölf) Module sind systemisch baugleich, in der Programmierung jedoch nicht ident. Vielfalt entsteht nicht durch Ausnahmen, sondern ist als Regel in das System hineinformuliert. Alt-Erlaa hält die gesamte Bandbreite der im geförderten Wiener Wohnbau üblichen Wohnungstypen bereit, das gilt für Größen (A bis E[13]) wie auch Typen (Geschosswohnungen, einseitig orientiert oder durchgesteckt sowie Maisonetten). Auch wenige Penthousewohnungen gehören zum – wenngleich nicht sozialen – Repertoire. Die Erschließung gibt die Grunddisposition vor, darüber hinaus ist Wohnbau ein additives System innerhalb eines gut gesetzten Rasters.

Mittelgangerschlossene, einseitig orientierte Geschosswohnungen nach Ost oder West bilden den Grundstock des Wohnungsangebotes. In Randlage gelingen größere Wohnungen mit zusätzlichen Zimmern durch Belichtungsmöglichkeit über die Stirnseite. In der Mittellage sind durchgesteckte Wohnungen möglich. Maisonetten werden strategisch im Gebäude positioniert (Vertikallogik): So verschmelzen die beiden untersten Wohngeschosse zu Maisonetten, die Stiege im Wohnungsverband sichert zusätzlich ein „gesteigertes Einfamilienhausgefühl"[14]. Eine weitere „Schicht" Maisonetten kommt im Übergangsbereich 12./13./14. Geschoss zu liegen, die Erschließung im 13. Geschoss entfällt damit komplett.

Die Organisation des privaten Wohnraums folgt logisch der Grunddisposition des Hauses: Im rückwärtigen und damit dunkleren Bereich der Wohnung liegen die Nebenräume (Schrank- und Abstellräume) und mechanisch entlüfteten Badezimmer, die Wohn- und Schlafräume ordnen sich je nach Bedarf durch Wohnungsgröße zwischen den Achsen. Besondere Erwähnung verdient der Wohnbereich im Kombination mit der Glück'schen „Durchgangsküche": Diese ist mit einer Trennwand zum Wohnzimmer räumlich eigenständig, bleibt dabei aber schmal sowie im Sinne einer effizienten Arbeitsküche zweizeilig kompakt und mündet in eine zum Wohnzimmer offene *Essveranda*, die einem familiengroßen Esstisch Platz bietet.

Die Fassade ist konstruktiv von der Bürde der Statik befreit und öffnet sich in den terrassierten Geschossen zur Gänze zu den vorgelagerten (zimmergroßen) Loggien mit Terrassenanteil. Pro Achse und Seite (Ost und West) summieren sich ohne Ausnahme zwei Pflanztröge zu einer Pflanzfläche von ca. fünf Quadratmetern (zwei mal ein Meter mal ca. 2,6 Meter). Die Wohnungen der oberen, nicht terrassierten Geschosse erhalten Loggien (je nach Wohnungsgröße halbe oder ganze Achse), pro Achse erweitert ein Erker den Blick zusätzlich nach Nord und Süd.

Wohnen als städtisches System (Vollwertwohnen)

Wohnbau ist Städtebau und meint: Qualität hört nicht bei der Wohnung auf. Der Begriff Vollwertwohnen verdeutlicht den ganzheitlichen Anspruch und umfasst sowohl Wohnkomfort (erweiterte technische Ausstattung / z. B. pneumatische Mülltransportanlage, Tiefgaragenstellplatz) und Naturkontakt (öffentlich / Park und privat / Terrasse mit Pflanztrog) als auch die Ausstattung der Anlage mit Wohnfolge- und Gemeinschaftseinrichtungen.

Das Rechenmodell dafür legt Glück spätestens in seiner Dissertation[15] schriftlich dar: Durch intelligenten Umgang mit den ökonomisch relevanten Stellschrauben – Trakttiefe (Erhöhung der Trakttiefe von zwölf Meter oder 15 Meter auf 18 Meter) und Erschließung (Mittelgang statt Spännererschließung) – kann ein Kostenvorteil von zehn bis 15 Prozent.[16] lukriert werden. Die Kosten für die Ausführung eines Dach-Schwimmbads mit Sauna und zugehörigen Nebenräumen liegen dagegen bei moderaten zwei Prozent des Baubudgets.[17]

Bereits die Wohnanlage Inzersdorfer Straße hat 1974 gezeigt, dass sich ab ca. zweihundert Wohneinheiten ein gut dimensioniertes Freibecken 8 mal 24 Meter) sowohl im Kostendeckel als auch der Betriebskostenabrechnung des geförderten Wohnbaus unterbringen lässt. Eine einfache Hochrechnung bringt für eine Anlage mit dreitausend Wohneinheiten demnach 15 Schwimmbäder inklusive Sauna und Nebenräume. Alt-Erlaa hat sieben Dachschwimmbäder, sieben Hallenbäder und 21 Saunaanlagen.

Glück wusste um die Kraft des Elements Wasser in Kombination mit der Vorzugslage Dach sowie dem Vorteil des Legeren für das Gelingen nachbarschaftlicher Kommunikation und verteilt die sieben Dachschwimmbäder – davon sechs mit Bahnlängen von 23 bis 25 Meter – jeweils in Kombination mit einer Saunaanlage und Liegefläche auf die drei Wohnscheiben. Das Schwimmbad auf dem Dach ist der Ort, wo Gemeinschaft quasi natürlich entsteht. Diese freilich ist eine Hausgemeinschaft: Die anlageninternen Freizeiteinrichtungen stehen clubgleich nur den Bewohnern (Gäste sind möglich) zur Verfügung. Weitere Saunaanlagen, kleine Hallenbäder, Clubräume für Vereinstätigkeiten sowie zahlreiche Sport- und Schlechtwetterspielplätze finden in den inneren – unbelichteten – Bereichen der unteren terrassierten Wohngeschosse Platz.

Plus Tennishallen, plus Badminton, plus Outdoor-Sport- und Spielbereiche ist der Wohnpark auch ein Freizeitpark.

Die Größe der Anlage erfordert zudem die Integration öffentlicher Infrastruktur und ermöglicht kurze Wege: Kaufpark, Ärztezentrum, Kirche, städtische Bücherei, drei Kindergärten, zwei Volksschulen. Das öffentliche Programm ist auch die Schnittstelle zur Stadt.

Rezeption

Alt-Erlaa ist ein hochleistungsfähiges Wohnmodell, das nachweislich gut ankommt und gut aussieht: Eine außergewöhnlich hohe Bewohnerzufriedenheit wurde bereits kurz nach der Erstbesiedelung des Blocks A (1978) festgestellt und seitdem in Folgestudien bestätigt (1982/1983, 2004)[18]. Wenig überraschend sind die Bestnoten für Aussicht, Gemeinschaftseinrichtungen, Spielmöglichkeiten für Kinder, Sport und Grünflächen[19], vielleicht aber der resultierende Effekt: Die hohen Freizeitwerte der Anlage veranlassen die Bewohnerinnen und Bewohner, vermehrt Zeit zu Hause zu verbringen. Für manche ist das das Ende von Urbanität und Stadt, für andere jedoch ist *Urlaub auf Balkonien* (heute wieder) ein gültiges ökologisches Argument.

Die Anlage jedenfalls ist gut in Schuss. Sanierungen und Modernisierungen finden laufend statt. Ein umfangreicher Hausverwaltungs- und Hausbetreuungsapparat sorgt für permanentes Funktionieren, Ordnung und Sauberkeit. Leerstand ist allerhöchstens im Kaufpark sporadisch ein Thema, der sich – Kind seiner Zeit – dank mittlerer Größe zwar über den täglichen Bedarf (Nahversorgung durch Billa und Spar sowie Bäckerei und Fleischerei) im Angebot etwas hinauslehnen kann (Schreibwaren, Drogerie, Reisebüro, Textilien, Gesundheit), aber der großmaßstäblicheren Konkurrenz vor der Tür schonungslos ausgesetzt ist. Was die Bewohner bewegt, kann man in der monatlich erscheinenden „WAZ" online[20] nachlesen. Ausgabe 11/2019 überrascht mit dem Vorschlag, Alt-Erlaa könnte dem Klimawandel doch mit einer Fassadenbegrünung begegnen, nämlich *Parthenocissus tricuspidata ‚Veitchii'21* von Dach bis Boden immer an den Stirnseiten. Offensichtlich wissen die Bewohner Alt-Erlaas gar nicht, dass sie bereits in einem zukunftsfähigen Klimamodell wohnen. Die 5.760 wohnungseigenen Pflanztröge der unteren zwölf Geschosse summieren sich zu satten eineinhalb Hektar Pflanzfläche. Biodiversität statt Grün als Bild hieße jedoch das stumpfe Immergrün gegen etwas Nützlicheres zu tauschen. Das aber erscheint noch die leichteste Übung in der Neubewertung des Wohnmodells.

Der Anlassfall *Unbehagen* hat in den späten 1960er-Jahren erstaunliche Visionen besseren städtischen Lebens hervorgebracht. Die meisten allerdings sind Papier geblieben und man kann nur staunen, dass Alt-Erlaa dieses Schicksal nicht ereilt hat. Als realisierte Alternative, die nicht nur aufgrund der Größe zum Utopischen neigt, hat Wien mit Alt-Erlaa einen manifesten Wetzstein auch zur Prüfung der aktuellen Lage.

Anmerkungen

1 Neue städtische Wohnformen. Ausstellung, veranstaltet von der Österreichischen Gesellschaft für Architektur, Zusammenstellung: Architekten Viktor Hufnagl, Wolfgang und Traude Windbrechtinger, Katalog: Hermann Czech, Wien 1967.

2 Terrassenhausanlage Inzersdorfer Straße: 222 Wohneinheiten, Einreichung 1971, Fertigstellung 1974, Bauträger: GESIBA. (Vgl. S. 320 ff, San-Hwan Lu)

3 Wohnwertstudie 1975, soziologische Begleitforschung unter der Leitung von Kurt Freisitzer. Zusammengefasst in: Eibl-Eibesfeldt, Irenäus / Hass, Hans / Freisitzer, Kurt / Gehmacher, Ernst / Glück, Harry: Stadt und Lebensqualität. Neue Konzepte im Wohnbau auf dem Prüfstand der Humanethologie und der Bewohnerurteile, DVA Stuttgart und Österreichischer Bundesverlag GmbH, Wien 1985.

4 Glück, Harry: Die Analyse des Problems. Die Wohnpräferenzen der Privilegierten als Indikator, in: Freisitzer / Glück, 1979

5 Der innerösterreichische Vergleich zur burgenländischen Hauptstadt Eisenstadt ist üblich.

6 Die GESIBA (gemeinnützige Siedlungs- und Bauaktiengesellschaft) ist eine gemeinnützige Kapitalgesellschaft (größter Gesellschafter ist die Stadt Wien mit 99,97 % der Anteile), die sich dem Wohnungsgemeinnützigkeitsgesetz entsprechend der Errichtung geförderten Wohnbaus verpflichtet. Die beginnende Realisierung von Terrassenhäusern in Wien durch das Büro Harry Glück (und Partner) fällt mit dem Amtsantritt von Direktor Dr. Anton Muchna 1968 zusammen, der offensichtlich der richtige Mann am richtigen Ort zur richtigen Zeit gewesen ist.

7 Gemeinnützige Siedlungs- und Bauaktiengesellschaft (Hrsg.), 75 Jahre Bauen für Wien. Die Geschichte der GESIBA, Wien, 1996.

8 Die Einwohnerzahl steht seit Kriegsende stabil bei ungefähr 1.600.000. Ab Mitte der 1970er-Jahre schrumpft die Bevölkerung auf das historische Tief im Jahr 1987, welches mit 1.484.885 Personen beziffert wird und dem Status quo um 1890 entspricht. Im Jahr 2019 beträgt die Einwohnerzahl Wiens knapp 1.900.000.

9 Die ursprüngliche Planung beinhaltete 4.500 Wohneinheiten, in: Der Aufbau, Jg. 25, 1971, H. 1–3.

10 Interview mit Harry Glück in: Seiß, Reinhard: Häuser für Menschen. Humaner Wohnbau in Österreich, Müry Salzmann, Salzburg-Wien-Berlin 2013.

11 (sinngemäß) Harry Glück im Interview mit M. Welzig und G. Steixner in: Welzig, Maria / Steixner, Gerhard (Hrsg.): Die Architektur und ich. Eine Bilanz der österreichischen Architektur seit 1945 vermittelt durch ihre Protagonisten, Böhlau Verlag, Wien-Köln-Weimar 2003.

12 Zu selten nutzt Architektur diese ihr eigene Kraft, sich derart politisch zu äußern und eine gesellschaftliche Vision quasi in Form zu bringen. Alt-Erlaa ist *das bessere Hochhaus*, die Typologie um eine humanistische Komponente erweitert.

13 Wiener System: A = 1-Raum, B = 2-Raum usw. usf. ... C, D, E. Eine C-Wohnung hat zwei Schlafzimmer und ein Wohnzimmer oder Wohnküche. Die durchschnittliche Wohnungsgröße ohne Loggia und/oder Terrasse beträgt 75 m² (vgl. Architektur.aktuell, Jg. 10 (1976) H. 56).

14 Freisitzer / Glück 1979.

15 Glück, Harry, Höherwertige Alternativen im Massenwohnbau durch wirtschaftliche Planungs- und Konstruktionskonzepte. Dissertation, Innsbruck 1982.

16 Ebd.: Zehn bis 15 Prozent Kostenvorteil (...) ist ein mehrseitiger Rechenweg, der die relevanten Kennwerte für Wirtschaftlichkeit im Wohnbau erkennt und diese anteilig – bezogen auf die Gesamtbaukosten – erfasst: Glück stellt die Kosten für Fassade, Aufschließung und mechanische Erschließung (Aufzüge) in eine Typologiematrix bestehend aus 2 mal 3 Untersuchungsfällen: Trakttiefe 12, 15 und 18 Meter in den Erschließungsvarianten Zweispänner, Dreispänner und Mittelgang.

17 Ebd., S. 76: Zwei Prozent Baukosten für Schwimmbad ... ist ein Erfahrungswert aus dem Projekt Arndtstraße, dessen Gesamterrichtungskosten 128 Mio. Schilling betrugen (1981), wobei Schwimmbad inklusive Sauna und Nebenräume mit 2,5 Mio. Schilling, also 1,95 Prozent ausgewiesen werden.

18 Wohnwertstudie 1978 ist eine Erweiterung der Wohnwertstudie 1975 um die Großwohnanlage Alt-Erlaa. 1982/83 beauftragt das österreichische Bautenministerium die Institute IFES und Dr. Fessel+GfK, unter der wissenschaftlichen Leitung von Kurt Freisitzer, mehr als zwanzig Wohnanlagen zu untersuchen. Einbezogen wurden Wohnbauten in Wien, Linz und Innsbruck sowie München. Die umfassenden Wohnwertvergleiche dienen der Überprüfung der Ergebnisse 1975 und 1978 sowie Ausweitung der Reichweite. Die Wiener Wohnstudie 2004 ist eine vergleichende Untersuchung von Wiener Wohnhausanlagen (u.a. Alt-Erlaa) sowie „durchgrünte Wohnformen" (u.a. verdichteter Flachbau) im Auftrag der MA18. Aktuellere Wohnstudien führen Alt-Erlaa nicht (mehr) als Vergleichsobjekt.

19 Stadtentwicklung Wien MA18 (Hrsg.). Wiener Wohnstudien. Wohnzufriedenheit, Mobilitäts- und Freizeitverhalten. Reihe: Werkstattberichte, Wien 2004.

20 WAZ (Wohnpark Alterlaa Zeitung): http://www.porter.at/

21 Schmuckwein: robust, pflegeleicht, ungenießbar.

Literatur

Architektur.aktuell. Jg. 3, 1969, H.12 (Terrassenwohnbau).

Architektur.aktuell. Jg. 3, 1969, H.14/15.

Der Aufbau. Jg. 25, 1971, H.1–3.

Architektur.aktuell. Jg. 10, 1976, H.56.

transparent. Jg. 7, 1976, H.2/3.

transparent. Jg. 14, 1983, H.7/8.

Eibl-Eibesfeldt, Irenäus / Hass, Hans / Freisitzer, Kurt / Gehmacher, Ernst / Glück, Harry: Stadt und Lebensqualität. Neue Konzepte im Wohnbau auf dem Prüfstand der Humanethologie und der Bewohnerurteile. Österreichischer Bundesverlag, Wien 1985.

Freisitzer, Kurt / Glück, Harry: Sozialer Wohnbau. Entstehung. Zustand. Alternativen. Molden Edition, Wien 1979.

GESIBA, Gemeinnützige Siedlungs- und Bauaktiengesellschaft (Hrsg.): 75 Jahre Bauen für Wien. Die Geschichte der GESIBA. Wien 1996.

Glück, Harry: Höherwertige Alternativen im Massenwohnbau durch wirtschaftliche Planungs- und Konstruktionskonzepte. Dissertation, Technische Universität Innsbruck 1982.

Glück, Harry: Die Möglichkeit einer grünen Stadt, Manuskript, Wien 1980er-Jahre.

Gruber, Stefan / Lehn, Antje / Schmidt-Colinet, Lisa / Schnell, Angelika: Big! Bad? Modern: Four Megabuildings in Vienna, Akademie der bildenden Künste Wien und Park Books. Zürich 2015.

Schöft, Gerhard: Industrielle Bauverfahren im Hochbau, Der Wohnpark Alt Erlaa – Block C, Diplomarbeit am Institut für Baubetrieb und Bauwirtschaft der TU Wien, 1983.

Seiß, Reinhard: Häuser für Menschen – Humaner Wohnbau in Österreich (Film). Müry Salzmann, Salzburg-Wien-Berlin 2013.

Seiß, Reinhard: Harry Glück Wohnbauten. Müry Salzmann, Salzburg-Wien-Berlin 2014.

Stadtentwicklung Wien MA18 (Hrsg.): Wiener Wohnstudien. Wohnzufriedenheit, Mobilitäts- und Freizeitverhalten, Reihe: Werkstattberichte. Wien 2004.

Weber, Stefan: Der Wohnpark Alt-Erlaa im Kontext von sozialem Wohnbau und utopischer Architektur, Masterarbeit Kunstgeschichte, Universität Wien 2014.

Welzig, Maria / Steixner, Gerhard: Die Architektur und ich – Eine Bilanz der österreichischen Architektur seit 1945 vermittelt durch ihre Protagonisten, Böhlau Verlag, Wien-Köln-Weimar 2003.

B4
WEST
B3

BIPA

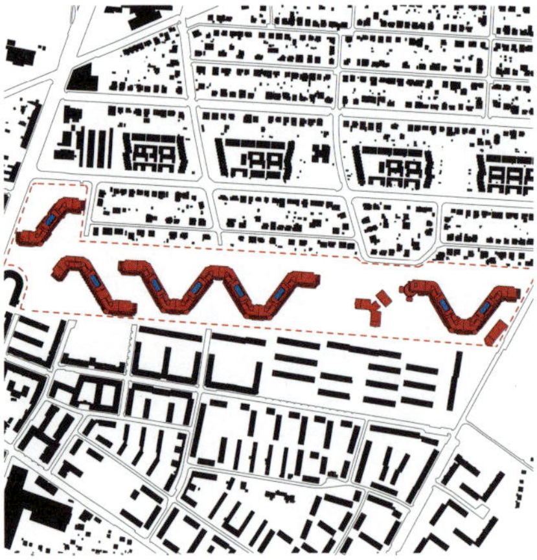

Dicht an der Peripherie

Terrassenhaussiedlung
St. Peter, Graz
Werkgruppe Graz
1965–78

Terrassenwohnanlage
Koseze, Ljubljana
Viktor Pust
1968–81

Heinz-Nittel-Hof, Wien
Harry Glück & Partner
1973–83

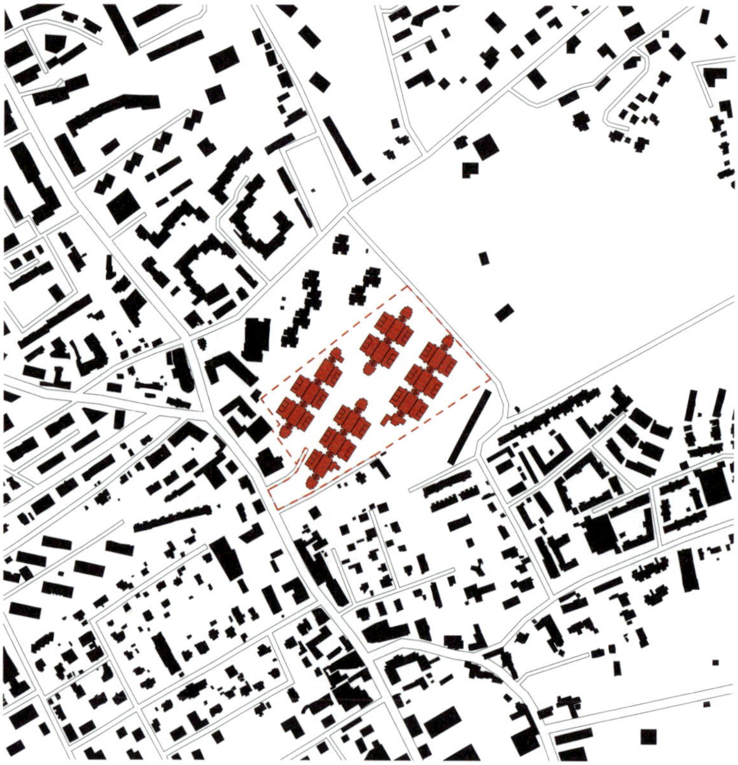

Wohnungen 531
Geschossflächenzahl 1,8
Bebauungsgrad 49 %

Grundstücksfläche 45.000 m²
Bebaute Fläche 22.000 m²
Bruttogeschossfläche 80.000 m²

Gemeinschaftseinrichtungen, Infrastruktur: Räume der Interessensgemeinschaft Graz-St. Peter, Arztpraxen

Graz, Österreich
St.-Peter-Hauptstraße 29–35

Architekten
Werkgruppe Graz (Hermann Pichler, Eugen Gross, Friedrich Gross-Rannsbach, Werner Hollomey)

Bauherr
Gemeinnützige Wohnbauvereinigung GmbH

Planung seit 1965
Bau 1972–78

Lageplan 1:10.000

Terrassenhaussiedlung St. Peter, Graz

Werkgruppe Graz

1965–78

Individualität und Gemeinschaft – wie die Architektur das Leben in der Terrassenhaussiedlung Graz-St. Peter prägt

Karen Beckmann

Mit der Terrassenhaussiedlung St. Peter in Graz entstand nach langer Planungszeit seit 1965 in den Jahren 1972 bis 1978 ein Gebäudeensemble, das der Typologie eines „Großwohnkomplexes" zugeordnet werden kann. Charakteristisch für diesen Gebäudetypus sind neben einer verbindenden Tiefgarage eine fußläufige Erschließung des Komplexes, eine hohe funktionale Mischung und bauliche Dichte sowie eine eindeutige Gestalt und Abgrenzung zur Umgebung. Unterschiedliche Studien bescheinigen der Terrassenhaussiedlung bis heute eine hohe Bewohnerzufriedenheit.[1] Es kann angenommen werden, dass die anhaltend hohe Zufriedenheit der Bewohner des Komplexes auf besondere architektonische und städtebauliche Qualitäten hindeutet. Doch um welche Qualitäten handelt es sich genau? Wie sind diese Qualitäten heute zu bewerten und kann die Terrassenhaussiedlung auch rund vierzig Jahre nach ihrer Fertigstellung als richtungsweisend für neue Wohnkonzepte unserer Zeit angesehen werden? Um diese Fragen beantworten zu können, lohnt ein genauerer Blick in die Entstehungs-, Ausgestaltungs- und Rezeptionsgeschichte der Siedlung.

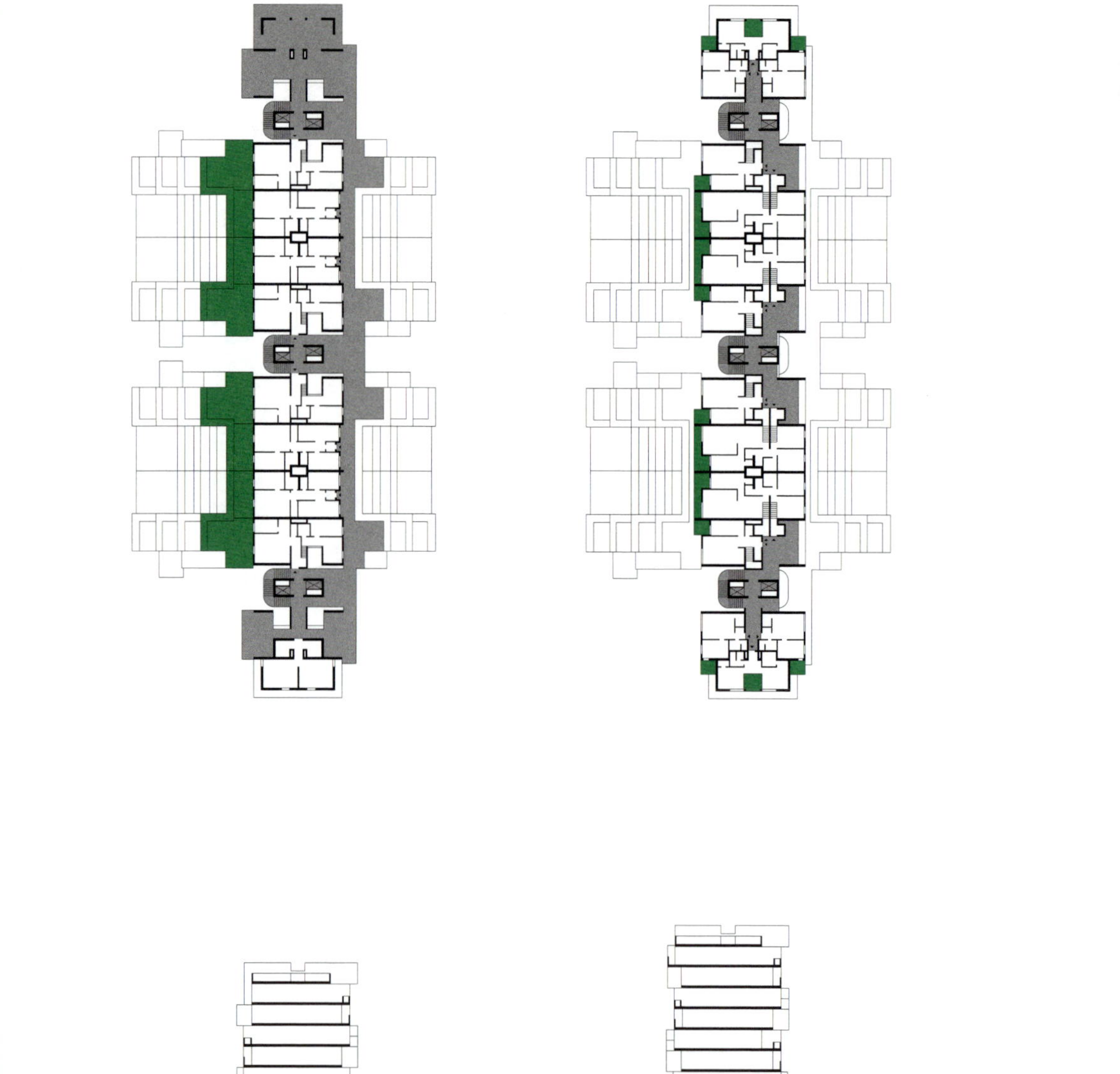

Grundriss 4. und 5. OG, Schnitt 1:1.000

Auf zu neuem Denken. Die Entstehung der Terrassenhaussiedlung im Kontext der Geschichte

Der Entwurf des Gebäudekomplexes stammt von den Architekten Hermann Pichler, Eugen Gross, Friedrich Gross-Rannsbach und Werner Hollomey, die sich im Jahr 1959 unter dem Namen „Werkgruppe Graz" zusammenschlossen. Die zu dieser Zeit international einsetzende Abwendung vom städtebaulichen Funktionalismus und die Entstehung der architekturtheoretischen Strömung des Strukturalismus können als stilprägend für die Werkgruppe Graz und ihre Arbeiten in den darauffolgenden Jahren angesehen werden. So beschreibt Eugen Gross in einem Beitrag mit dem Titel „Wie der Strukturalismus die Grazer Schule der Architektur beeinflusste" das für die Entwürfe grundlegende Prinzip der Trennung von Primärstrukturen, die als Gerüst fungierten, und Sekundärstrukturen, die je nach Bedarf ausgetauscht werden konnten. Der Entwurf soll dabei als ein wandel- und erweiterbares, offenes System verstanden und Funktionsmischungen anstatt monofunktionaler Segregation erreicht werden.[2] Die Terrassenhaussiedlung in Graz-St. Peter ist diesem strukturalistischen Denken entlehnt, sind ihr doch sowohl der Ansatz des erweiterbaren Ganzen als auch der einer konstruktiven Struktur, in dem die „Ausbaumodule" integriert wurden, inhärent.[3] Anhand ihrer Konzeption sollte die Siedlung „aktives soziales Wohnverhalten provozieren und zum Leben in der Öffentlichkeit durch kommunikative Einrichtungen anregen".[4]

Die internationale Aufbruchsstimmung, in der sich in Architektur und Städtebau Denkweisen wie die des Strukturalismus etablieren konnten, war in der Planungszeit der Terrassenhaussiedlung in den 1960er-Jahren auch in Österreich zu spüren.[5] Rückblickend kann konstatiert werden, dass die liberale und offene, technik- und fortschrittsgläubige Gesellschaft dieser Zeit sowie der Glauben an die Plan- und Machbarkeit von Großprojekten einen maßgeblichen Einfluss auf die Möglichkeit der Umsetzung eines Projektes wie dem der Terrassenhaussiedlung hatten.[6]

Modell im „Ausstellungsraum“ der Terrassenhaussiedlung St. Peter

Mehr als Architektur. Der Entwurf und das soziale Leben

Der Entstehung und Realisierung der Terrassenhaussiedlung ging ein langjähriger Planungsprozess voraus. Das Grundstück der Terrassenhaussiedlung befand sich in den 1960er-Jahren in einer Randlage der Stadt Graz. Während die Umgebung durch eine Bebauung in Form von Ein- und Mehrfamilienhäusern geprägt war, blieb ein Grundstück lange Zeit unbebaut. Eine ehemalige Lehmgrube war nach dem Zweiten Weltkrieg mit Schutt und Abfall gefüllt worden, sodass der Baugrund keine Tragfähigkeit besaß.[7] Bedingt durch diesen schwer handzuhabenden Baugrund wurde eine Tiefgründung aus Betonpfählen notwendig, auf die ein konstruktives Raster aus sieben mal sieben Meter Stahlbeton gelegt wurde. Dieses Raster bildete die Basis für die Tiefgarage der Terrassenhaussiedlung. Darüber entwickeln sich vier, zueinander versetzt angeordnete und bis zu elfgeschossige Wohngebäude mit terrassiertem Sockel und Geschosswohnungen in den höheren Etagen. Durch das Versetzen der Baukörper zueinander sowie eine gegenläufige Höhenstaffelung der Gebäude wurde nicht nur eine optimale Belichtung und Aussicht für alle Wohnungen in der Siedlung erreicht, sondern gleichzeitig fußläufige Verbindungen vom umgebenden Grünraum in den Innenraum der Siedlung geschaffen.[8] Die oberhalb der Tiefgarage angeordneten, autofreien Freiflächen zwischen den Gebäuden wurden als kleinräumig gegliederter, fußläufig zu erschließender, verbindender

Tragstruktur vor Montage der Fassadenelemente

und vielfältig gestalteter Grünraum ausgebildet. Der Begrünung der Siedlung wurde bereits während der Entstehungszeit eine hohe Aufmerksamkeit zuteil.[9] So sollte nicht nur der Freiraum oberhalb der Tiefgarage, sondern darüber hinaus auch die Fassade natürlich gestaltet werden. Baulich wurde eine solche Begrünung durch (Dach-) Terrassen und Balkone ermöglicht, die mit Pflanztrögen ausgestattet wurden. Diese wurden so angeordnet, dass sie den Blick auf die darunterliegende Terrasse abschirmen. Die Ausgestaltung der rund fünfhundert Wohnungen umfasst ein bis vier Zimmer unterschiedlicher Typologien: Maisonette-, Terrassen- oder Atelierwohnungen und großzügige Außenräume bilden das Gesamtensemble. Das Ergebnis ist eine stark durchgrünte Siedlung, wobei nahezu jede Wohnung einen eigenen privaten Freiraum durch Terrassen, Balkone oder Dachterrassen besitzt.[10] Das Bild des „gestapelten Einfamilienhauses" stand dabei Pate für die Konzeption der Anlage.[11]

Oberhalb des terrassierten Sockels eines jeden Gebäudes befindet sich eine öffentliche Kommunikationsebene. Durch diese Ebene wird die vertikale Erschließung der Treppenhäuser um eine horizontale Verbindung ergänzt, die die Entstehung und Festigung von Nachbarschaftsbeziehungen durch informelle Kontakte unterstützen sollte.[12] Die Wohnungen wurden mit individuell planbaren Fassadenelementen ausgestattet, deren Erscheinungsbild noch heute maßgeblich das heterogene und vielfältige Fassadenspiel der Terrassenhaussiedlung prägt. Die zukünftigen Bewohner der Siedlung konnten bereits in der Bauphase ihre Wohnungen sowie die Fassadengestal-

Terrassenhaussiedlung St. Peter, Aufnahmen von Walter Kuschel, Mitglied der Werkgruppe Graz und Bewohner der Terrassenhaussiedlung St. Peter.

Vom Leben in der Siedlung Ende der 1970er-Jahre

Fest in der Siedlung

tung mitentwickeln. Voraussetzung war in diesem Zusammenhang das konstruktive System der Schottenbauweise, das eine individuelle Grundrissgestaltung innerhalb der Tragstruktur ermöglichte. Auf Ebene des Kommunikationsgeschosses wurden hier Wohnungsmodule ohne Fassaden und Innenausbau frei gelassen, um eine spätere Aneignung dieser Flächen durch die Bewohner zu ermöglichen.

Eine funktionale Mischung wird heute vermehrt durch Arbeiten und Wohnen sowie gemeinschaftliche Räume der „Interessengemeinschaft Terrassenhaussiedlung Graz-St. Peter" erreicht. Die Planung eines baulichen Zentrums mit Hotel, Einzelhandel und Café wurde bereits in der Planungsphase verworfen, als deutlich wurde, dass die Infrastrukturen in der Umgebung ausreichend vorhanden waren.[13]

Raum für Gemeinschaft.
Die Aneignung der Terrassenhaussiedlung im Laufe der Zeit

In einer Bewohnerbefragung, die zwischen März 2017 und Februar 2018 in der Terrassenhaussiedlung im Rahmen der „Sondierungsstudie Terrassenhaussiedlung" (SONTE) mit dem Ziel der Entwicklung eines Leitbilds bzw. Modernisierungsleitfadens für die kommenden vierzig Jahre durchgeführt wurde, wurde nicht nur die hohe Bewohnerzufriedenheit deutlich, sondern vor allem die Qualität der Innenhofflächen als Gemeinschaftsraum herausgestellt.[14] Aneignung und Identifikation mit der Siedlung werden auch durch die hohe Individualität der Wohnungen und die Möglichkeiten der Umgestal-

tung erreicht. „Die Terrassenhaussiedlung ist nicht nur eines der wenigen utopisch anmutenden Projekte dieser Größenordnung, die tatsächlich realisiert wurden, sie ist gleichzeitig ein Schlüsselprojekt für die Mitbestimmung im Wohnbau" heißt es in einem Dossier über die Terrassenhaussiedlung.[15] Das anhaltend hohe Engagement für die Siedlung in der Interessengemeinschaft ist auch auf die Bewohnstruktur, die Wohnungen sind alles Eigentumswohnungen und werden zu einem hohen Anteil auch von den Eigentümern bewohnt, zurückzuführen.

Nachdem das „Zeitalter der Megastrukturen" Mitte der 1970er-Jahre beendet war, geriet auch die Terrassenhaussiedlung in die Kritik der Öffentlichkeit. Erstaunlich ist dabei, dass die Bewohnerzufriedenheit gleichzeitig jedoch konstant hoch blieb. Heute eröffnet das vermehrt entstehende Interesse an „brutalistischen" Bauten der 1960er- und 1970er-Jahre, wieder eine neue Perspektive auf die Gebäudestrukturen dieser Zeit.[16] Gleichzeitig muss konstatiert werden, dass die (energetische) Sanierung der Gebäude der 1960er- und 1970er-Jahre nicht nur für die Terrassenhaussiedlung problematisch ist. Insbesondere die Komplexität und Größe der Anlage erschwert anstehende Sanierungsmaßnahmen erheblich.[17] Auch ist festzustellen, dass die Aneignung der öffentlichen Freiflächen an den Kopfbauten der Gebäude nicht nachhaltig funktioniert, sodass diese Flächen nun gesperrt und ungenutzt brachliegen.[18] Trotzdem überwiegen in der Rezeption, insbesondere der der Bewohner, die Qualitäten der Siedlung.

Urbanes Wohnen.
Die Qualitäten der Terrassenhaussiedlung heute

Die Qualitäten der Terrassenhaussiedlung liegen, wie in vielen Großwohnkomplexen dieser Zeit, in der eindeutigen Gestalt der Anlage begründet. Die Terrassenhaussiedlung grenzt sich klar von anderen, vertrauten Gebäudestrukturen der Umgebung ab und öffnet sich gleichzeitig durch die Stellung der Gebäude zur Nachbarschaft. Dadurch wird nicht nur eine hohe Identifikation der Bewohner mit „ihrer" Siedlung, sondern auch eine Offenheit für Bewohner der Umgebung und Besucher der Terrassenhaussiedlung erreicht. Die dicht und heterogen gestalteten Außenräume laden zum Verweilen ein, während die fließenden Raumabfolgen die Neugierde zum Entdecken der Siedlung wecken. Das Betreten der Siedlung ist baulich klar definiert und wird durch die begrünten und trotzdem klar ablesbaren Raumkanten strukturiert. Es bieten sich sowohl vielfältige Raumerlebnisse als auch eine klare Struktur, die Orientierung verspricht. Die Erschließungssituation durch Treppentürme, an denen pro Geschoss nur drei Wohnungen angeordnet sind, lassen Bekanntschaften unter den Nachbarn zu. Die Dichte der Erdgeschosszonen wird in den höheren Gebäudeteilen durch Weite und Ausblick abgelöst. Die unterschiedliche Ausformulierung der Wohnungsgrundrisse fördert eine heterogene Bewohnerstruktur und die Anpassungsfähigkeit der Grundrisse lässt langfristige Wohnverhältnisse zu. Durch das Kommunikationsgeschoss auf der Ebene des vierten Obergeschosses eröffnet sich eine Dreidimensionalität des „öffentlichen" Raums, die der Orientierung im Komplex dienlich ist. Beim Erleben der Siedlung ergibt sich eine Abfolge von öffentlich zu privat – vom öffentlichen Straßenraum über die halböffentlichen Freiflächen und Treppenhäuser bis zur Wohnungseingangstür. Diese Überlagerung von öffentlichen und halböffentlichen bis hin zu privaten Räumen schafft individuelle Aneignungs- und Kommunikationsräume für die Gemeinschaft. Auch führt die fußläufige Erschließung des Komplexes zu vielfältigen Kontakten. Auch wenn die Siedlung von einem starken Maß an Halböffentlichkeit geprägt ist, bilden die Räume zwischen den Gebäuden doch einen urban anmutenden Raum aus, der sich durch Komplexität und Vielfalt sowie Begegnung, Nachbarschaften und Rückzugsorte auszeichnet. Eugen Gross, Architekt der Werkgruppe Graz, stellt zwei Aspekte der Terrassenhaussiedung als ausschlaggebend für die

Qualität und hohe Bewohnerzufriedenheit heraus: die Zwischenräume auf verschiedenen Ebenen, die zwischen Gemeinschaft und Individuum vermitteln, und die „freie Mitte", die er als vorherrschendes Identifikationsmoment beschreibt.[19]

Setzt man die aufgezeigten Qualitäten mit heutigen Wünschen urbanen Wohnens in Relation, so finden sich vielfältige Parallelen. Seit einigen Jahren sind durch zunehmende Re-Urbanisierungstendenzen Themen wie Verdichtung, „Stadt der kurzen Wege" und Funktionsmischung wieder aktuell. Gesellschaftliche Entwicklungen bringen heute vermehrt den Wunsch nach Aneignung und Identifikation mit sich. Es kann ein „urbaner Neuanfang" konstatiert werden, der neue Arten des Zusammenlebens in Städten bedingt.[20] Individualität und Gemeinschaft, Dichte und Freiraum sowie der Wunsch nach gelebter Nachbarschaft, die sich beispielweise durch das Teilen von Dingen und Räumen ergeben kann und durch die Nähe zu vielfältigen Funktionen des täglichen Bedarfs unterstützt wird, sind Schlagworte für diese Entwicklung.[21] Der Blick auf Wohnanlagen wie die Terrassenhaussiedlung Graz-St. Peter bietet Anregungen, wie Dichte, Komplexität und Vielfalt, verbunden mit klaren baulichen Strukturen, zu Qualitäten führen kann, die über viele Jahre hinweg und mit Blick auf wechselnden gesellschaftliche Anforderungen Identität, Aneignung und Gemeinschaft schaffen und eine hohe Bewohnerzufriedenheit ermöglichen.

Anmerkungen

1 Vgl. N.N.: St.Peter: Schlechtes Image, zufriedene Bewohner, in: Wohnbau, Heft 5, 1981, S. 3 ff.

2 Gross, Eugen: Wie beeinflusste der Strukturalismus die Grazer Schule der Architektur? http://www.gat.st/en/news/wie-beeinflusste-der-strukturalismus-die-grazer-schule-der-architektur? (7. Februar 2019).

3 Guttmann, Eva / Kaiser, Gabriele, HDA Graz (Hrsg.): Werkgruppe Graz 1959–1989. Park Books, Zürich 2013, S. 108 f.

4 Messerschmidt, Ingeborg: „Kontrolliertes Experiment" zur Erprobung geeigneter städtischer Wohnformen, in: Neue Heimat, Band 26, Heft 5, 1979, S. 24.

5 Vgl. Eugen Gross in einem Interview mit Eva Guttmann und Gabriele Kaiser in: Guttmann, Eva / Kaiser, Gabriele, HDA Graz (Hrsg.): Werkgruppe Graz 1959–1989. Park Books, Zürich 2013, S. 20.

6 Beispielhaft dafür stehen auch die utopischen Megastrukturen dieser Zeit wie Yona Friedmanns „Ville Spatial" 1959, Kenzo Tanges „Überbauung der Bucht von Tokyo" 1961 oder Archigram mit der „Plug in City" 1964.

7 Vgl. Guttmann, Eva / Kaiser, Gabriele, HDA Graz (Hrsg.): Werkgruppe Graz 1959–1989. Park Books, Zürich 2013, S. 107.

8 Vgl. ebd., S. 107.

9 Für die Bepflanzung der gesamten Anlage und insbesondere in den höheren Geschossen wurde eigens ein Forschungsprojekt als Teil des Demonstrativbauvorhabens durchgeführt. Vgl. Forschungsgesellschaft für Wohnen, Bauen und Planen, Wien: Demonstrativbauvorhaben Graz-St.Peter. Teil II, Abschnitt 2. Grünraumplanung. Wien 1980.

10 Die Bewertung der Terrassen als Gartenersatz erfolgte nach anfänglicher Zurückhaltung 1979 positiv. Vgl. dazu: Messerschmidt, Ingeborg: „Kontrolliertes Experiment" zur Erprobung geeigneter städtischer Wohnformen, in: Neue Heimat, Band 26, Heft 5, 1979, S. 28.

11 Vgl. Messerschmidt, Ingeborg: „Kontrolliertes Experiment" zur Erprobung geeigneter städtischer Wohnformen, in: Neue Heimat, Band 26, Heft 5, 1979, S. 24.

12 Vgl. ebd., S. 24.

13 Vgl. ebd.

14 Vgl. dies und das folgende http://www.institut-wohnbauforschung.at/wp-content/uploads/2017 /10/Ergebnispraesentation_20170620.pdf (7. Februar 2019).

15 http://www.gat.st/news/1965-demonstrativbauvorhaben-terrassenhaussiedlung (31. Januar 2019).

16 Vgl. www.sosbrutalism.org (7. Februar 2019).

17 Vgl. dazu die Sondierungsstudie Terrassenhaussiedlung „SONTE" mit dem Ziel der Entwicklung eines Leitbildes bzw. eines Modernisierungsleitfadens für die kommenden vierzig Jahre http://www.institut-wohnbauforschung.at/sonte/#inhalt (7. Februar 2019).

18 Stand 2012.

19 Gross, Eugen: Wie beeinflusste der Strukturalismus die Grazer Schule der Architektur? http://www.gat.st/en/news/wie-beeinflusste-der-strukturalismus-die-grazer-schule-der-architektur? (7. Februar 2019).

20 Vgl. Rauterberg, Hanno: Wir sind die Stadt. Urbanes Leben in der Digitalmoderne. edition suhrkamp, Berlin 2013, S. 7.

21 Vgl. Zukunftsinstitut GmbH (Hrsg.): 50 Insights. Zukunft des Wohnens. Frankfurt am Main 2017.

Literatur

Forschungsgesellschaft für Wohnen, Bauen und Planen, Wien: Demonstrativbauvorhaben Graz-St. Peter, Teil II, Abschnitt 2, Grünraumplanung. Wien 1980.

Jäger-Klein, Carolin: Österreichische Architektur des 19. und 20. Jahrhunderts. Wien 2005, 2. aktualisierte Auflage. NWV Verlag, Wien 2010.

Messerschmidt, Ingeborg: „Kontrolliertes Experiment" zur Erprobung geeigneter städtischer Wohnformen, in: Neue Heimat, Band 26, Heft 5, 1979.

N.N.: St. Peter: Schlechtes Image, zufriedene Bewohner, in: Wohnbau, Heft 5, 1981.

Wagner, Anselm / Senarclens de Grancy, Antje (Hrsg.): Was bleibt von der „Grazer Schule"? Architektur Utopien seit den 1960ern revisited. Jovis, Berlin 2012.

Guttmann, Eva / Kaiser, Gabriele, HDA Graz (Hrsg.): Werkgruppe Graz 1959–1989. Park Books, Zürich 2013.

Beckmann, Karen: Urbanität durch Dichte? Geschichte und Gegenwart der Großwohnkomplexe der 1970er Jahre. Transcript, Bielefeld 2015.

http://www.institut-wohnbauforschung.at/sonte/(Sondierungsstudie Terrassenhaussiedlung)

http://www.gat.st/news/1965-demonstrativbauvorhaben-terassenhaussiedlung

http://www.gat.st/en/news/wie-beeinflusste-der-strukturalismus-die-grazer-schule-der-architektur?

Wohnungen ca. 1.548 (34 Blöcke)
Geschossflächenzahl ca. 1,3
Bebauungsgrad 32 %

Grundstücksfläche 119.000 m²
Bebaute Fläche ca. 38.000 m²
Bruttogeschossfläche ca. 150.000 m²

Gemeinschaftseinrichtungen, Infrastruktur: Geschäfte, Gastronomie, Apotheke, Postamt, Bank, Kindergarten

Ljubljana, Slowenien
Ulicar Bratov Ucakar

Architekt
Viktor Pust

Bauherren
SGP Zidar Kočevje, Ingrad Celje

Planung 1968 (Wettbewerb)
Bau 1974–81

Lageplan 1:10.000

Terrassenwohnanlage Koseze, Ljubljana

Viktor Pust

1968–81

Die Siedlung Koseze in Ljubljana

Nataša Koselj

In den 1960er-Jahren kamen in weiten Teilen Sloweniens, das damals zum sozialistischen Jugoslawien gehörte, viele Sozialwohnungen auf den Markt. Die Entscheidung Titos, sich dem Einfluss der UdSSR zu widersetzen, prägte Jugoslawiens politische Ausrichtung während des Kalten Krieges. Das „blockfreie" Jugoslawien öffnete zunehmend seine Grenzen zum Westen, entfernte sich in einer Phase der eigenständigen Organisation des Staates vom Kommunismus und entwickelte sich zu einer marktwirtschaftlich orientierten Gesellschaft, also weg von einem eher totalitären Staat über einen Sozialismus in Selbstverwaltung hin zur Demokratie. Experimentelle Ansätze standen im Zentrum der Anstrengungen Jugoslawiens, das seine starke landwirtschaftliche Orientierung der Vergangenheit ablegte und das traditionelle Bauhandwerk durch industrielle Vorfertigung ersetzte. Denkmalschutz, Stadtplanung, Industrie, Wohnungsbau, Bildung, Gesundheitswesen, Kultur und Tourismus waren thematisch die Hauptaufgaben im Bereich Bauen und Architektur im blockfreien Jugoslawien.

In dieser Zeit entwickelte sich die slowenische Stadtplanung Schritt für Schritt in einen eigenen Berufszweig, und Edvard Ravnikar leistete hier Pionierarbeit (er präsentierte ursprünglich 1950 in seinem Dubrovnik-Papier, später mit seinen Studenten die *Stambena zajednica* (Wohngemeinschaft), eine experimentelle Planung für eine Sied-

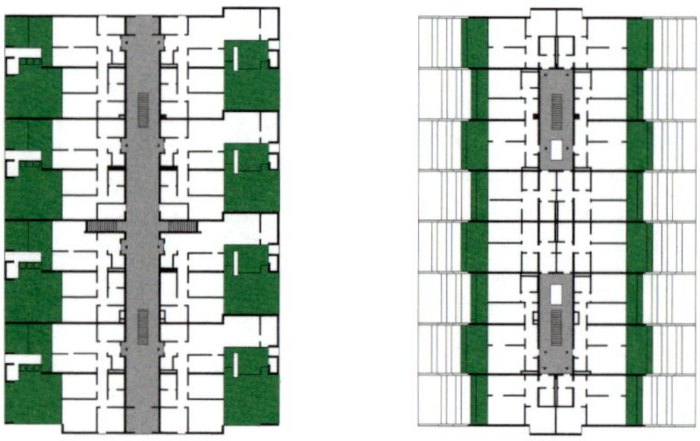

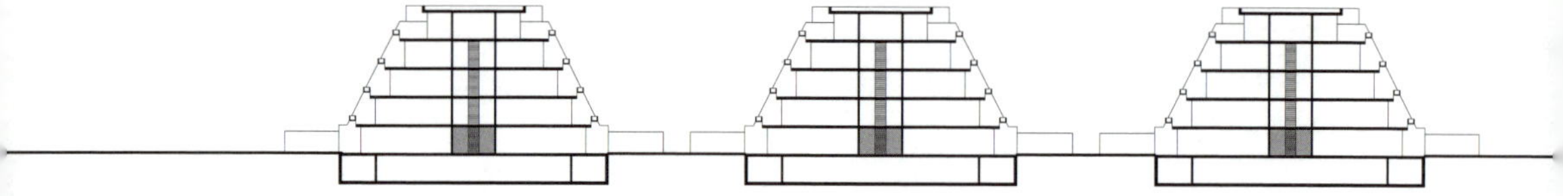

Grundriss EG und 3. OG, Schnitt, 1:1.000

lung für fünftausend Bewohner, die erstmals 1958 in Zagreb in der Schau *Porodica i domačinstvo* (Familie und Haushalt) vorgestellt wurde). Marko Šlajmer, ein Student von Ravnikar und der erste Direktor des Planungsamtes in Ljubljana, erstellte 1965 mit seinem Team den Stadtentwicklungsplan (General Urbanistic Plan – GUP) für Ljubljana, in dem die Grünbereiche um das Zentrum von Ljubljana in sogenannte „Bauinseln" aufgeteilt wurden. Hier entstanden dann auch in den 1960er-Jahren die ersten slowenischen marktorientierten Siedlungen, die vom sozialen Wohnungsbau in Skandinavien, den Ideen des Team X sowie vom Brutalismus inspiriert waren.

Der Architekt und das Konzept

Die Siedlung Koseze ist ein gelungener Kompromiss aus stark verdichtetem und grünem Sozialwohnungsbau aus den späten 1960er-Jahren, der den sozialen, wirtschaftlichen, logistischen und umfeldbezogenen Bedürfnissen der Bewohner gerecht wurde. Das Projekt erhielt viel Aufmerksamkeit in den lokalen Medien und wurde von Anfang an von der Öffentlichkeit wohlwollend aufgenommen.

Der Architekt Viktor Pust (*1937) schloss sein Studium 1963 bei Prof. Edo Mihevc an der Architekturfakultät der Universität Ljubljana ab. Danach studierte er an der *École Nationale des Beaux-Arts* in Paris im Candillis-Josić Seminar. 1965 arbeitete er auch im Büro der Team X-Mitglieder Candillis-Josić-Woods. Der Wettbewerbserfolg von Viktor Pust mit seinem Projekt für die Siedlung Koseze in Ljubljana fiel in das Revolutionsjahr 1968, als es in der Stadt ebenso wie in Paris Studentenunruhen gab. Pust brachte mit seinem Entwurf neuen Schwung in die bereits bestehende Wertschätzung für sozialen Wohnungsbau in Slowenien. Die Leitidee in dem Entwurf orientierte sich an den Überlegungen des Team X hinsichtlich einer offenen Bauweise, gemischter Funktionen, Straßenkonzepten, Einbeziehung vorhandener natürlicher Elemente als Blickbeziehungen, Grünflächen und des menschlichen Maßstabs. Hoch verdichtete Atriumhäuser für Familien standen im Mittelpunkt der städtebaulichen Entwicklung dieses Wettbewerbsbeitrags. Obwohl sich der Wettbewerbsbeitrag etwas von der tatsächlichen Realisierung hinsichtlich Planungskonzept und Dichte unterschied, obwohl der erste Bauabschnitt (Ost) der Siedlung etwas anders gebaut wurde als der zweite Bauabschnitt (West) und obwohl es Probleme mit undichten Stellen sowie Schall-

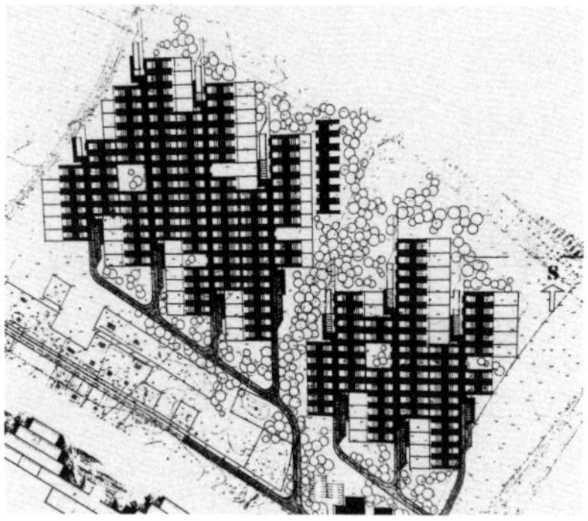

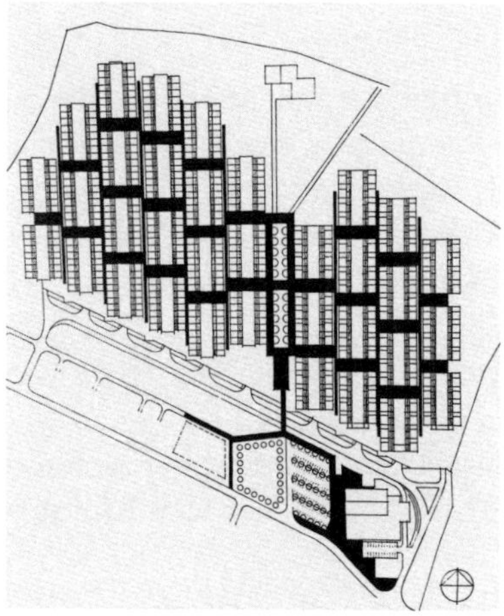

und Wärmedämmung gab und gibt, wird die Siedlung Koseze sowohl von der Öffentlichkeit als auch von der Fachwelt in Slowenien selbst wie auch im Ausland damals wie heute außergewöhnlich positiv beurteilt.

Das ursprüngliche städtebauliche Konzept sah ein modernes Dorf vor, und so wurde das Projekt auch unter den Namen „Dorf" beworben. Einen starken Bezug gibt es insbesondere zu den Terrassenhäusern von Peter Faller und Hermann Schröder in Stuttgart aus dem Jahr 1965. Der Standort und die Inspiration für den Wettbewerbsbeitrag für die neue Siedlung Koseze kam auch von dem bestehenden Dorf Koseze (dessen Namen sich von Kosezi, wohlhabende, nicht abhängige Menschen aus dieser Gegend, herleitet), es befand sich im nördlichen Außenbezirk von Ljubljana und liegt heute innerhalb des Ljubljana Rings, der Teil des Distrikts Šiška ist. Es gibt immer noch einen bewirtschafteten Bauernhof in Koseze, bei dem man frische Milch, Gemüse und Eier kaufen kann. Zur gleichen Zeit, als die strukturalistische Siedlung Koseze gebaut wurde, entstand zwischen 1969 und 1973 auch eine neue Kirche nach Plänen des Architekten Anton Bitenc im Stil des Brutalismus neben der bestehenden Kirche. Die dreieckigen, prismenförmigen Baublocks in Koseze stehen in Reihen aus zwei, drei und vier Gebäuden entlang einer Nord-Süd-Achse, und die Hauptfußgängerstraße ist auf die Karawanken ausgerichtet. In den 1970er-Jahren bekamen diese Blocks den Spitznamen „Berge". Fußgänger und Autos sind getrennt, da die Garagen unter die Baublocks gelegt wurden; die Einfahrten befinden sich jeweils an deren

Siedlung Koseze

Wettbewerbsentwurf 1968,
850 Wohneinheiten

Lageplan ausgeführter Entwurf,
1548 Wohneinheiten

Stirnseite, erschlossen durch eine Einbahnstraße in Tieflage mit Parkplätzen auf beiden Seiten. Eine Buslinie bedient den östlichen und den westlichen Teil der Siedlung über die Straßen Vodnikova und Podutiška.

Jeder Baublock hat zwei Haupteingänge. Die Wohnungen sind entweder nach Osten oder nach Westen orientiert ausgerichtet. Jeder Eingang hat eine eigene Hausnummer und von dort führt eine Treppe in die Obergeschosse und in den Keller. Der Grundriss der Wohnungen ist platzsparend und ökonomisch. Die Wohnungen im Erdgeschoss besitzen kleine begrünte Atriumgärten, die mit halbtransparenten Holzzäunen abgetrennt sind. Die Wohnungen in den oberen Geschossen besitzen Terrassen mit eingebauten Pflanztrögen aus Sichtbeton sowie Balkongittern aus Eisen. Dem Architekten war es wichtig, jeder Wohnung ausreichend Grün und Privatsphäre zu geben. Im Volksmund wurde die Siedlung schon bald „*Terasasti bloki*" genannt. Die Größe der Wohnungen reicht von Ein-Zimmer-Studios bis zu Vier-Raum-Wohnungen. Zwei aneinandergrenzende Wohnungen teilen sich eine Versorgungswand. Jeder Wohnung sind ein kleiner Kellerraum und ein Tiefgaragenplatz zugeordnet. Der östliche Teil der Siedlung, der zwischen 1969 und 1974 gebaute erste Bauabschnitt, ist weniger dicht bebaut und aus baulich-architektonischer Sicht detailreicher und setzt damit die Hauptidee des Wettbewerbsbeitrags genauer um. Der westliche zweite Bauabschnitt entstand zwischen 1978 und 1981, ist deutlich dichter bebaut, und die baulichen Standards sind dort geringer.

Die gemeinsamen Einrichtungen jedes Blocks sind die Eingänge, die zentralen Flure und Treppenaufgänge, ein Raum zum Wäschetrocknen im obersten Geschoss sowie ein Müllraum im Untergeschoss an der tiefer liegenden Straße. Es gibt etwa zwanzig Einheiten auf der Erdgeschossebene der vier Baublocks, die zur zentralen Fußgängerstraße des Stadtteils ausgerichtet sind und für eine Mischnutzung zur Verfügung stehen, wie etwa Geschäfte, Bars, Kindergarten, Apotheke, Post, Bank usw. Im nördlichen Teil der Siedlung gibt es einen Kindergarten und eine Volksschule. Ein Markt, auf dem frisches Obst und Gemüse aus der Region angeboten wird, ein Fitness-Center mit einem nicht überdachten Sportplatz und der bekannte Erholungsbereich um den Teich von Koseze mit großartigen Loipen für den Wintersport sind in unmittelbarer Nähe. Einige Bewohner der Siedlung haben auch einen kleinen Gemüsegarten auf einem Feld bei dem Teich gemietet. Außerdem befinden sich eine Polizei- und eine Feuerwache vor Ort. Die Siedlung liegt vier Kilometer vom Stadtzentrum von Ljubljana und fünf Kilometer vom Ort Toško Čelo (in den Polhograjski Dolomiti) entfernt.

Das Projekt wurde ursprünglich als qualitativ hochwertiges Wohnumfeld beworben, und daher war und ist es eine Wohngegend des Mittelstands; es wohnen dort auch bekannte Schauspieler, Sänger, Sportler und Wissenschaftler ebenso wie pensionierte Offiziere aus der Armee des ehemaligen Jugoslawiens. Viele der ersten Bewohner leben zwar nicht mehr dort, aber die Siedlung Koseze genießt hinsichtlich des Lebensstandards, des Grüns, der Infrastruktur und der

Standbild aus dem Film *Učna leta izumitelja polža* (Lehrjahre des Erfinders Schnecke) von 1982, der in der Siedlung Koseze gedreht wurde

Die Terrasse als Wohnraum, Zeichnung Viktor Pust

sozialen Struktur einen sehr guten Ruf in Slowenien. Für die jüngere Generation in Ljubljana ist es sogar einer der beliebtesten Stadtteile von Ljubljana, und es wohnen dort viele Architekten und Architekturstudenten.

Bei den Themen Grünraum und Dichte ist die Siedlung Koseze ein Kompromiss aus der eingeschossigen grünen Siedlung Murgle von Marta und France Ivanšek und der hohen, dichten Bebauung des Wohnkomplexes Ruski Car von Vladimir Braco Mušič, Marjan Bežan und Nives Starc, die beide in den 1960er-Jahren in Ljubljana errichtet wurden. Der größte öffentliche Grünraum ist ein künstlicher Hügel im Norden der Fußgängerstraße, der in der Sichtachse zu den Karawanken aufgeschüttet wurde und im Winter gerne zum Rodeln genutzt wird. In der gesamten Siedlung wurden viele unterschiedliche Baumarten gepflanzt. Im Westen der Siedlung Koseze führt der POT (Pfad) vorbei, ein über dreißig Kilometer langer „Weg der Erinnerungen und der Kameradschaft" um Ljubljana; entlang dieser Trasse hatten italienische Faschisten während des Zweiten Weltkriegs einen Stacheldrahtzaun um die Stadt gezogen. Der Teich von Koseze ist fünf Minuten Fußweg von der Siedlung entfernt. Einst die Tongrube einer Backsteinfabrik, gehört er heute zum Gustav Tönnies Park, der nach dem schwedischen Fabrikbesitzer benannt ist, der das Werk in der zweiten Hälfte des 19. Jahrhunderts gegründet hatte. Bei einem Spaziergang durch den Park kann man bis heute Rehe, Hirsche, Hasen und Reiher in ihrem natürlichen Lebensraum sehen.

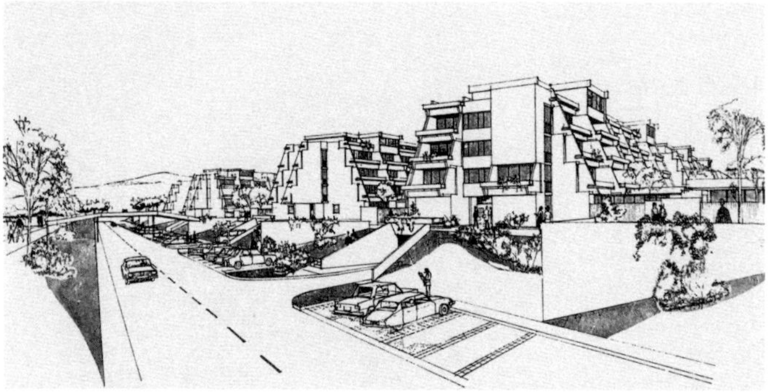

Koseze heute

Derzeit leben etwa dreitausend Menschen in der Siedlung Koseze. Die Fassaden wurden aufgrund der EU-Regeln zur Energieeffizienz von Gebäuden in den letzten Jahren saniert, was zusammen mit dem Umbau der Terrassen zu Wintergärten eines der Hauptprobleme in dieser Siedlung sowie in der aktuellen slowenischen Wohnungsbaupolitik darstellt. Es gibt keine Regelungen für die neuen Fassaden. Entsprechend wurden die seitlichen Fassaden mit hellen Acrylfarben gestrichen, wodurch das Erscheinungsbild der Siedlung sehr unruhig wird. Aus funktionaler Sicht ist der Mangel an Parkraum ein Problem. Die soziale Struktur der Bewohnerinnen und Bewohner ist praktisch unverändert geblieben, und heute ziehen immer mehr junge Intellektuelle und Familien hier ein. Mit alternativen Workshops und Touren wird innerhalb der Gemeinschaft versucht, die Interaktion vor Ort zu verbessern, so gibt es einen Workshop zum Gärtnern für Erwachsene und zahlreiche andere Workshops für Kinder und Familien. Auch die Touristengesellschaft Koseze sowie die Seniorengesellschaft Koseze sind aktiv. In die Siedlung führen auch vielfach Touren für Architekten und Planer, deren Thema die Nachkriegsarchitektur in Ljubljana ist. In den 1980er-Jahren wurde der Teeniefilm *Učna leta izumitelja polža* (Lehrjahre des Erfinders Schnecke) in einer Wohnung und in der Siedlung Koseze gedreht, wodurch das gesamte Gebiet noch bekannter und beliebter wurde.

Schaubild tiefer liegende Erschließungsstraße mit den Einfahrten in die Tiefgaragen unter den zehn Zeilen

Die Terrassensiedlung Koseze in den frühen 1980er-Jahren, aufgenommen vom bedeutenden slowenischen Kameramann Janez Kališnik.

Die Siedlung gilt eher als öffentlicher Wohnungsbau für den Mittelstand und nicht so sehr als Sozialwohnungsbau für Arbeiter, obwohl die Bewohnerschaft schon immer recht gemischt war und immer noch ist. Aufgrund der vielen Grünflächen mit Spielplätzen, der platzsparenden Grundrisse der Wohnungen, der am menschlichen Maßstab orientierten Größe der Baublocks, einer sehr guten Infrastruktur, einer offenen Sozialstruktur (es gibt hier praktisch keine sozialen Probleme) und der guten Lage innerhalb des Ljubljana Rings (Nähe zum Waldhügel Rožnik, zum Zoo von Ljubljana und zum Naturschutzgebiet um den Teich von Koseze sowie schnelle Erreichbarkeit des Stadtzentrums und des Ljubljana Rings, über den durch den Tunnel des Nordrings der Flughaften Brnik der Stadt gut angebunden ist) ist diese Siedlung eine beliebte Wohnlage im Vergleich zu den in neuerer Zeit errichteten sehr dichten Wohngebieten in Ljubljana und in Slowenien insgesamt.

Zusammenfassung

Die Siedlung Koseze wurde etwa zur selben Zeit wie der berühmte Wohnkomplex Ferantov Vrt von Edvard Ravnikar und der Platz der Republik mit dem Kongresszentrum Cankarjev dom gebaut, mit denen in den 1960er- und 1970er-Jahren Strukturalismus und Brutalismus Einzug in Ljubljana hielten, und sie entstand auch zur selben Zeit wie das Alexandra Road Estate von Neave Brown in London. Zusammen mit der Siedlung Murgle und dem Wohnkomplex Ruski Car ist die

Siedlung Koseze ein Zeichen für die Politik des neuen Staates, der die Grenzen der damals Sozialistischen Republik Slowenien Schritt für Schritt zum Westen öffnete; es finden sich dort Anknüpfungspunkte zum skandinavischen Modell des sozialen Wohnungsbaus (Siedlung Murgle) aus den 1950er-Jahren und zehn Jahre später zu den Ideen des Brutalismus und Strukturalismus mit hochverdichtetem Wohnungsbau (Wohnkomplex Ferantov Vrt, Wohnkomplex Ruski Car, Siedlung Koseze). Die in diesem Aufsatz genannten Projekte des öffentlichen Wohnungsbaus waren und sind wichtige Referenzmodell für sozial verantwortlichen, grünen, hochverdichteten öffentlichen Wohnungsbau in Slowenien.

Literatur

Mihelič, Breda: Urbanistični razvoj Ljubljane (Stadtentwicklung in Ljubljana), Partizanska knjiga, Ljubljana 1983.

Ivanšek, France: Enodružinska hiša (Einfamilienhäuser), Ambient, Ljubljana 1988.

Bernik, Stane: Slovenska arhitektura dvajsetega stoletja (Slowenische Architektur des 20. Jahrhunderts), Mestna galerija, Ljubljana 2004.

Koselj, Nataša: Docomomo Slovenia_100, AB, Ustanova Ivanšek, Ljubljana 2010.

Pust, Viktor: Kako so nastajala moja naselja (Wie meine Siedlungen entstanden), Ajax Studio and Faculty of Architecture, Ljubljana 2012.

NLB
NLB

CARTE D'OR

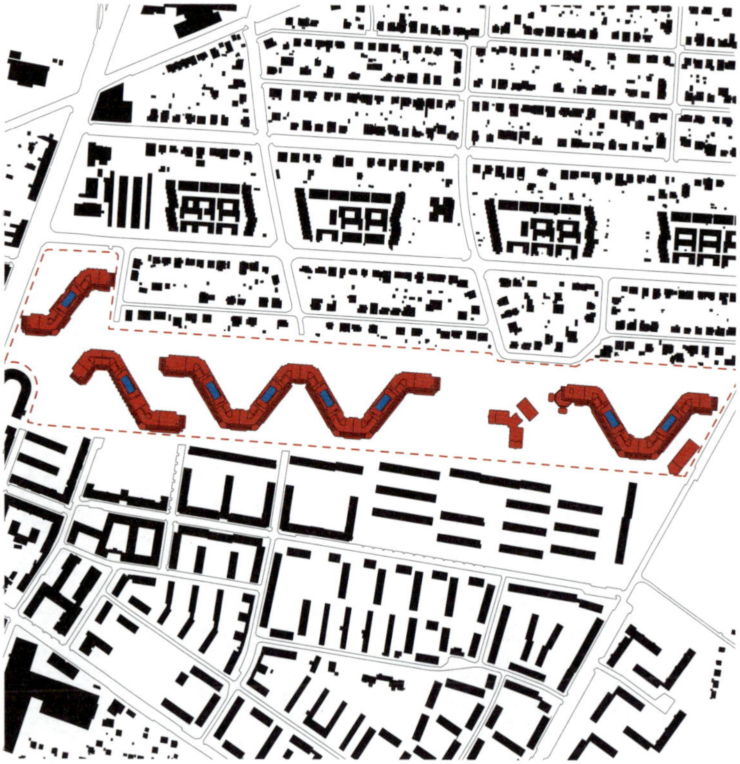

Wohnungen 1.422
Geschossflächenzahl ca. 1,4
Bebauungsgrad 23 %

Grundstücksfläche ca. 150.000 m²
Bebaute Fläche ca. 34.500 m²
Bruttogeschossfläche ca. 204.000 m²

Gemeinschaftseinrichtungen
8 Schwimmbäder am Dach,
15 Saunaanlagen, 42 Hobbyräume,
29 Kinderspielräume

Infrastruktur
2 Kindergärten, Schule, Jugendclub, Kirche, 2 Supermärkte, 6 Ballspielplätze, Tiefgarage unter den Baukörpern mit 1.200 Stellplätzen, 62 Stiegen, davon 17 mit Aufzügen

Wien, Österreich
Brünner Straße 140, Ruthnergasse 89

Architekten
Harry Glück & Partner

Bauherr
Gemeinde Wien

Bauträger
GESIBA – Gemeinnützige Siedlungs- und Bauaktiengesellschaft

Bauführer
Fertigteilbau Wien

Planungsbeginn 1973
Bauzeit 1979–83

Lageplan 1:10.000

Heinz-Nittel-Hof, Wien

Harry Glück & Partner

1973–83

Ein Prototyp für den Wiener Gemeindewohnbau

Gerhard Steixner

Diese Glück-Bauten setzen den Leuten nur Flausen in den Kopf.

Wohnbaustadtrat Hubert Pfoch[1]

„Es ist das revolutionärste Wohnbauvorhaben der Stadt Wien seit dem Bau des Karl-Marx-Hofes“, verkündete im Jahr 1976 das Nachrichtenmagazin Profil.[2] Es, das sind die *Marco-Polo-Terrassen*, so der damalige Projektname, mit Schwimmbädern am Dach, hochwertigen Terrassenwohnungen samt Infrastruktur für Freizeit, Bildung, Gesundheit und Kultur, eingebettet in autofreie großzügige parkähnliche Grünräume für Erholung, Spiel und Sport.

Erstmals soll ein Gemeindebau von einer privaten Wohnbaugesellschaft errichtet werden. Die Magistratsabteilung (MA) 24, die das Management des Gemeindewohnbaus innehatte, war wegen ihrer mäßigen Performance betreffend Wohnqualität und Bau- und Betriebskosten zunehmend in Kritik geraten. Vor allem waren es die Bauten von Harry Glück für private Genossenschaften, die den Unterschied drastisch vor Augen führten. Er war zu dieser Zeit einer der meistbeschäftigten Architekten Österreichs. Harry Glück & Partner (Harry Glück, Werner Höfer, Rudolf Neyer, Tadeusz Spychala und Karl Pethö) konnten mit ihrem Büro in Wien, das zeitweise an die hundert Mitarbeiter beschäftigte, bis zum Jahr 1976 bereits knapp vierzig Wohnanlagen realisieren. Sechs Anlagen davon wurden in

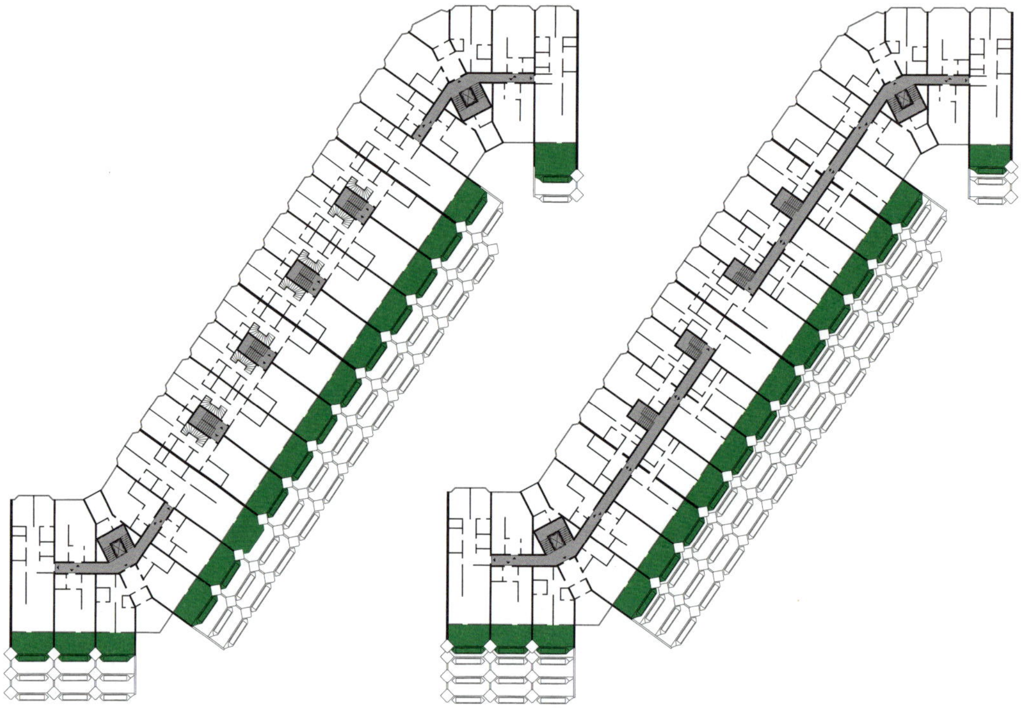

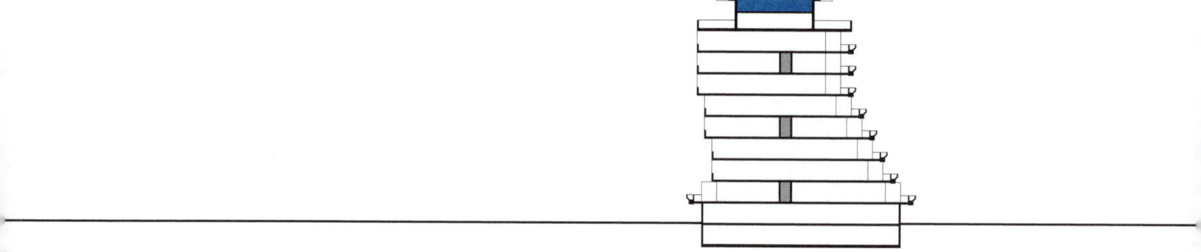

Grundriss 3. und 4. OG, Schnitt, 1:1.000

diesem Jahr fertiggestellt, darunter Block A im Wohnpark Alt-Erlaa mit tausend Wohnungen, zehn Wohnanlagen waren gerade in Bau, davon auch in Alt-Erlaa der Block B mit weiteren tausend Wohneinheiten. Und neben vielen anderen auch die Marco-Polo-Terrassen mit über 1.400 Wohnungen in Planung.

Harry Glück wusste also, wovon er sprach, als er sich persönlich für die Einhaltung der Bauzeit verbürgte und eine Kostengarantie abgab. Mit seiner Forderung, die Stadt Wien möge der GESIBA auf Dauer die Agenden der MA24 übertragen, hat er sich jedoch eine mächtige Gegnerschaft im Magistrat erworben. So lehnten etwa der Stadtbaudirektor und „diverse gestandene Genossen" das Projekt mit der Begründung ab, es könnte Unruhe bei der Wiener Bevölkerung auslösen, und die Partei hätte Nachteile zu erwarten. Die Bewohner der traditionellen Gemeindewohnungen könnten sich entrüsten, warum nicht auch sie Schwimmbäder erhielten.

Der Wiener Bürgermeister Leopold Gratz hatte mit seinem Hinweis, der Karl-Marx-Hof wäre für die damalige Zeit ebenfalls eine Revolution gewesen, den Kritikern, und sie waren zahlreich, elegant den Wind aus den Segeln genommen und das Projekt nach monatelangem ideologischen Kleinkrieg im Gemeinderat beschließen lassen. Es sollte ein Prototyp werden für den künftigen Wiener Gemeindewohnbau.

Die Bauten des Roten Wien der 1920er- und 1930er-Jahre verdanken ihren weltweiten Ruf dem radikal sozialen Programm, das diesen „Höfen" zugrunde lag. Der damalige Bürgermeister der Stadt Wien, Karl Seitz, schrieb 1924 in der Arbeiter Zeitung: „... aus der Zeit der siebziger und achtziger Jahre erinnern wir uns noch der kleinen Häuser mit ihren großen Höfen, die immerhin der Jugend eine Erholungsstätte boten. Dann kam die Bauperiode der ödesten Zinskasernen, in der der letzte Flecken Boden nutzbar gemacht wurde. Das war die Zeit, in der die Wiener dem Kapitalismus fronen mussten und jeder, der eine Wohnung hatte, dem fürchterlichen Zinstag mit Schrecken entgegensah. Jetzt kommt die neue Bauperiode, in der wir nicht mehr kleine Einzelhäuser bauen mit kleinen Höfen, sondern große Anlagen mit Gemeinschaftswohnungen, in denen die Menschen beisammen leben, aber jeder doch seiner Individualität entsprechend, einzeln und abgegrenzt wohnen kann. Für die allgemeinen Bedürfnisse der Erholung und Beschäftigung wird durch gemeinsame herrliche Parkanlagen, die allen zugutekommen, gesorgt."[3]

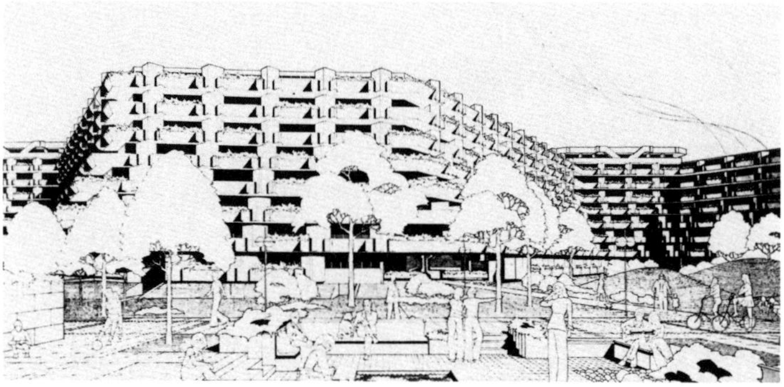

Mit weit mehr als der Halbierung der Bebauungsdichten gegenüber der Gründerzeit konnte dieses politische und humanitäre Programm innerhalb von zehn Jahren in großem Maßstab erfolgreich umgesetzt werden. Der Karl-Marx-Hof als *das* role model für die Bauten des Roten Wien ist vor allem wegen seiner plakativen und pathetischen äußeren Anmutung, seiner Namensgebung und seiner Dimensionen bekannt. Sprechende Architektur. Sie erzählt die Geschichte einer Spaltung, vom Wir und von den anderen, vom Innen und Außen. Ihre Anmutung ist wehrhaft und verstellt den Blick auf die eigentlichen Qualitäten dieser Großwohnanlage: Orientierung sämtlicher Wohnungen in ruhige, große und fußläufige Grünräume, Licht, Luft und Sonne; Gemeinschaftseinrichtungen für Bildung, Kultur und Freizeit.

Und hier kommen die Marco-Polo-Terrassen wieder ins Spiel, fünfzig Jahre später errichtet, mit ähnlichem Programm und Wohnungsanzahl, jedoch mit einem Qualitätssprung, sowohl, was die Wohnung selbst und ihren Freiraum, als auch, was das Angebot der Gemeinschaftseinrichtungen betrifft. Waren es damals Balkone und Loggien, sind nun Terrassen mit Gärten den Wohnräumen vorgelagert. Waren es damals Planschbecken im Hof für Kinder, sind es nun Schwimmbäder und Sonnenterrassen für alle am Dach. Die Anlage, eine Wohnmaschine, sie ist reine Struktur, hocheffizient, sie will keine Geschichte erzählen, sie ist, was sie ist, und das, was die Bewohnerinnen und Bewohner aus ihr machen. Der Sprung der Fünfzig war vollzogen.

Heinz-Nittel-Hof, Schaubild

Karl-Marx-Hof, Wien 1927–1930
Architekt Karl Ehn
Aufnahme 2019

An der Peripherie

Der Bauplatz liegt in Floridsdorf, einem ehemaligen Arbeiterbezirk in der Vorstadt, am nördlichen Stadtrand von Wien. Ein etwa ein Kilometer langer, der Sonne zugewandter, 130 bis 150 Meter breiter Streifen, dessen Enden im Westen von der Brünner Straße, einer wichtigen Ausfallstraße Richtung Norden und Haupterschließung zur Stadt, und im Osten von der Ruthnergasse begrenzt werden. Ein ehemaliger Acker, an dessen nordöstlichem Rand der für das Projekt namensgebende Marco-Polo-Platz anschließt. Stadtauswärts ein riesiges Einfamilienhausgebiet, das jedoch bereits verdichtete Strukturen aufweist. Glück & Partner konnten an der Carabelligasse im Auftrag der GESIBA im Jahr 1979, also gleichzeitig mit dem Baubeginn der Marco-Polo-Terrassen, eine Flachbausiedlung in Montagebauweise mit 188 Häusern realisieren.

Stadteinwärts, also im Süden, ein Siedlungsgebiet mit sehr schlichten, eng gestellten, leicht zueinander versetzten und meist Süd-orientierten, zeilenförmigen Gemeindebauten aus den 1960er-Jahren. Hier, an dieser Bruchstelle zwischen Eigentum und Miete, soll nun eine Musterwohnanlage entstehen, die die Vorteile des Einfamilienhauses mit Garten, Garage, Pool und Hobbyraum mit jenen des kommunalen Wohnbaus mit leistbaren Mieten, Gemeinschaft und Dichte verbindet.

Lageplan Stadterweiterungsgebiet Bijlmermeer, Amsterdam, NL
Architekt Siegfried Nassuth, ab 1960

Heinz-Nittel-Hof, Luftbild
Aufnahme ca. 1981/82

Flachbausiedlung Carabelligasse, Harry Glück & Partner, Wien 1979
Aufnahme 2014

Figur und Maßstab

Die terrassierte Großform ist einzigartig und vom Flugzeug aus erkennbar. Maßstab und Form sind allenfalls mit jenen der Großanlagen wie Bijlmermeer in Amsterdam oder Le Mirail in Toulouse vergleichbar. Es ist eine modular entwickelte vierteilige, liegende Figur, die sich von West nach Ost über einen Kilometer lang mäandrierend nach Süden hin mit Terrassen öffnet. Im Schwarzplan weckt ihre Form Assoziationen wie Welle oder zerhackte Schlange. Den Techniker lässt sie eher an ein Spundwandprofil denken. Form follows function. Kriterien für die Entwicklung dieser Figur waren: geringer Versiegelungsgrad; keinerlei Oberflächenverkehr; Süd-Orientierung für möglichst alle Wohnräume; zusammenhängende, offene Grünräume; die Lösung des Eckproblems; Wirtschaftlichkeit. Die städtebauliche Form ist hier das Ergebnis eines Optimierungsprozesses. Jenseits von Camillo Sitte oder Jane Jacobs, von Straße und Fassade, haben Glück & Partner eine offene Struktur für über viertausend Bewohnerinnen und Bewohner entwickelt; sie ist ökologisch, sozial und wirtschaftlich gleichermaßen.

Es sind wenige Elemente, die das äußere Erscheinungsbild der Gebäude prägen. Nordseitig sind es idente, großzügige, erkerartige Bandfenster in Schottenbreite und die zweifache Auskragung der Baumassen über mehrere Geschosse. Südseitig sind es Terrassen und Loggien, mit je einem liegenden und einem stehenden Prisma bestückt – Pflanztrog und Gartenbox, Grundausstattung für die

Aneignungszone. Von hier an sind die Bewohnerinnen und Bewohner am Zug und meistens auch am Werk. Ob mit blühenden Sträuchern, Ribisel oder Rosen, Hanf oder Koniferen und Markise oder Sonnenschirm; sie transformieren diese abstrakte, kühl berechnete Figur in ein lebendiges Gebilde, das sich stets verändert durch die Nutzung, Witterung und durch den Wechsel der Jahreszeiten.

Die Marco-Polo-Promenade verbindet die Brünner Straße alleeartig mit der Ruthnergasse und ist die fußläufige Haupterschließung zweier Quartiere und deren Nahtstelle. Entlang hängender Gärten und weiten Grünbuchten und den sehr schlichten Gemeindebauten der 1960er-Jahre entsteht in abwechslungsreichen Sequenzen ein verbindender, kommunikativer und gut frequentierter Raum. Die etwa mittig den Bauplatz querende, Nord-Süd-verlaufende Skraupstraße, die die Gemeindebauten mit dem Einfamilienhausgebiet zuvor autogerecht verbunden hat, wurde zum Fußweg umgewidmet, der den mittleren Baukörper achsial durchdringt.

Im Norden sind es fünf über zwei Stichstraßen und den Marco-Polo-Platz erschlossene Tiefgaragenabfahrten, die unter die Gebäude zu den Parkdecks führen. Die Oberfläche des gesamten Areals konnte auf diese Weise verkehrsfrei gehalten werden. Die Vegetation der achtsam geplanten und gut gepflegten, parkartig baumbestandenen Grünräume, im Norden dem Sport und Ballspiel gewidmet, im Süden, stark modelliert der Kontemplation und Naturbetrachtung zugedacht, beeinflusst zusammen mit dem Bewuchs der Terrassen das Mikroklima spürbar.

Modul

Die Baustruktur besteht aus acht in ihren wesentlichen Merkmalen identen Modulen in unterschiedlichen Kombinationen oder freistehend angeordnet; sie werden jeweils durch nach Osten oder Westen terrassierte Kopfmodule erweitert.

Jeder Grundmodul besteht aus 18 Schotten, einem fünfgeschossigen, nach Süden terrassierten Sockel mit einem dreigeschossigen Aufsatz mit schottenbreiten Loggien. Darüber ein 25 Meter langes Schwimmbad am Dach mit Sonnenterrassen und Sauna sowie ca. 180 Wohnungen, erschlossen von zwei Haupttreppen mit Aufzügen und vier Nebentreppen. Hobby- und Kinderspielräume, Sondernutzungen und barrierefreie Wohnungen sind im Erdgeschoss situiert. Darunter befinden sich Einlagerungsräume und ca. 150 Autoabstellplätze auf zwei Ebenen, wobei aber nur eine unter dem natürlichen Terrain liegt. Die Nordseiten erhielten eine zusätzliche Außendämmung, die mit hellbeige beschichteten, stehend montierten Trapezblechpaneelen abgedeckt ist, während die Südseiten vollständig verglast sind.

Während Harry Glück die Mischbauweise bevorzugt hätte, kam auf Betreiben der Stadt Wien ein Plattenbausystem zum Einsatz.

Weg und Wohnung

Ein wesentliches Element der Wirtschaftlichkeit vieler Anlagen von Harry Glück ist die Kompaktheit der Baukörper. Sie wird durch große Trakttiefen erreicht, die ein sehr günstiges Verhältnis von Oberfläche zu Volumen bewirken. Dies ist nicht nur relevant für die Errichtungs- und Erhaltungskosten, sondern verbessert auch die energetische Performance der Gebäude ganz wesentlich. Bei solchen mit rein Ost- oder West-orientierten Wohnungen ist die Mittelflurerschließung höchst effizient. So werden in Alt-Erlaa bis zu zwölf Wohneinheiten über ein Stiegenhaus erschlossen. Im Fall des Heinz-Nittel-Hofes, der ja im Wesentlichen eine Nord-Süd-Orientierung aufweist, ist die Sache schon etwas komplizierter. Ein geschossweise angeordneter Mittelgang würde eine unerwünscht hohe Anzahl von Nord-orientierten Wohnungen generieren, eine reine Spännererschließung mit durchgesteckten Wohnungen wiederum eine große Anzahl von Aufzügen und ein ausgedünntes Angebot von Wohnungstypen. Gesucht war eine ähnlich leistungsfähige Erschließung wie in Alt-Erlaa, jedoch sollte sie eine weitgehende Südorientierung aller Wohnräume ermöglichen. Es musste also eine Lösung gefunden werden, die die Vorteile beider Systeme vereint. Ihr lag die These zugrunde, die fußläufige Überwindung *eines* Geschosses nach oben oder unten für das Erreichen der Wohnung wäre zumutbar. So war es möglich, diese beiden Systeme synergetisch zu kombinieren: Etwa ein Drittel der Wohnungen sind barrierefrei erschlossen. Der Mittelgang befindet sich nur in jedem dritten Geschoss, im Erdgeschoss durchgehend, im dritten und sechsten Geschoss als Stichgang, der wiederum zwei Nebentreppen erschließt, über die man in die durchgesteckten Wohnungen einen Stock höher oder tiefer gelangt.

Jene Wohnungen, die direkt vom Mittelgang aus erschlossen werden, sind einseitig orientiert bzw. beidseitig, da durchgesteckt am Ende des Stichganges.

Um den Anteil an Süd-orientierten Wohnräumen zu erhöhen, und auch im Sinne einer größeren Diversität des Wohnungsangebotes, wurden Maisonette-Wohnungen mit fünf Zimmern entwickelt, deren Zweigeschossigkeit sich jeweils an der Nordhüfte des Mittelganges nach unten oder nach oben erstreckt. Auf diese Weise konnte ein hoher Anteil der Wohnräume mit vorgelagerten Terrassen und Loggien nach Süden orientiert werden. Ein höchst elaboriertes und in Varianten bereits bei einigen kleineren Anlagen mit jeweils ca. zweihundert Wohneinheiten erprobtes System von hoher Effizienz. (Der Anteil der Nutzfläche an der Geschossfläche beträgt laut Glück achtzig Prozent, durchschnittlich 83 Wohnungen werden von einem Aufzug versorgt.)

Die eingesparten Mittel werden für großzügige Gemeinschaftseinrichtungen wie Schwimmbäder am Dach, Liegeterrassen, Saunen, Kinderspiel- und Hobbyräume und für die Grünraumgestaltung eingesetzt.

Die Wohnungen selbst sind großteils durchgesteckt, entweder als Geschosswohnungen oder in kleinerem Umfang als Maisonetten. Bei einer Trakttiefe von 18 Metern und einem Achsmaß der Schotten von 5,8 Metern entstehen für Dreizimmerwohnungen verhältnismäßig großzügige Wohnflächen von bis zu hundert Quadratmetern, von denen wir heute nur noch träumen können. Ein großer Wohnraum öffnet sich über die volle Schottenbreite über die Terrasse zu Garten und Park. Die Küche hat zwar einen eigenen Eingang vom Vorraum aus, ist jedoch vom Wohnraum mit einer Wandscheibe nur partiell abgetrennt. Nach vorne offen, macht sie den Raum frei für einen Esstisch nahe der Terrasse. Diese ist mit einem Pflanztrog und mit einer diagonal gesetzten, als Trennelement zwischen den Terrassen fungierenden Gartenbox ausgestattet.

In der unbelichteten Mittelzone sind Vorraum, Sanitärräume und viel Stauraum mit begehbaren Schrankräumen situiert. Diese müssen lediglich mit Vorrichtungen zum Hängen und Legen ausgestattet werden, um die Funktion eines Kastens zu erreichen. Dass ein großer Bedarf an Stauraum besteht und dieser im Wohnungsbau nicht befriedigt scheint, zeigt das Wachstum der Unternehmen, die einen solchen extern anbieten. Die Schlafräume sind über erkerartige Bandfenster Nord-Ost- oder Nord-West-orientiert, sodass auch sie noch Sonne erhalten.

Rezeption

Der bis heute beharrlichste Kritiker von Harry Glücks Konzept für den sozialen Wohnbau und spätere Direktor des Architekturzentrum Wien, Dietmar Steiner, beklagte in der Wochenendausgabe vom 7./8. August 1982, also noch vor der vollständigen Besiedelung, im Feuilleton der Tageszeitung *Die Presse* wortreich das „bedingungslose ökonomische Kalkül und die alles überragende Signifikanz der Technologie, für ihn bedrohlich und angsteinflößend".[4] Er konstatiert die vollständige Absenz von „Architektur" und ließ bis auf die Wohnungsgrundrisse kein gutes Haar am Heinz-Nittel-Hof. Er sei „keine Lösung für den Massenwohnbau". Polemisch und unsachlich sein Stil, er war offenbar angetreten den Bau zu vernichten. Sechs Wochen später erklärte der seit 1979 amtierende Wohnbaustadtrat Johann Hatzl, dem das Projekt seines Vorgängers zugefallen war, dass dieser Bau „kein Prototyp für den künftigen kommunalen Wohnbau sein kann".[5] Die Baukosten wurden durch die vom Auftraggeber gewünschte Plattenbauweise erheblich überschritten und damit auch die Förderobergrenzen.

Einer größeren Öffentlichkeit (wieder) aufgefallen ist der Heinz-Nittel-Hof wegen des Wahlverhaltens seiner Bewohnerinnen und Bewohner. Bei der Wahl zum Bundespräsidenten im Jahr 2017 hatten sich bei der Stichwahl sechzig Prozent der Wählerinnen und Wähler für den Kandidaten der Rechtspopulisten entschieden und bei den Nationalratswahlen 2019 erhielten sie von den Bewohnerinnen und Bewohnern in einem Wahlsprengel über vierzig Prozent der Stimmen. In Umsetzung einer EU-Richtlinie vom Jahr 2006 wurde der Gemeindebau für Ausländer geöffnet. Es kommt daher auch im Heinz-Nittel-Hof zu einem Schichtwechsel. Es könnte eine Kränkung sein für die Autochthonen, ein Gefühl des Downgradings, oder auch die Angst vor der Vertreibung aus dem Paradies. Für die Sozialdemokraten wahrlich ein Dilemma, zumal Drittstaatsangehörige kein Wahlrecht haben.

Abseits all dessen: Harry Glück hat mit dem Heinz-Nittel-Hof einen Prototypen für die Grüne Stadt geschaffen. Er setzte damit neue Maßstäbe im Wohnbau für die große Zahl und eine Benchmark für künftige Gemeindebauten.

Anmerkungen

1 So wird der damalige Wiener Wohnbaustadtrat Hubert Pfoch zitiert in dem Artikel: „Wird der Wohnbau reprivatisiert? “, in: Profil, 7. September 1976, S. 27.

2 Vgl. ebd.

3 Aus: Wilfrid Posch, Die Wiener Gartenstadtbewegung, Edition Tusch 1981, S. 75

4 Steiner, Dietmar: Häuser aus dem Supermarkt, in: Die Presse, 7./8. August 1982, V.

5 Kurier, 29. September 1982

Literatur

Glück, Harry: Höherwertige Alternativen im Massenwohnbau durch wirtschaftliche Planungs- und Konstruktionskonzepte. Dissertation, Innsbruck 1982.

Glück, Harry: Die Möglichkeit einer grünen Stadt. Unveröffentlichtes Manuskript, 1980.

Freisitzer, Kurt / Glück, Harry: Sozialer Wohnbau. Entstehung. Zustand. Alternativen. Molden Edition, Wien 1979.

Welzig, Maria / Steixner, Gerhard: Die Architektur und ich – Eine Bilanz der österreichischen Architektur seit 1945 vermittelt durch ihre Protagonisten, Böhlau Verlag, Wien-Köln-Weimar, 2003, S. 98–116.

Seiß, Reinhard: Harry Glück Wohnbauten, Müry Salzmann, Salzburg – Wien, 2014, S. 188

Machart, Peter: Wohnbau in Wien, Compress Verlag, Wien 1984, S. 58.

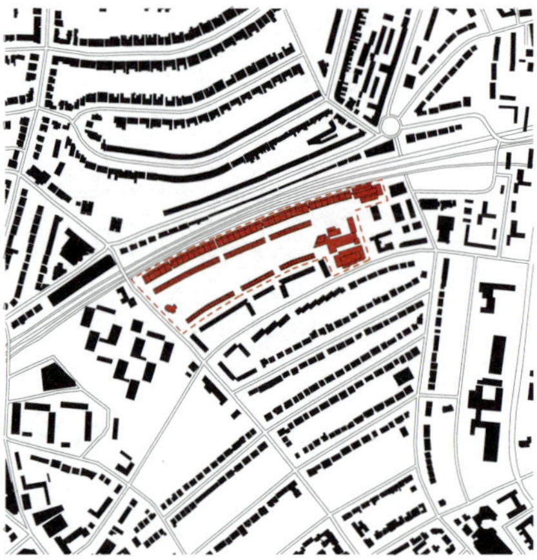

Verkehrsindizierte Sonderformen

Ausfallstraße, Eisenbahn, Autobahn

Wohnanlage Hadikgasse, Wien
Harry Glück & Partner
1970–76

Alexandra Road Estate, London
Neave Brown
1967–79

Autobahnüberbauung Schlangenbader Straße, Berlin
Georg Heinrichs, Gerhard Krebs, Klaus Krebs
1971–80

Wohnungen 210
Geschossflächenzahl ca. 3,2
Bebauungsgrad 54 %

Grundstücksfläche 8.400 m²
Bebaute Fläche 4.500 m²
Bruttogeschossfläche ca. 26.500 m²

Gemeinschaftseinrichtungen, Infrastruktur: Schwimmbad am Dach, 2 Saunaanlagen, Gymnastikraum, Kinderspielräume, Werkraum, Tiefgarage mit 183 Stellplätzen, Tankstelle mit Shop unter dem Bauteil Hadikgasse, Supermarkt im Bauteil Penzinger Straße, direkter U-Bahn-Anschluss über den Hadiksteg

Wien, Österreich
Hadikgasse 128–134,
Penzinger Straße 129–133

Architekten
Harry Glück & Partner,
Alfred Nürnberger, Wien

Bauherr, Bauträger
GESIBA – Gemeinnützige Siedlungs- und Bauaktiengesellschaft

Bauführer
PORR

Planungsbeginn 1970
Bauzeit 1975–76

Lageplan 1:10.000

Wohnanlage Hadikgasse, Wien

Harry Glück & Partner

1970–76

A Bigger Splash

Gerhard Steixner

Im Jahr 1976 erschien in der Westeinfahrt von Wien für den Autor für wenige Sekunden ein Lichtblick am anderen Ufer des Wienflusses in der damals so grauen Stadt. Die weiße Moderne. Wie an der Adria im Urlaub. Easy living. Ein Bruch im ordentlichen Stadtgefüge.

Die in den Jahren 1970 bis 1972 geplante, und 1976 fertiggestellte Wohnanlage Hadikgasse ist ein bemerkenswertes Beispiel aus einer Serie experimenteller Wohnanlagen von hoher Qualität, allesamt sozialer Wohnbau, aus dem Büro Harry Glück & Partner, eines der damals meistbeschäftigten Architekturbüros in Österreich. Bis Ende der 1990er-Jahre konnte das Büro, großteils durch die GESIBA beauftragt, etwa 14.000 Wohneinheiten planen, sechstausend davon in Terrassenhausanlagen. Die Wirtschaftlichkeit vieler Anlagen von Harry Glück beruht auf der Kompaktheit ihrer Baukörper. Sie wird durch große Trakttiefen erreicht, die ein günstiges Verhältnis von Oberfläche zu Volumen bewirken. Dies ist sowohl relevant für die Errichtungs- und Erhaltungskosten als auch für die energetische Performance der Gebäude. Zusammen mit der Schottenbauweise und einem Flächen und Aufzug sparenden Erschließungssystem werden auf diese Weise Mittel freigespielt, die in die Ausstattung der Wohnungen mit Loggien, Terrassen und Pflanztrögen und in Gemeinschaftseinrichtungen, vorzugsweise ein Schwimmbad am Dach mit Liegeterrassen, und in gemeinschaftliche Grünräume reinvestiert werden.

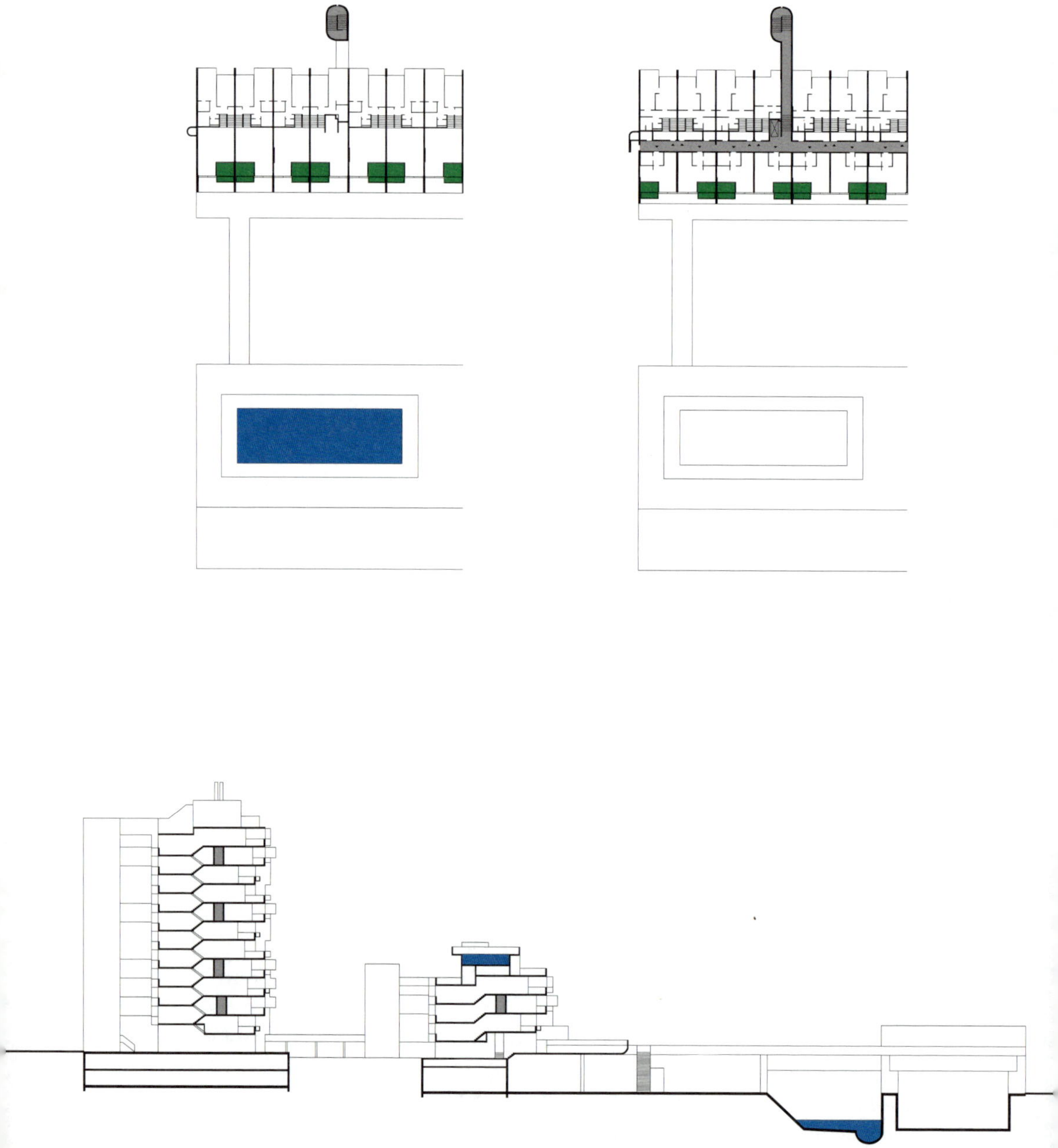

Grundriss 6. und 7. OG, Schnitt, 1:1.000

In den 1970er-Jahren betrug die Fertigstellungsrate durchschnittlich fünf Wohnanlagen pro Jahr, und keine gleicht der anderen. Das war nur möglich mit einem klaren Programm und einem motivierten Stab von bis zu hundert Mitarbeitern, Partnern, Ziviltechnikern – in der Verfasstheit eines Planungskollektivs. Auch die mit den Glück-Bauten beschäftigten Mitarbeiter des Bauträgers und Auftraggebers waren eingespielte Teams, die die oft komplexen Projekte, meist Prototypen, mit der Übernahme der technischen und geschäftlichen Oberleitung der Bauausführung sowie mit der örtlichen Bauaufsicht zu den Kosten des geförderten Wohnbaus oder darunter realisierten. Oftmals war auch die Mitarbeit des Magistrats notwendig, wenn es etwa darum ging eine Straße aufzulassen oder diese zu einer Promenade umzuwidmen. Auch die Verlegung einer U-Bahn-Station und eine alternative Verteilung der Baumassen war möglich, wie etwa bei der Wohnanlage Hadikgasse.

Der Bauplatz liegt im Westen Wiens, im Bezirk Penzing, dem 14. Wiener Gemeindebezirk, am Fuße des Wientals, an der Bezirksgrenze zu Hietzing. Er wird an drei Seiten von Straßen begrenzt, jene im Süden, die Hadikgasse, den Wienfluss begleitend, ist eine stark frequentierte Ausfallstraße nach Westen. Die noch bis in die 1950er-Jahre privilegierte Lage am Wienfluss, angebunden an die Stadtbahnhaltestelle am rechten Ufer und mit Fernblick, wandelte sich mit dem stetig steigenden Verkehrsaufkommen zu einer Hypothek. Es ist ein flacher Südhang zwischen der Hadikgasse und der vier Meter höher verlaufenden Penzinger Straße im Norden, der ostseitig von der Onno-Klopp-Gasse begrenzt wird. Im Westen umschließt eine gründerzeitliche, viergeschossige Blockrandbebauung U-förmig einen großzügigen Grünraum, der sich in das damals baumbestandene Areal des benachbarten alten Penzinger Bades erstreckte. Durch dessen Absiedelung wurde der 8.400 Quadratmeter große Bauplatz für die Wohnanlage geschaffen, für den eine Änderung des Flächenwidmungs- und Bebauungsplans vorgenommen werden musste. Normalerweise liegen den Änderungen ortsübliche Parameter zugrunde, und in diesem Fall wären dies die geschlossene Bauweise an der Straßenfluchtlinie, eine Trakttiefe von 15 Meter und Gebäudehöhen von bis zu 18 Meter. Unbrauchbar jedenfalls für einen Prototypen für eine, fast möchte man sagen Standardsituation, wie sie häufig anzutreffen ist in Städten. Keine dieser Festlegungen kamen zum Tragen. Voraussetzung war jedoch, dass das Volumen, das sich aus obiger Regel errechnet ergibt, durch eine alternative Bebauung nicht überschritten werden darf.

Plattform

Es ist ein streng orthogonal konzipiertes Projekt, klassisch, Riegel und Scheibe, schwebend auf einer Plattform, die vordere niedrig, die hintere beinahe dreimal so hoch, wenig Bezug nehmend auf die umgebende Baustruktur. Ein Fremdkörper sozusagen, aber doch gut eingefügt, offen, hell und freundlich. Urban. Ergebnis eines Optimierungsprozesses.

Es war die Idee einer Plattform mit etwa 86 Meter im Quadrat, die sich auf dem Niveau der Penzinger Straße nach Süden bis vor zur Baufluchtlinie an der Hadikgasse erstreckt und dort, die letzten 17 Meter leicht erhöht, mit einer hohen, gebogenen Schallschutzkrempe fünf Meter über dem Niveau der Hadikgasse endet. Unter dieser Plattform sollten eine Tankstelle samt Shop, zwei Tennishallen und eine zweigeschossige Tiefgarage mit je zwei Fahrspuren Platz finden.

Darüber, um zwölf Meter eingerückt, ist es ein sich über die gesamte Breite erstreckender viergeschossiger Riegel, der, selbst im Schutz der Krempe, einen weiteren Schirm gegen den bereits verminderten Verkehrslärm bildet. Der zweite Baukörper, eine zwölfgeschossige Scheibe gleicher Länge, nun in ruhiger Lage, ist parallel zum ersten und im Abstand von 26 Meter angeordnet. Sie überragt die umgebende Bebauung um das Doppelte. Die durch das Abrücken der Scheibe platzartig aufgeweitete Penzinger Straße wird zum baumbestandenen Grünraum. Er entschädigt die Anrainerinnen und Anrainer für das Weniger an Sonne. Die mit einem Vordach überdeckte Passage im Erdgeschoss erschließt Geschäftsflächen und verbindet die außenliegenden Durchgänge zu Hof und Riegel. Einreichpläne zeigen noch zwei unterirdische, acht Meter hohe Tennishallen zwischen den beiden Gebäuden, zu je achthundert Quadratmetern samt Infrastruktur. Sie mussten vermutlich aus Kostengründen entfallen. Der Qualität des Hofes hat das sicher gutgetan, baumbestanden heute quillt das Grün zwischen Riegel und Scheibe in den Straßenraum und erfreut Bewohner und Passanten gleichermaßen. Ganz vorne an der Hadikgasse erlaubt ein breiter, sich über die gesamte Plattform erstreckender, 1,5 Meter starker Erdkörper eine Bepflanzung mit Bäumen und blühenden Sträuchern. Solcherart abgeschirmt vom Verkehr entsteht ein gemeinschaftlicher Grünraum mit hoher Aufenthaltsqualität.

Riegel und Scheibe

Beide Trakte sind 18 Meter tief und etwa mittig um ein halbes Geschoss zueinander versetzt. Es sind 16 Schotten, die die Länge der Trakte bestimmen. Die Tragstruktur ist wie ein offenes Regal aus Stahlbeton mit markanten Schotten, mit einer Maschenweite von 5,7 Meter mal 2,72 Meter – eine sehr knapp bemessene Geschosshöhe. Im Riegel sind es bei drei Geschossen 45 und in der Scheibe mit elf Geschossen 165 „Regalfächer". Das entspricht der jeweiligen Anzahl der Wohnungen. Die Ausbauteile sind weitgehend vorgefertigt. Die Bandfenster, sämtlich als Schwingflügel öffenbar, sind aus Sipo-Mahagoni, ein zu dieser Zeit verbreitet eingesetztes Plantagenholz aus Westafrika. Untersichten in den Foyers und Loggien erhielten eine Wärmedämmung aus sichtbar belassenen Korkplatten. Die Parapete sind vorgefertigte, gedämmte Paneele mit integriertem Sonnenschutz. Während bei der Terrassenwohnanlage Inzersdorfer Straße, 1974 fertiggestellt, die Schotten die Gebäudehülle ungedämmt durchstoßen, wurden sie hier mit einem vier Zentimeter starken Dämmpaneel eingepackt. Dieser nicht unbeträchtliche Mehraufwand dürfte vermutlich zum Entfall der beiden Tennishallen beigetragen haben. Es war anscheinend ein Kampf um jeden Zentimeter. Die Rohdecke etwa erhält lediglich eine millimeterdünne Ausgleichschicht, auf der ein Hochflorteppich liegt. Er übernimmt die Funktion der Trittschalldämmung.

Wege zur Wohnung

Eine reine Spännererschließung mit durchgesteckten Wohnungen würde eine hohe Anzahl von Stiegen und Aufzügen sowie Raumverlust verursachen. Ein geschossweise angeordneter Mittelgang würde eine unerwünscht hohe Anzahl von Nord-orientierten Wohnungen generieren. Gesucht war eine leistungsfähige Erschließung, die die Vorteile beider Systeme vereint.

Man könnte das gewählte Erschließungssystem als eine Weiterentwicklung der Unités d'Habitation von Le Corbusier denken, effizienter noch durch den Split-Level, mit dem sich um ein Drittel

mehr Wohnungen an den Mittelgang anschließen lassen. Durch den halbgeschossigen Versatz der Geschossdecken etwa in Gebäudemitte kann er in der Regel 45 Wohnungen erschließen. Diese werden vom Mittelgang aus betreten, über einen podestbreiten Vorraum und eine Treppe mit acht Stufen wird die Ebene der Privaträume erreicht, von denen jeweils ein Raum über ein Eckfenster Morgen- oder Abendsonne erhält. Dieses Wohnlevel ist versorgt mit Bad, WC und Stauraum. Weitere acht Stufen, nun in die Gegenrichtung, führen zu Küche und Wohnraum mit Loggia und Pflanztrog im Süden. Das funktioniert sowohl nach unten wie auch nach oben. Es ist eine Einheit von drei Geschossen, die mit einem durchgehenden, 86 Meter langen Gang erschlossen werden. Dreißig Wohnungen sind in Split-Level-Geschossen durchgesteckt, 15 sind einseitig belichtete Geschosswohnungen und nach Süden orientiert. Beim Riegel kommt nur ein Modul zur Anwendung, der auf dem Erdgeschoss mit den gemeinschaftlichen Einrichtungen auflagert. Der Mittelgang wird hier in Gebäudemitte über einen Aufzug innerhalb und durch einen Treppenturm außerhalb des Riegels erschlossen. Über beide erreicht man auch ein 25 Meter langes Schwimmbad am Dach mit Gemeinschaftsterrassen. An beiden Enden des Ganges befinden sich der Müllabwurf und der Ausgang zur offenen Fluchttreppe.

Die Scheibe ist in vier Modulen gestapelt, wobei der unterste nur dreißig Wohnungen umfasst, da das Erdgeschoss für eine Wohnnutzung entfällt. Die vier Mittelgänge werden hier nicht mittig wie beim Riegel, sondern durch zwei in den Viertelpunkten der Scheibe

Mittelgang: links 15 Eingänge zu Kleinwohnungen, rechts 30 Eingänge zu Split-Level-Wohnungen und Maisonetten, Foto 2014

Systemdarstellung Erschließungsmodul und Wohnungstypen

Wohnhausanlage in Paris, 31–35 rue Saint-Ambroise, 1969 von Roger Anger, Mario Heymann und Pierre Puccinelli, Südseite, Foto 2014

situierte Aufzüge und frei stehende Stiegentürme erschlossen. Die beiden, mit einem gedeckten Gang miteinander verbundenen Eingänge ins Gebäude befinden sich hofseitig. Von den Foyers gelangt man mit einer Treppe und einem Aufzug in die beiden Tiefgaragengeschosse und nur mit dem Aufzug in die vier Ganggeschosse im ersten, vierten, siebten und zehnten Obergeschoss. 165 Wohnungen werden mit zwei Aufzügen, mit zwei Stiegen und mit vier Gängen erschlossen. Sechzig davon sind Mini Apartments mit 33 Quadratmeter inklusive Loggia, sie sind barrierefrei zu erreichen. Die anderen sind Split-Level-Wohnungen bzw. Maisonetten mit drei oder fünf Zimmern inklusive Loggia und zwischen 84 und 122 Quadratmeter groß. Alle Wohnräume öffnen sich nach Süden, zwei Drittel davon haben Fernsicht. Diese Lücke an Wohnungen mit zwei oder vier Zimmern ist systembedingt und der rigiden Struktur geschuldet.

Äußere Anmutung

Es drängt sich der Vergleich auf mit einem Gebäude von einem der innovativsten und vielbeschäftigten Architekturbüros jener Zeit in Frankreich. Wie die von Roger Anger und Mario Heymann geplante Wohnhausanlage in Paris, 31–35 rue Saint-Ambroise, fertiggestellt 1969, thematisiert auch die Wohnanlage Hadikgasse in ihrem südseitigen Erscheinungsbild das Individuelle im Seriellen, die Fassade als Freiraum zur Aneignung. Diese Schicht, in mehreren Abstufungen bis zu drei Meter tief, kann bewohnt und bepflanzt werden. Es ist ein

Spiel, das Regeln folgt, die sich erst bei genauerem Studium erschließen. Ein Spiel mit patterns möchte man meinen und mit Spiegelungen, die Fassade ist jedoch lediglich Abbild der inneren Struktur. Anders als beim Pariser Beispiel werden hier die die Gebäudehülle durchdringenden Schotten als Gestaltungselement eingesetzt, wobei sie aber durchaus auch die Funktion als Sichtschutz, Sonnenschutz und Brandschutz übernehmen und raumerweiternd wirken. Dazwischen Loggien und in Pflanztrögen wachsende blühende Stauden und Sträucher sowie erkerartige Fensterbänder zwischen weißen Parapeten, verschattbar durch ockergelbe Markisolen.

Ganz anders die Nordseite, beinhart, durchgehend Bandfenster, regelmäßig gefaltet zu Erkern mit weißen Parapeten. Das Vis-à-Vis der Eckfenster wird mit der Schotte unterbunden, sie durchstößt das Fensterband und ragt erkerweit vor. Zwei mächtige Treppentürme, vom Gebäude um fünf Meter abgerückt, erschließen die vier Ganggeschosse mit Brücken, die die Fassade in jedem dritten Geschoss brutal durchdringen. Die Stirnseiten sind geschlossen, wie Feuermauern, bei allen Vieren ist es ein vertikaler, außen aufgesetzter halbrunder Schacht, zu dem in den Ganggeschossen mit einer weiteren Ausstülpung Zugang zur Müllabwurfstelle geschaffen wurde. An beiden Seiten des Riegels sind zusätzlich Fluchttreppen aufgesetzt, ebenfalls im soft design gehalten. Im Bereich der Kreuzung kommt noch der Hadiksteg auf Höhe der Plattform hinzu, der, gleich mitgeplant, die Anlage direkt mit der U-Bahn-Station und mit dem 13. Bezirk verbindet.

Wohnanlage Hadikgasse, Fotos 2014

Nordseite mit Bandfenster und Erker

Südseite mit Loggien und Pflanztrögen

Markant ist das weit ausladende aufgebogene Ende der Plattform, die Schallschutzkrempe, mit einem orangen und roten Farbstreifen auf weißem Grund, als Code für die Mineralölgesellschaft der Tankstelle darunter – ein riesiger Pflanztrog, 86 Meter lang, schwebend fast, mit eng gesetzten, pappelartigen Bäumen, die die Krempe weit überragen und als grüne Wand die Fassade des Nachbarblocks fortsetzen.

Rezeption

Die Bauten aus dem Büro Harry Glück & Partner polarisierten die Öffentlichkeit immer wieder. Auf der einen Seite waren da die akademische Kollegenschaft und konservative Kreise, die gegen die Glück-Bauten opponierten oder sie einfach verschwiegen, wenn es etwa um die Verbreitung österreichischer Architektur im Ausland ging. Auch in der Architekturlehre fanden seine Bauten und Konzepte offenbar keine Zustimmung. Glück war weder als Lehrer noch als Vortragender gefragt.[1] Für die Fachkritik war der Mittelgang und die einseitig belichteten Wohnungen das K.-o.-Kriterium. Sie kritisierte das „bedingungslose ökonomische Kalkül", das diesen Bauten zugrunde läge. Der langjährige Direktor des Architekturzentrum Wien und Architekturkritiker, Dietmar Steiner, etwa lehnte noch im Jahr 2015 eine Werkausstellung von Harry Glück mit der Feststellung ab, das AzW sei „ein Architekturzentrum und kein Bauzentrum".[2] Auf der anderen Seite wurden Harry Glücks Bauten und sein Konzept für

Schwebender Pflanztrog
über der Tankstelle

die grüne Stadt in eher linksliberalen Medien[3] begeistert gefeiert, ja mancher Chefredakteur outete sich gar als glühender Befürworter dieser Idee von Stadt und leistbarem Wohnen. Die außerordentlich hohe und andauernde Bewohnerzufriedenheit in den Glück-Bauten, in mehreren Studien erhoben, spricht jedenfalls für sich.

Die Wohnanlage Hadikgasse ist gebaute Kritik am Status quo, damals wie heute. Der gute Erhaltungszustand, die gepflegten Außenanlagen und die üppig bepflanzten wohnungsbezogenen Freiräume lassen auf eine hohe Akzeptanz durch die Bewohnerinnen und Bewohner schließen. Die Wohnungen sind begehrt, die Mieten erschwinglich, über deren Vergabe scheint die Hausgemeinschaft zu wachen, die mit dem Schwimmbad am Dach, den Liegeterrassen und den Saunaanlagen eine Bühne für die sonst getrennten Welten bespielt – white and blue collar.

Schon 44 Jahre genutzt, hat die Anlage nichts von ihrer Frische verloren. Modern, offen, urban. Heute wäre sie aufgrund der mittlerweile festgelegten Ziele in den Bereichen Schallschutz, Wärmeschutz, Brandschutz und Barrierefreiheit nicht mehr genehmigungsfähig. Da ist die Frage nach dem Mehrwert dieser auf stetiges Wachstum orientierten Anstrengungen in Bezug auf Sicherheit, Schutz und Freiheit dringlich.

Anmerkungen

1 Seinen ersten Vortrag an der TU Wien konnte Harry Glück auf Einladung des Autors im Jahr 2009, bereits 84-jährig, halten.

2 Dietmar Steiner (1951–2020), Direktor des Architekturzentrum Wien von 1993 bis 2016, gegenüber Nikolaos Kombotis im Beisein des Autors.

3 Die Arbeiterzeitung und das Nachrichtenmagazin Profil. Als einer von 17 internationalen „Planern, Denkern, Visionären", die unsere Städte seit dem 20. Jahrhundert prägen, wird im Magazin „ARCHITEKTUR" der Zeitung Kurier im Juli 2018 auch Harry Glück angeführt.

Literatur

Einreichpläne v. Mai 1971.

Freisitzer, Kurt / Glück, Harry: Sozialer Wohnbau. Entstehung. Zustand. Alternativen., Molden Edition, Wien 1979.

Glück, Harry: Die Möglichkeit einer grünen Stadt. Manuskript, 1980.

Glück, Harry: Höherwertige Alternativen im Massenwohnbau durch wirtschaftliche Planungs- und Konstruktionskonzepte. Dissertation, Innsbruck 1982.

Welzig, Maria / Steixner, Gerhard: Die Architektur und ich – Eine Bilanz der österreichischen Architektur seit 1945 vermittelt durch ihre Protagonisten, Böhlau Verlag, Wien-Köln-Weimar 2003, S. 98–116.

AUTOBUS
HALTESTELLE
KONICA MINOLTA

SPAR
SPAR
LEDERNARDO

EINGANG

Wohnungen 522

Grundstücksfläche 66.000 m²

Gemeinschaftseinrichtungen, Infrastruktur: 1,8 Hektar öffentlicher Park, Schule, Heim für behinderte Kinder, Geschäfte, Gemeindezentrum, Jugend-Club

London, Großbritannien
90B Rowley Way

Architekt
Neave Brown

Bauherr
London Borough of Camden

Planung 1967–69
Bau 1972–79

Lageplan 1:10.000

Alexandra Road Estate, London

Neave Brown

1967–79

Eine etwas andere Straße: Alexandra Road von Neave Brown

Mark Swenarton

Das Projekt in der Alexandra Road, das Alexandra and Ainsworth Estate, ist das ehrgeizigste Wohnungsbauprojekt des Londoner Stadtbezirks Camden während dessen „goldener Jahre" von 1965–1973, als Sydney Cook (1910–1979) Leiter des Hochbauamts von Camden war. Es ist auch das herausragendste Wohnungsbauprojekt des Architekten Neave Brown (1929–2017), geplant zwischen 1967 und 1969; allerdings gab es Verzögerungen sowohl bei der Ausschreibung als auch beim Bau, der erst 1972 begann und 1979 abgeschlossen wurde.

Brown plante die Alexandra Road als eine korrigierende Alternative zum sozialen Wohnungsbau, wie er in dieser Zeit seitens des Council realisiert wurde. Dieses offiziell so vorgegebene Format der „gemischten Wohnformen" kombinierte hohe Wohnblocks mit Wohnungen für kinderlose Haushalte mit zweigeschossigen Wohneinheiten und individuellen Gärten für Familien mit Kindern. Aber wie ein richtungsweisender Bericht aus dem Jahr 1962 mit dem Titel *Two to Fives in High Flats* zeigte, lebten auch Familien mit kleinen Kindern in den Wohntürmen, was weder für die Kinder noch für die Eltern vorteilhaft war. Dagegen wollte Brown eine zur Straße orientierte Wohnform stellen, bei der wie in einer traditionellen Stadt die Straße sowohl der Ort für soziale Interaktion als auch der Punkt ist, an dem man vom öffentlichen Bereich in den privaten Bereich tritt, also Häuser mit „Eingangstüren an der Straße".

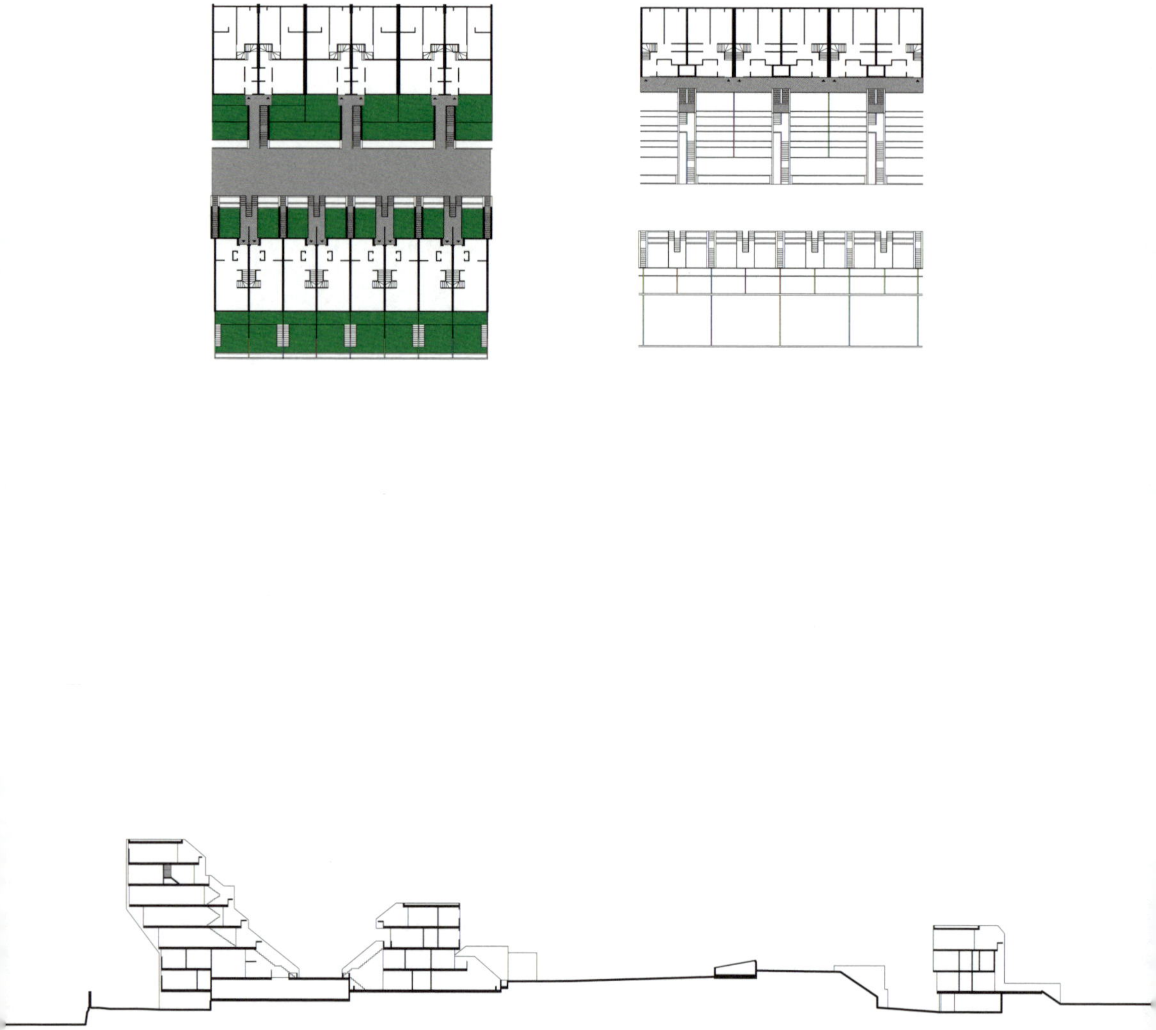

Grundriss EG und 4. OG, Schnitt, 1:1.000

Neave Brown stellte seine Ideen bei seinem ersten Projekt für Camden, dem 1966–1967 geplante Fleet Road (Dunboyne Road) Estate, vor. Das Projekt mit 72 Wohneinheiten befand sich in der Nähe einer kurz zuvor fertiggestellten Anlage mit „gemischten Wohnformen" mit zwei 15-geschossigen Wohntürmen (Fleet Road Nummer 1), und man nahm an, dass Brown etwas Ähnliches vorschlagen würde. Stattdessen zeigte er, wie durch die Realisierung eines „Matten"- oder „Teppich"-Modells und einer Bebauung bis ganz an den Rand des Grundstücks dieselbe Dichte (395 Personen pro Hektar) erreicht werden könne, allerdings mit einer Höhe von nur 3,5 Geschossen über der Erde. Im Wesentlichen kehrte er hierfür das Verhältnis Gebäudeform-Grundfläche aus dem „gemischte Wohnformen"-Modell um: Nicht das Gebäude bildet die Form und das Grundstück die Grundfläche, sondern das Gebäude bildet die Grundfläche und die Form entsteht durch die offenen Räume, die daraus herausgeschabt werden: Gemeinschaftsgärten, Individualgärten und die schmalen Fußgängerwege zu den Eingangstüren. Ein Manifest von Brown, „The Form of Housing", das die Vorstellung seiner Planung im September 1967 begleitete, erklärte die Grundprinzipien.

Direkt nach der Veröffentlichung der Planung für die Fleet Road wurde Brown von Cook angesprochen, ein deutlich größeres und komplexeres Projekt zu übernehmen. Das 6,6 Hektar große Grundstück an der Alexandra Road klemmte zwischen der Hauptbahnstrecke London-Birmingham am Nordrand und einer Wohnbebauung aus den 1950er-Jahren an der Südseite. Neben Wohnungen (522 Wohneinheiten) sollte das Projekt auch einen 1,8 Hektar großen öffentlichen Park, eine Schule, ein Heim für behinderte Kinder, Geschäfte, Gewerbebetriebe, ein Bürgerzentrum, einen Großspielplatz sowie einen Jugendclub umfassen. Am Südrand befand sich auch das bereits bestehende London County Council (LCC) Ainsworth Estate mit mehreren sechsgeschossigen Laubengangwohnhäusern, die in die Gestaltung mit einbezogen werden sollten.

An der Alexandra Road sollte nach den Vorstellungen von Neave Brown moderner Städtebau entstehen, der keinen Bruch zu der bestehenden Struktur der Stadt oder zum Lebensstil der Menschen, die dort wohnten, darstellte. Wie in Bloomsbury, Pimlico und anderen Londoner Stadtteilen aus dem 18. und 19. Jahrhundert sollte es einen durchgehenden öffentlichen Raum aus Straßen und Plätzen geben, und der öffentliche Raum sollte von Wohnbebauung gesäumt werden.

Alexandra Road Estate, Detailansicht Block A

Die Häuser sollten direkt von der Straße aus zugänglich sein, und jede Wohnung sollte einen eigenen noch oben offenen Außenraum besitzen. Die Grundidee hinter Browns Konzept bestand darin, das gesamte Grundstück als eine durchgehende Fußgängerzone aus Straßen, Plätzen und dem Park zu betrachten; Fahrzeuge sollten unterirdisch verkehren. Auf der Nordseite befand sich die Hauptfußgängerstraße, Rowley Way, mit dem vierhundert Meter langen über die Bahnstrecke auskragenden Baublock A (6,5 Geschosse) auf der einen Straßenseite und dem weniger hohen an den Park angrenzenden Baublock B (vier Geschosse) auf der anderen Straßenseite. Im Querschnitt betrachtet sind im Baublock A fünf Wohnungen übereinandergelegt: Im Erdgeschoss eine 1,5-geschossige Maisonettewohnung, darüber folgen drei Ebenen mit eingeschossigen Wohnungen und ganz oben eine zweigeschossige Maisonettewohnung – jede Ebene springt dabei ein Stück zurück, wodurch jede Wohnung eine Freiterrasse mit integrierten Betonpflanztrögen erhält. Bei Block B werden immer zwei zweigeschossige Maisonettewohnungen übereinandergelegt, die untere Wohnung besitzt einen Garten zum Park und die obere Wohnung eine zur Straße ausgerichtete Terrasse vor dem Wohnzimmer. Der Zugang zu allen Wohnungen erfolgt über die Fußgängerstraße, wobei über hundert Treppenaufgänge von der Straße zu den Wohnungen in den oberen Geschossen führen; darüber hinaus gibt es fünf Aufzüge in Gebäudeblock A, durch die ein direkter Zugang zu dem Flur, der die oberen Maisonettewohnungen verbindet, möglich ist. Im Süden des Parks befindet sich eine weitere, deutlich

Nord-Ost-Ende der Anlage,
Block A (rechts), Block B (links)

kleinere Fußgängerstraße, die in ähnlicher Weise Zugang zu einer dritten Gebäudezeile, Block C (dreigeschossige Gebäude), und den bereits bestehenden LCC-Wohnungen ermöglicht. Am Ostende des Rowley Way wurden öffentliche Räume zusammengefasst, so die zentrale Plaza und der Fahrzeughof, die Teil eines komplexen mehrgeschossigen Baublocks (D-Zone) mit dem Bürgerzentrum, den Geschäften, der Schule, dem Jugendclub usw. bilden.

Das Kernstück der Planung bildet der 1,8 Hektar große Park. Für Brown war der Park „das Zentrum einer durchgehenden urbanen, am Fußgänger orientierten Architektur" und, wie im London des 18. Jahrhunderts „das Bild im Rahmen", den die angrenzenden Gebäude formen. Brown plante den Park als eine Serie unterschiedlicher Räume mit jeweils eigener Nutzung und eigenem Charakter (offener Spielbereich, Spielplatz für kleinere und für größere Kinder, Freilichtamphitheater usw.), und jeder Bereich wurde diagonal angeordnet, um ihn größer wirken zu lassen. Für die Grünraumplanung sicherte sich Brown die Unterstützung der Landschaftsarchitektin Janet Jack, die mit ihm in den 1950er-Jahren an der Architectural Association studiert hatte. Nach einer Parksanierung von 2013 bis 2015 mit Kosten in Höhe von 1,5 Millionen britischen Pfund, die vom Heritage Lottery Fund getragen wurden, ist der Park heute wieder so üppig grün, wie ihn seine Schöpfer geplant hatten.

Trotz der programmatischen Komplexität des Projektes aus Infrastruktur, Wohnungsbau und öffentlichen Bauten zieht sich eine überschaubare Zahl von Materialien durch das gesamte Projekt: Beton (sowohl Fertigteile als auch Ortbeton) für die Wände, Dächer und Aufbauten sowie dunkel gebeiztes Holz für Türen und Fenster. Die Außenwände sind schalungsrauer, weißer, nicht gestrichener Beton, während zum Abfedern der Erschütterungen durch die vorbeifahrenden Züge die Querwände des Gebäudeblocks entlang der Bahnstrecke auf 18 Meter tiefen Stützen mit einem Durchmesser von einem Meter mit schwingungsdämpfenden Fundamentkissen aus Stahl und Gummi gebaut sind. Eingegossen in die 178 Millimeter starken Querwände wurden die Rohrschlangen des innovativen Heizsystems, das von dem Versorgungstechnikingenieur Max Fordham entwickelt worden war; es macht die Querwände zu Radiatoren, die moderate Wärme abstrahlen und von einer zentralen Heizanlage im D-Zonen-Block mit Warmwasser versorgt werden.

Die wesentlichen Grundsätze für die Haus- und Wohnungstypen folgten den Gedanken, die für die Fleet Road und in „The Form of Housing" formuliert worden waren. Die Wohnungen sind wie auf einer Perlschnur aneinandergereiht und zu den jeweiligen Fußgängerstraßen ausgerichtet. Von der Straße gelangt man zu den Eingangstüren. Jede Wohnung besitzt einen eigenen Außenraum von mindestens 9,3 Quadratmetern vor dem Wohnzimmer. Die zweigeschossigen Maisonettewohnungen sind, wie auch schon beim Projekt in der Fleet Road, in ihrer Aufteilung „umgekehrt", das heißt, Wohnzimmer und Küche sind im oberen Geschoss und die Schlafzimmer im unteren Geschoss (somit befindet sich ein Wohnzimmer oder eine Küche einer oberen Wohnung nie direkt über dem Schlafzimmer einer unteren Wohnung). Wo möglich, gibt es Schiebewände, um die Organisation des Familienlebens zu erleichtern, so zum Beispiel zwischen Küche/Essbereich und den Wohnbereichen, so dass Familienmitglieder fernsehen können, während sich andere um die Hausarbeit kümmern. Im Baublock A stehen folgende Wohnungstypen zur Verfügung: Maisonettewohnungen mit zwei Schlafzimmern für vier Personen (2 SZ/4 P) ganz oben, 1 SZ/2 P-Wohnungen in den mittleren Geschossen und 3 SZ/5 P-Maisonettewohnungen auf den unteren Ebenen. Im Baublock B gibt es 2 SZ/3 P-Maisonettewohnungen oben und 3 SZ/4 P-Maisonettewohnungen unten, und im Baublock C sind es 4 SZ/6 P-Reihenhäuser. Die Größen der Wohnungen reichen von fünfzig Quadratmetern in den 1SZ/2P-Wohnungen bis zu 115 Quadratmeter in den 4 SZ/6 P-Reihenhäusern. Insgesamt lag die Bebauungsdichte bei 528 Personen pro Hektar.

Die bauliche Umsetzung des Projekts war mit vielen Schwierigkeiten konfrontiert, was nicht nur an dessen Größe und Komplexität lag, sondern auch an den großen Problemen der Bauindustrie in den 1970er-Jahren. Es gab eine zeitweise galoppierende Inflation, die in Spitzenzeiten bei jährlich 35 Prozent lag, und die Bauunternehmer konnten den für Großprojekte ursprünglich angebotenen Preis nicht mehr halten. Sie hatten nur die Wahl zwischen einer Insolvenz (so geschehen mit dem Bauunternehmer für das Chelsea and Kensington's World End Estate 1973 und für das Highgate New Town Estate in Camden 1976) oder der Neuverhandlung des Auftrags mit dem Council. Bei der Alexandra Road entschied man sich vor diesem Hintergrund für eine Neuverhandlung und einigte sich 1976 auf einen Vertrag, der die Gestehungskosten berücksichtigt, es wurde mit dem Bauunternehmer also kein fester Pauschalpreis vereinbart, sondern dieser rechnete die tatsächlich angefallenen und entsprechend nachkontrollierten Ausgaben ab. Die Kostenberater des Councils stellten entsprechend heraus, dass bei einer solchen Lösung der Council die Gesamtkosten erst dann wisse, wenn das Projekt abgeschlossen ist. Aber da das Projekt kurz vor der Fertigstellung stand und sich die enormen Kosten (fast zwanzig Millionen Pfund gegenüber fünf Millionen Pfund im ursprünglichen Vertrag) bereits abzeichneten, bekamen es die Abgeordneten des Councils mit der Angst zu tun und leiteten eine Untersuchung ein, in der Hoffnung jemanden zu finden, den man für die Kostensteigerung verantwortlich machen könnte. Die Untersuchung dauerte über zwei Jahre, und zum Leidwesen der Abgeordneten endete sie mit einer Entlastung von Neave Brown (der zu diesem Zeitpunkt bereits seine Anstellung beim Stadtbezirk Camden verlassen hatte) und belastete stattdessen die Abgeordneten selbst. Aber der Schaden war bereits entstanden. Während das Projekt in der Alexandra Road in der Architekturfachpresse weltweit – in Großbritannien, im restlichen Europa, in Amerika und in Japan – hochgelobt wurde, war vor Ort der Imageschaden nicht mehr gutzumachen: Brown sollte niemals wieder als Architekt in Großbritannien arbeiten.

Einer der Gründe für die Einberufung einer Untersuchung war die Angst vieler Abgeordneten, Alexandra Road könne sich als unpopuläres Projekt herausstellen und die Wohnungen würden sich somit schlecht vermieten. Letztlich geschah aber das Gegenteil, und die Verwalter berichteten, dass die Wohnungen schneller als bei jedem anderen Wohnungsbauprojekt in Camden vermietet waren. Elemente

Alexandra Road Estate,
Wohnräume im Dachgeschoss,
Block B (links), Block A (rechts)

wie die jeder Wohnung zugeordnete große Terrasse waren bei den potenziellen Mietern – Krankenschwestern, Lehrer, Postmitarbeiter, Eisenbahnarbeiter – sehr beliebt, genauso wie es Brown vorhergesehen hatte.

Ursprünglich wurden die Wohnungen vom Camden Council vermietet. Aber gemäß der politischen Vorgabe eines „right to buy" (Recht auf Kauf) von Margaret Thatcher im Jahr 1980, erhielten alle Mieter des Bezirks die Möglichkeit, ihre Wohnungen mit einem Rabatt von bis zu fünfzig Prozent zu kaufen, verbunden mit dem Recht, sie nach ein paar Jahren auf dem freien Markt selbst wieder zu verkaufen. Heute ist in der Anlage etwa jede fünfte Wohnung nicht mehr im Eigentum der öffentlichen Hand; viele der Wohnungen wurden an „junge Kreative" – Architekten, Designer und Journalisten –, von der herausragenden Gestaltung der Wohnungen und den für London relativ moderaten Preisen angezogen, verkauft.

Im Außenbereich gab es zwar ein paar weniger gelungene Maßnahmen (Beleuchtung, oberirdische Verkabelungen usw.), aber insgesamt ist die Anlage in einem recht guten Zustand, was im Wesentlichen der Achtsamkeit der Bewohner zu verdanken ist, die sich nach wie vor mit dem Projekt identifizieren. Während der ersten zehn Jahre gab es eine Reihe von Problemen, die auf eine unzureichende Pflege durch eine Bezirksverwaltung zurückzuführen waren, der allerdings selbst kaum noch Mittel von der Zentralregierung zur Verfügung gestellt worden waren. Insbesondere die begrünten Bereiche verkamen, die Beleuchtung der öffentlichen Bereiche wurde nicht gewartet, und

die Gemeinschaftseinrichtungen funktionierten nicht mehr richtig. 1989 entschieden die Bewohner, eine Verwaltungskooperative der Mieter zu gründen und benannten Fachfirmen, die Reparaturen durchzuführen; aber der Council bestand darauf, die Reparaturen von den eigenen Architekten planen zu lassen. Um dem Schaden, den dies zweifellos für die Anlage bedeutet hätte, zuvorzukommen, intervenierte die Denkmalschutzbehörde und nahm die Anlage im August 1993 in ihre „spot list" auf. Auf Anraten von English Heritage, der obersten britischen Denkmalschutzbehörde, setzte sich Secretary of State Peter Brooke über die Regel hinweg, dass nur ein Gebäude, das über dreißig Jahre alt ist, auf die Liste der Baudenkmale aufgenommen werden darf, und erklärte das Alexandra and Ainsworth Estate als „eine der bedeutendsten Gebäudegruppen, die in England seit dem Zweiten Weltkrieg" gebaut wurde, zu einem Baudenkmal der Kategorie Grade II*. Damit war es nicht nur die erste Nachkriegswohnanlage, die in die Liste der Baudenkmale aufgenommen wurde, sondern auch das jüngste jemals aufgenommene Gebäude. Die anderen wichtigen Elemente der Anlage, die keine Wohnungen sind, wurden im Jahr 2013 in einer leicht geringeren Kategorie mit Grade II zum Baudenkmal erklärt.

Die Fertigstellung des Projekts in der Alexandra Road 1979 fiel zusammen mit dem Regierungsbeginn von Margaret Thatcher und deren Politik, den sozialen Wohnungsbau zurückzufahren. Bereits 1981 gab es nur noch ein Fünftel des Umfangs von Mitte der 1970er-Jahre und schon bald schlossen die Councils, die nun keine Bauprojekte mehr hatten, ihre Hochbauämter (in Camden schloss es 1984). Infolge dessen konnte das Projekt Alexandra Road in Großbritannien nie die Wirkung entfalten, die es verdient hätte. Den unmittelbarsten Nachahmer fand es in den Niederlanden. Hier arbeitete Brown zusammen mit David Porter an dem Projekt Zwolsestraat, einer großen Wohnungsbau- und Infrastrukturmaßnahme in Scheveningen, einem Stadtbezirk von Den Haag, aus dem sie sich allerdings aufgrund von Schwierigkeiten mit dem Bauträger später zurückzogen. Und dann kam in den 1990er-Jahren Eindhoven, wo Brown auf Einladung des Chefplaners der Stadt Jo Coenen sein letztes Meisterwerk ablieferte, die Medina. Hier wird die Fußgängerstraße mit einem Gebäudeblock kombiniert, der aus vier Streifen mit stufenförmig angeordneten Wohnungen besteht, wobei sich immer eine Terrasse auf dem Dach der Wohnung davor befindet.

Heute genießen Neave Brown und die Wohnanlage an der Alexandra Road einen so guten Ruf wie nie zu vor. Für Architekten in Großbritannien, wie Peter Barber und Feilden Clegg Bradley, die an der Spitze des innovativen Wohnhausbaus stehen, ist Brown Großbritanniens bester Wohnungsbauarchitekt. Aus dieser Einsicht heraus erhielt Brown 2017 kurz vor seinem Tod die RIBA Royal Gold Medal für Architektur, und 2019 gab die RIBA bekannt, jährlich den Neave Brown Award for Housing zu verleihen. Auf diese Weise lebt das Vermächtnis der Alexandra Road bis zum heutigen Tag fort.

Literatur

Brown, Neave: „The Form of Housing", in: Architectural Design 37, Nr. 9, 1967, S. 432–433.

„Alexandra Road", in: Architectural Review 166, Nr. 990, 1979, S. 76–92.

Brown, Neave: „Alexandra Road, London; Fleet Road, London; Winscombe Street, London", in: A+U 122, 1980, S. 4–54.

Freear, Andrew: „Alexandra Road: The Last Great Social Housing Project", in: AA Files, Nr. 30, 1995, S. 35–46,.

Swenarton, Mark / Weaver, Thomas: „Neave Brown in conversation with Mark Swenarton & Thomas Weaver", in: AA Files, Nr. 67, 2013, S. 75–91.

Swenarton, Mark: Cook's Camden: The Making of Modern Housing. Lund Humphries, London 2017.

„Neave Brown". Pamela Johnston (Hrsg.): Project interrupted: Lectures by British Housing Architects. The Architecture Foundation, London 2018, S. 11–45.

HEIGHT
RESTRICTIO
AHEAD

102

Tenants Hall.
Ainsworth Way
South Hampstead
Education & Lifelong
Learning Centre

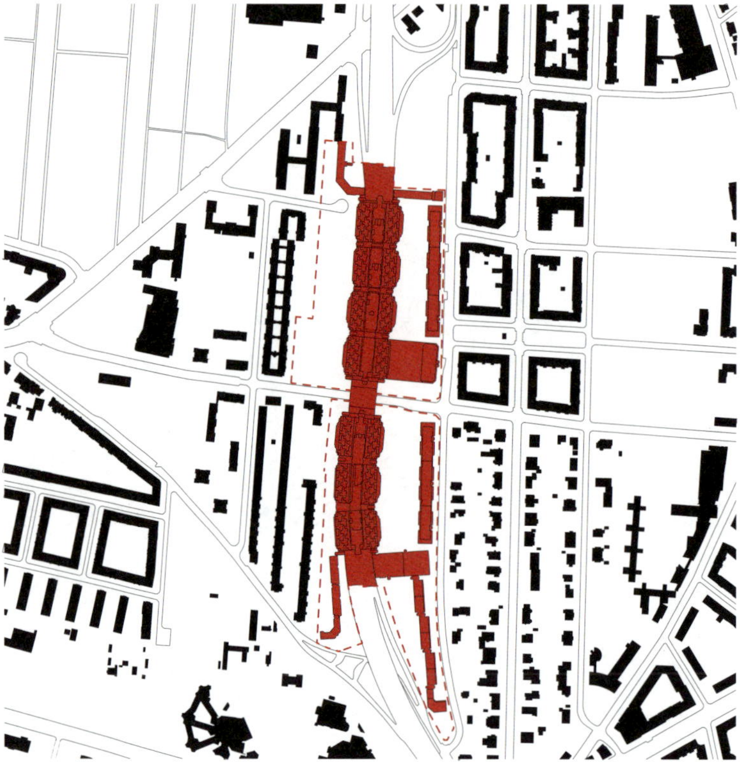

Wohnungen 1.758
Bebauungsgrad 47 %

Grundstücksfläche ca. 103.100 m²
Bebaute Fläche 48.100 m²
Terrassenwohnungen 1.064

Gemeinschaftseinrichtungen: 118 Hobbyräume, 4 Gästewohnungen, 12 Gemeinschaftsräume; Infrastruktur: Schule, Kindergarten, Geschäfte und Lokale in der Erd-Geschosszone an der Schlangenbader Straße, Einkaufszentrum an der Wiesbadener Straße, 2 Garagendecks mit 760 Stellplätzen; Besondere Ausstattung: Pneumatische Müllentsorgungsanlage

Begehbare Kunstinstallationen
Haus-Rucker-Co, Georg Seibert

Berlin-Wilmersdorf, Deutschland
Schlangenbader Straße, Wiesbadener Straße u. a.

Architekten
Georg Heinrichs, Gerhard Krebs, Klaus Krebs
Landschaftsplanung
Paul-Heinz Gischow, Walter Rossow

Bauherren
Heinz Mosch KG (1971–74); degewo – Deutsche Gesellschaft zur Förderung des Wohnungsbaues (ab 1974)

Planung und Bau
1971–80

Lageplan 1:10.000

Autobahnüberbauung Schlangenbader Straße, Berlin

Georg Heinrichs, Gerhard Krebs, Klaus Krebs

1971–80

Terrassenwohnungen als Autobahneinhausung. Das Berliner Wagnis Schlangenbader Straße

Maria Welzig

Die Autobahnüberbauung Schlangenbader Straße ist die erste Umsetzung einer der Architekturvisionen des 20. Jahrhunderts: In Anbetracht des explosionsartigen Wachstums der Städte und des motorisierten Verkehrs entwickelten seit dem frühen 20. Jahrhundert Stadtplaner und Architekten wie Edgar Chambless, Hugh Ferris, Hans Schierloh, Le Corbusier, Paul Rudolph oder Kenzo Tange neue Ansätze der Stadtplanung, bei denen Verkehrsachsen und Überbauungen zu einem multifunktionalen Bauwerk fusionierten.[1] Die ideale Überbauungsform dafür war die ebenfalls neu entwickelte Typologie des Terrassenhauses, dessen unbelichteter „Bauch" die Verkehrswege aufnahm. Die Ausrichtung am (Auto-)Schnellverkehr schien in jenen fortschrittsoptimistischen Jahrzehnten unvermeidbar, ja wünschenswert. Auch in den Flächenwidmungsplänen Westberlins wurde in den 1950er-Jahren ein Autobahnring um das Stadtzentrum fixiert.

Die spezielle Situation in Westberlin – der begrenzte Boden und die Konkurrenz um Modernität zwischen Ost- und Westberlin im Kalten Krieg – gab die nötige Schwungkraft, das Wagnis einer Überbauung in den 1970er-Jahren erstmals einzugehen. Als Ort für eine Überbauung wurde der Autobahnzubringer Steglitz in Wilmersdorf beschlossen. Der Nord-Süd-Verlauf dieses Auto-

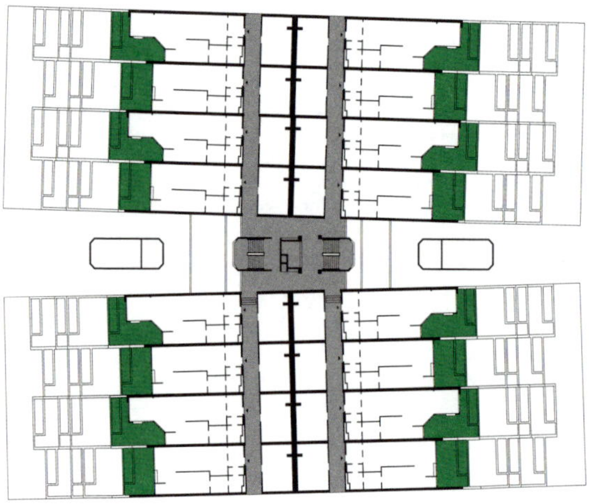

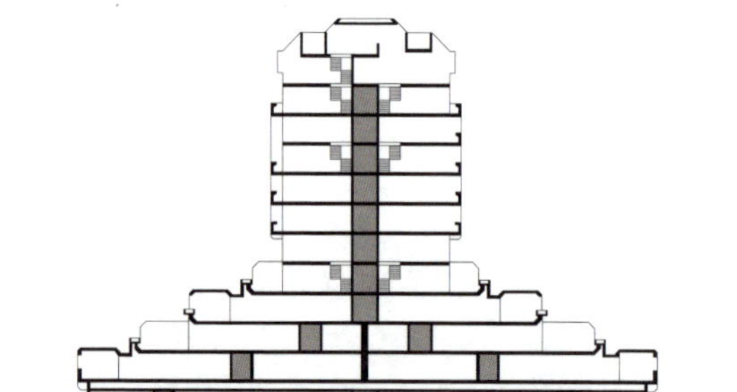

Grundriss 5. OG, Schnitt, 1:1.000

bahnabschnitts bot die günstige Möglichkeit ost- und west-orientierter Wohnungen. Das technisch aufwendige und kostspielige Experiment der Überbauung trug zunächst ein privater Bauherr. Die Heinz Mosch AG entwickelte mit den Architekten Georg Heinrichs und Gerhard Krebs sowie Experten für Verkehrswesen, Schallschutz, Aerodynamik etc., unterstützt durch die politischen Entscheidungsträger, das Pionierprojekt. Die Federführung hatte Georg Heinrichs, der in seiner Haltung dezidiert an die Moderne der 1920er-Jahre anknüpfte. Gerhard Krebs seinerseits untersuchte schon seit 1970, zusammen mit anderen Experten als Bürgerinitiative Arbeitskreis 6, die grundsätzlichen Möglichkeiten einer Überbauung innerstädtischer Verkehrsachsen.[2]

Als im Jahr der Ölkrise 1973 – die Anlage war mit der Randbebauung an der Schlangenbader Straße bereits in Bau – der Bauträger in finanzielle Schwierigkeiten geriet, sprang die öffentliche Hand ein: Die landeseigene, 1924 gegründete degewo Deutsche Gesellschaft zur Förderung des Wohnungsbaues in Berlin führte das Projekt als Demonstrativ-Bauvorhaben des Bundes im Rahmen des geförderten sozialen Wohnbaus weiter.

Die Übernahme des Projekts durch die öffentliche Hand führte zu einer stärkeren sozialen Ausrichtung der Unternehmung: hinsichtlich der Mietpreise, der Folgeeinrichtungen und der bemerkenswerten Grün- und Freiraumgestaltung. Trotz der enormen technischen Herausforderungen, trotz des wachsenden öffentlichen Gegenwinds – eine Bürgerinitiative wurde gegen das Projekt aktiv – und trotz deutlicher Kostenüberschreitung wurde die Autobahnüberbauung Schlangenbader Straße Ende 1979 fertiggestellt.

Die Anlage und ihre Situation im Stadtquartier

Eine Autobahn im „Bauch" eines Wohnbaus – ein Unterfangen ohne Präzedenz, dessen schall- und ablufttechnische Lösungsmöglichkeit vielfach angezweifelt wurde. Die Voraussetzung für das Gelingen war eine von der Wohnbebauung völlig getrennte Konstruktion der zwei Tunnelröhren. Die Überbauung erstreckt sich über eine Länge von fast sechshundert Metern und erreicht eine Höhe von bis zu 46 Metern. Der Autobahntunnel überbrückt dabei die mittig querende Wiesbadener Straße. Sieben Erschließungstürme im Abstand von jeweils sechzig Metern rhythmisieren die Großstruktur. Sie stellen auch die Knickpunkte in der Anlage dar, die dem geschwungenen Verlauf der Autobahn folgt. Die Überbauung stuft sich in den unteren sieben Geschossen in Terrassen zurück, darüber liegen bis zu sechs Geschosse mit Loggien und ein terrassiertes Dachgeschoss. Unterhalb der Tunnelröhren sind auf zwei Ebenen Stellplätze für etwa 760 Autos situiert. Die Tragkonstruktion ist ein Stahlbeton-Schottenbau.

Parallel zur Überbauung verläuft an der Schlangenbader Straße eine niedrigere, fünfgeschossige Zeile. Am nördlichen und südlichen Ende der Anlage, wo die Tunnel-Einhausung endet, bieten weitere fünfgeschossige Bauten, unter anderem auch ein Parkhaus, zusätzliche Abschirmung und Schallschutz. Entlang der Überbauung sind zu beiden Seiten überaus großzügig und vielfältig bepflanzte Grünräume angelegt. An der östlichen Seite werden sie durch die Randbebauung an der Schlangenbader Straße zu hofartig geschützten Bereichen.

Eines der besonderen Merkmale der Anlage ist ihre hochwertige innerstädtische Lage. Wilmersdorf, Schmargendorf, Steglitz – das ist eine „gute Gegend“, mit Alleen, Kleingartensiedlungen, großzügigen Plätzen sowie Wohnbauten aus den 1920er-Jahren.

Obgleich die Überbauung als Großstruktur eine gänzlich neue Typologie an dem Ort darstellt und die umgebende Bebauung mit ihren über vierzig Metern weit überragt, ist sie gleichzeitig in die umgebende Stadt integriert. Denn die Randbebauung leitet in der Höhe, in der Ausformung und in der Farbigkeit zu den benachbarten Wohnbauten über. Vor allem aber ist es der Überbauung zu verdanken, dass das Quartier trotz Autobahn als zusammenhängender Stadtraum erhalten geblieben ist. Weder in der Anlage noch in den Wohnungen hört man etwas von den bis zu 80.000 Autos, die heute täglich durch das Quartier fahren.

An der Schlangenbader Straße ist die Erdgeschosszone großzügig geöffnet und durchgehend Lokalen und Geschäften gewidmet. Damit bereichert die Anlage das Viertel um eine neue halböffentliche Funktionsschicht. Dort, wo die Wiesbadener Straße die Anlage quert, liegt ein Dienstleistungs- und Einkaufszentrum für das Quartier. Die Wohnanlage teilt ihren reichen Grünraum im Inneren mit dem Stadtquartier.

Vielfalt der Wohnungen und der Bewohnerschaft

Ein Leitbild für die Schlangenbader Straße war eine gemischte Stadt, vor allem in sozialer Hinsicht. Einerseits im Quartier, indem in der begünstigten, innerstädtischen Gegend Sozialwohnungen implementiert wurden. Andererseits innerhalb der Anlage: Die Bewohnerschaft – eine Agglomeration von annähernd viertausend Menschen – sollte möglichst vielfältig sein. Um das zu erreichen, wurde eine große Bandbreite an Wohnungstypen entwickelt. Dreißig Prozent der Wohnungen in der Überbauung waren Alleinlebenden zugedacht, dreißig Prozent Paaren und vierzig Prozent Familien.[3] Achtzig Wohnungen wurden speziell für Senioren geplant.

Die Schotten im Abstand von 6,40 Metern definieren gleichzeitig die Wohnungsbreiten. Die Wohnungen in der Überbauung werden oberhalb des Tunnels über Mittelgänge erschlossen. Im fünften Obergeschoss liegen in der Gebäudemitte den Wohnungen zugeordnete Einlagerungsräume. Die Hälfte der Wohnungen verfügt über Terrassen mit einer durchschnittlichen Größe von 15 Quadratmetern. Die Wohnungen der oberen, nicht terrassierten Geschosse sind mit Loggien ausgestattet. In den beiden obersten Geschossen liegen Maisonetten mit Terrassen nach Westen und Osten. Dreißig Prozent der Wohnungen sind Maisonetten. Über Eck gehende Verglasungen zu den Terrassen, Fensterbänder und teilweise Oberlichten sorgen für gute Belichtung. Es gibt Wohnküchen oder Barküchen. Faltwände gewähren Flexibilität. Bad und WC sind getrennt, das Bad vielfach direkt vom Schlafraum erreichbar. Den Schlafzimmern sind in den größeren Wohnungen Schrankräume zugeschaltet. Diese Wohnungen sind in einem Rundgang begehbar. Foyers und Stiegenhäuser sind farblich, haptisch und formal sorgfältig durchgestaltet und direkt belichtet.

Gemeinschaftsräume

Ein großzügiges Angebot an Gemeinschaftsräumen erweitert die Möglichkeiten für Bewohnerinnen und Bewohner und fördert Kontakte und Gemeinschaft. Das vierte Obergeschoss, oberhalb des Tunnels, ist als Ganzes als Gemeinschaftsgeschoss angelegt. Hier konnte man die Überbauung in ihrer ganzen Länge auf einer Innenstraße durchqueren. „An diese Innenstraße angeschlossen sind vier sogenannte Gemeinschaftsräume im Bereich des Zentrums,

Luftbild Autobahnüberbauung Schlangenbader Straße, Aufnahme 2012

Freiflächen und Grünraum zwischen Autobahnüberbauung rechts und Randbebauung Schlangenbader Straße, Aufnahme 2018

jeweils achtzig Quadratmeter groß mit Terrasse, eingerichtet mit einer Teeküche und Toilettenanlagen. Diese Räume sollen für Eltern-Kind-Gruppen, Schularbeitszirkel, Vorträge oder für Feiern genutzt werden. Auf der anderen Flurseite werden zwölf Kinderspielräume mit einer Größe von sechs mal zwölf Meter angeboten, in denen Tischtennisplatten und ähnliche Spielgeräte aufgestellt werden. Entlang dieser Innenstraße werden achtzig mietbare Hobbyräume mit einer durchschnittlichen Größe von acht Quadratmeter vorgehalten, deren Sinn in einer Erweiterung der Wohnung für aktives Tun und in der Belebung der Kontakte der Mieter untereinander besteht."[4] An ihrem südlichen und nördlichen Ende führte die Innenstraße zu allgemein zugänglichen Terrassen. Im 13. Obergeschoss stand den Mietern eine südseitige Aussichtsterrasse offen, die 1990 „wegen Kletterei" geschlossen wurde.[5] Innovativ war auch das Angebot von Gästewohnungen. Der Zuspruch zu den Gästewohnungen war von Anfang an groß und ist es heute noch. Dasselbe gilt für die Hobbyräume.[6] In den letzten Jahren gibt es bei den Mietern Befürchtungen einer Kommerzialisierung von Gemeinschaftsräumen durch die Eigentümerin.[7]

Die Schlangenbader Straße zeigt aber auch in den letzten Jahren, wie nachhaltig das ursprüngliche Angebot und der Anstoß zur Gemeinschaft ist: So gründeten Mieterinnen und Mieter die Gruppe „Nachbarn für Nachbarn", in der zahlreiche gemeinschaftliche Aktivitäten organisiert werden.[8] 2014 entstand eine streitbare Mieterinitiative, die sich auch für den Denkmalschutz der Anlage einsetzte.

Grün- und Freiräume als (Spiel-)Landschaften

Große Bedeutung kam der Planung der Grün- und Freiräume zu, die sich zu beiden Seiten der Überbauung erstrecken (Landschaftsplaner Paul-Heinz Gischow und Walter Rossow, 1979–1981). Schon Jahre vor der Fertigstellung erwarb der Bauträger in vorausschauender Weise die Bäume. Die vielfältige Bepflanzung mit Baumgruppen, blühenden Sträuchern und immergrünen Gewächsen sowie eine Modellierung des Geländes, gliedern den ausgedehnten Freiraum in unterschiedliche geschützte Spielbereiche und Ruheorte.

Kinder und Jugendliche, Erwachsene und ältere Leute erhalten ihren Bedürfnissen angepasste Bereiche. Die Spiel- und Sportplätze regen den Abenteuergeist und die spielerische Bewegungslust an.

Vier künstlerische Installationen (Haus-Rucker-Co und Georg Seibert) markieren die Hauptkreuzungspunkte der quer, längs und diagonal verlaufenden Wege und individualisieren die Großanlage.

Ein vertikaler Grünraum entstand durch die intensive Bepflanzung der privaten Terrassen. Das Instrument dafür sind die vor die Fassade gehängten Pflanztröge, die mit einer Grundbepflanzung geliefert wurden. Die Bewohnerinnen und Bewohner nahmen die Möglichkeit zur Gestaltung eines privaten Grünraums intensiv in Anspruch, es entstanden ausgeprägte individuelle „Gartenwelten“. Die Pflanztröge bilden gleichzeitig einen effizienten Sichtschutz.

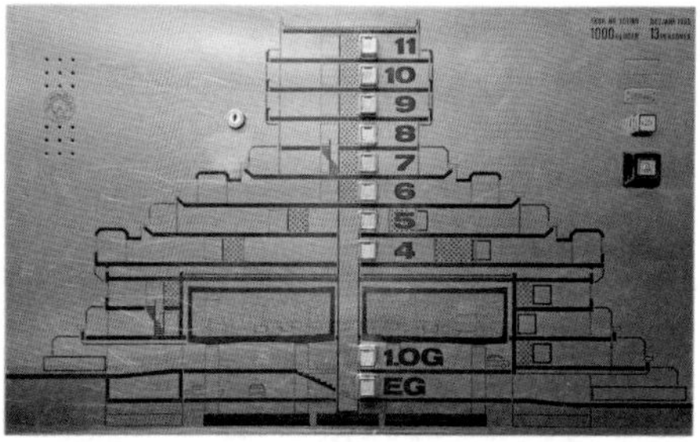

Im Lift der Autobahnüberbauung Schlangenbader Straße

Das Ehepaar Schnock in seiner Wohnung in der Autobahnüberbauung Schlangenbader Straße, 2017

Rezeption: Medien, Kritik, Bewohner

Die Ablehnung durch die Medien und die Kritik nach der Fertigstellung war im Fall der Schlangenbader Straße besonders ausgeprägt. Der Protest gegen die Überbauung wurde vielfach mit dem Protest gegen den Bau einer Stadtautobahn verquickt. Auch die Bürgerinitiative, die in den 1970er-Jahren gegen das Projekt aktiv wurde, setzte die Überbauung immer wieder mit dem Autobahnbau gleich. Tatsächlich stellt die Überbauung der Autobahn vielmehr eine Stadtreparatur dar. Ein weiterer Aspekt, der Gegnerschaft und Ängste hervorrief, war die Größe der Anlage. Großwohnsiedlungen, die – weit größer und am Stadtrand gelegen – seit den 1960er-Jahren in Westberlin errichtet wurden, standen als abschreckende Beispiele vor Augen. Der spätere Stadtbaudirektor Hans Stimmann machte in den 1980er-Jahren massiv Stimmung gegen die Wohnanlage. Als Mitarbeiter der Stadt, Redakteur der *Bauwelt* und medial sehr umtriebige Person trug er zum ausgeprägten Negativ-Image bei.[9]

Im Rahmen der im Zeichen der Postmoderne stehenden IBA 1987 fand die Schlangenbader Straße nicht einmal Erwähnung – obgleich innerstädtisches Wohnen das Thema war. Das war Anstoß für die hauptverantwortlichen Planer der Schlangenbader Straße, eine umfassende Publikation herauszugeben: „Wenn es zutrifft, dass Experiment und Wagnis unverzichtbarer Bestandteil der Architektur und des Städtebaus sind und bleiben, dann ist es völlig unverständlich, dass anlässlich der Internationalen Bauausstellung Berlin (IBA)

‚750 Jahre Architektur und Städtebau in Berlin' im Jahre 1987 das einmalige Demonstrationsprojekt einer Stadtautobahnüberbauung nicht vorgezeigt wird bzw. nicht einmal erwähnt wird. Die Autobahnüberbauung entsprach nicht nur wegen ihrer City-Lage der ursprünglichen Zielsetzung der IBA – ‚Die Innenstadt als Wohnort' –, sondern sie erfüllt in ihrem städtebaulichen Ansatz viele wesentliche Forderungen ökologischer Stadtplanung."[10]

Die Bewohner waren von Anfang überdurchschnittlich zufrieden. 1990 lautete die Bilanz der Eigentümerin: „Die Gesellschaft hat Leerstände nicht zu verzeichnen, sondern eine höchst zufriedene und durch wenig Fluktuation gekennzeichnete Mieterschaft (...)."[11] Eine Mieterzufriedenheitsanalyse der degewo 2018 ergab wiederum eine überdurchschnittlich hohe Zufriedenheit.[12]

2014 gründeten Mieterinnen und Mieter eine Initiative „mit dem Ziel (...), zum Schutz, Erhalt und zur Pflege ihres Wohnumfeldes beizutragen." Auslöser war die angekündigte – und 2015 durchgeführte – Schließung der automatischen Müllabsaugungsanlage.[13] In der Folge setzte sich die Mieterinitiative für einen Schutz der Grünanlagen ein und sie beantragte den Denkmalschutz für „ihre" Anlage.

Die architekturhistorische Einzigartigkeit und die hohe Qualität der Wohnanlage, die sich in den knapp vierzig Jahren ihres Bestehens erwies, wurde schließlich im Dezember 2017 in einem wegweisenden Bescheid vom Landesdenkmalamt Berlin mit dem Denkmalschutz gewürdigt. Nicht nur als historische Wertschätzung, sondern als

Anregung für künftigen Wohnbau wird der Denkmalschutz für die Schlangenbader Straße gedeutet: „Hier kann man lernen, zu welcher Individualität großformatiger industrieller Wohnungsbau fähig ist", schrieb der Architekturhistoriker Nikolaus Bernau.[14] Die Schlangenbader Straße stehe „für den Optimismus des sozialen Bauens, der in Berlin seit der Kaiserzeit gepflegt wurde. Also für das, was wir angesichts der modischen Schwärmerei für nachgebaute Altstädte wieder genauer studieren sollten."[15]

Und in der *Welt* heißt es: „Die Eintragung als Denkmal ist architekturhistorisch eine gute Entscheidung. Wichtig wäre, aus ihr auch Lösungen für zukünftigen Wohnungsbau abzuleiten."[16] 2018 brachte im Berliner Abgeordnetenhaus die SPD einen Antrag ein, in dem eine Überbauung von weiteren Teilen der Stadtautobahn nach dem Modell der Schlangenbader Straße angeregt wird.[17]

Anmerkungen

1 Die Ideengeschichte der Verkehrsachsenüberbauung hat Thorsten Dame in seinem umfassenden architekturhistorischen Gutachten zur Schlangenbader Straße im Auftrag des Landesdenkmalamts Berlin erstmals aufgearbeitet. Vgl. Dame 2015. Für die großzügige Zurverfügungstellung des Gutachtens danken wir dem Landesdenkmalamt Berlin, speziell Dr. Bernhard Kohlenbach.

2 Zunächst beschäftigte sich der Arbeitskreis 6 mit Überbauungen von Bahnanlagen in Westberlin, die aber unter sowjetischer Verwaltung standen.

3 Die Größen für die drei oben genannten unterschiedlichen Zielgruppen sind: a) 1–1,5 Zimmer zu 42–52 m², b) 2 Zimmer, fallweise mit zusätzlichem Arbeitsraum zu rund 67 m² und c) 2,5–3,5 Zimmer zu 80–120 m².

4 Bertelsmann, Wolf: Projektentwicklung, Konzeption, Erfahrungen, in: Seidel / Bertelsmann 1990, S. 30.

5 Vgl. Anm. 4.

6 Vgl. Der Eigentümer: Die DEGEWO: Autobahnüberbauung Schlangenbader Straße – Acht Jahre Erfahrung der DEGEWO bei der Verwaltung und Bewirtschaftung des Objektes, in: Seidel / Bertelsmann 1990, S. 47–50. Sowie freundliche Auskunft der degewo per E-Mail an die Verfasserin am 25. April 2019.

7 Vgl. Leiß, 2017 und freundliche Auskunft von Christine Wußmann-Nergiz, Bewohnerin und Gründerin der Mieterinitiative 2014 in einem E-Mail an die Verfasserin vom 24. Mai 2019.

8 Für diese Informationen danke ich Doris Lochau, seit 2004 Bewohnerin der Schlangenbader Straße, Mitbegründerin der Mieterinitiative und wesentliche Betreiberin des Antrags der Mieterinnen für Denkmalschutz. Telefonat am 19. Juni 2019.

9 Als „Verschandelung eines Wohnquartiers", als „städtebauliche Fehlplanung" und als „gescheiterter Versuch eines privaten Bauträgers" qualifiziert Stimmann 1980/81 die Schlangenbader Straße ab, zit. nach Seidel / Bertelsmann 1990, S. 95.

10 Seidel, Ernst, Vorwort, in: Seidel / Bertelsmann 1990, S. 5.

11 Seidel / Bertelsmann 1990.

12 Freundliche Auskunft der degewo in einem E-Mail an die Verfasserin vom 24. April 2019.

13 Vgl. http://www.mi-schlange.de (12. September 2019).

14 Bernau, Nikolaus: Denkmalschutz für Schlange: Gelungener sozialer Wohnungsbau aus den 1970ern, in: Berliner Zeitung, 10. Dezember 2017, https://www.berliner-zeitung.de/kultur/denkmalschutz-fuer-schlange-gelungener-sozialer-wohnungsbau-aus-den-1970ern-29271332 (10. Mai 2019).

15 Bernau, Nikolaus: Berliner Star-Architekt Georg Heinrichs wird 90, in: Berliner Zeitung, 10. Juni 2016, https://www.berliner-zeitung.de/kultur/geburtstag-berliner-star-architekt-georg-heinrichs-wird-90-24199656 (10. Juni 2019).

16 Woeller, Marcus: Warum die Berliner „Schlange" jetzt Denkmalschutz geniesst, in: Die Welt, 12. Dezember 2017, https://www.welt.de/kultur/article171499739/Warum-die-Berliner-Schlange-jetzt-Denkmalschutz-geniesst.html (03. März 2019).

17 Abel, Andreas: Neue Wohnhäuser über der Stadtautobahn A 100, in: Berliner Morgenpost, 3. Juli 2018, https://www.morgenpost.de/berlin/article214748501/Neue-Wohnhaeuser-ueber-der-Autobahn-A-100.html (28. November 2019).

Literatur

Mosch KG: Stadtautobahnbebauung Berlin 31-Wilmersdorf. Planungsstand Mai 1972. Berlin 1972.

DEGEWO (Hrsg.): Autobahnüberbauung Berlin Schlangenbader Straße. Ein Bauvorhaben der DEGEWO. Berlin 1980.

Senator für Bau- und Wohnungswesen (Hrsg.): Autobahnüberbauung Schlangenbader Straße. Berlin. o. D. (1980).

Stimmann, Hans: Verkehrsflächenüberbauung, Dissertationsschrift TU Berlin, Arbeitshefte 15/16 des Instituts für Stadt- und Regionalplanung, Berlin 1980.

Stimmann, Hans: Autobahnüberbauung Schlangenbader Straße in Berlin, in: Bauwelt 72, Heft 18, 1981, S. 727–732.

Seidel, Ernst / Bertelsmann, Wolf (Hrsg.): Autobahnüberbauung Schlangenbader Straße. Vom Abenteuer, das Unmögliche zu wagen ..., Konopka Verlag, Berlin 1990.

Petty, James: Life Above The Autobahn, 2012, http://www.pettydesign.com/2012/03/11/life-above-the-autobahn/

Dame, Thorsten: Autobahnüberbauung Schlangenbader Straße, unveröffentlichtes Gutachten, Landesdenkmalamt Berlin, 2015.

G+P Landschaftsarchitekten, Website: Stadtautobahnüberbauung Schlangenbader Straße Berlin-Wilmersdorf, http://www.gp-landschaft.net/dl_2016/Wohnungsbau_Dachgruen_k.pdf

Leiß, Birgit: Wohnen in außergewöhnlichen Häusern – Die Autobahn im Haus, in: Berliner Mieterverein (Hrsg.), MieterMagazin 11/2017. https://www.berliner-mieterverein.de/magazin/online/mm1117/wohnkomplex-schlangenbader-strasse-die-autobahn-im-haus-111724.htm

60

degewo
60

Schritt
fahren!
SCHLANGENBADER STRASSE
12 A-E

DURCHGANG
19, 19A - 19E

SCHLANGENBADER STRASSE
20 A-E

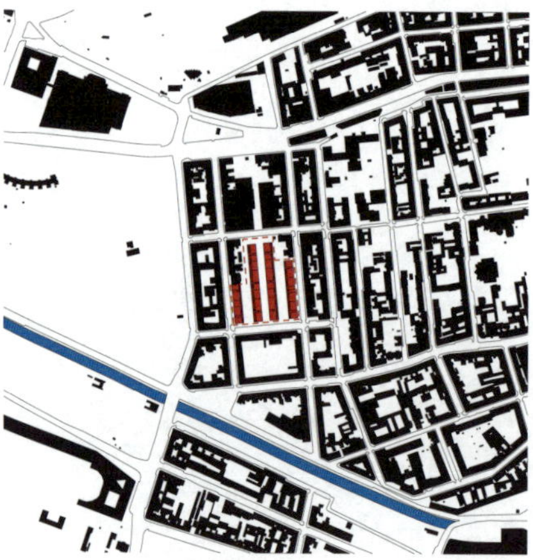

Dicht im Blockraster

Terrassenwohnanlage
Inzersdorfer Straße, Wien
Harry Glück & Partner
1969–74

Wohnen Morgen Wien
Wilhelm Holzbauer
1973–80

Wohnungen 222
Geschossflächenzahl 4,1
Bebauungsgrad 75 %

Grundstücksfläche 6.060 m²
Bebaute Fläche 4.550 m²
Bruttogeschossfläche ca. 25.000 m²

Gemeinschaftseinrichtungen, Infrastruktur: Schwimmbad am Dach, 2 Saunaanlagen, Kindergarten, Freizeiträume

Wien, Österreich
Inzersdorfer Straße 113

Architekten
Harry Glück & Partner

Bauherr
GESIBA – Gemeinnützige Siedlungs- und Bauaktiengesellschaft

Bauführer
PORR

Planung und Bau
1969–74

Lageplan 1:10.000

Terrassenwohnanlage Inzersdorfer Straße, Wien

Harry Glück & Partner

1969–74

Ein Prototyp entsteht – die Wohnanlage Inzersdorfer Straße

San-Hwan Lu

Wenn man von Terrassenhäusern spricht, sind der breiten Öffentlichkeit vor allem die peripheren Großprojekte Harry Glücks im Gedächtnis. Dabei hat die Realisierungsgeschichte seiner Terrassenhäuser bei einem vergleichsweise kleinen, innerstädtischen Projekt ihren Anfang genommen.

Wir schreiben die späten 1960er-Jahre – die Architekturszene befindet sich im Aufbruch, man sucht eine menschengerechtere Antwort auf die autogerechte Stadt. Terrassenbauten scheinen eine mögliche Lösung zu sein. Teils bleiben sie Utopie und Diskussionsbeitrag – wie die Projekte zur Wiener Flur, teils werden international bereits auch Projekte realisiert. Dazu gehören Wohnanlagen für Großveranstaltungen wie die Olympischen Spiele in München oder die Weltausstellung Montreal bzw. sozialer Wohnbau an der Londoner und Pariser Peripherie. Die Bauten unterscheiden sich, was die konkrete Ausformulierung der Ideen anbelangt, teilweise stark: Allen Projekten gemein ist jedoch, dass sie größere Wohnsiedlungen sind und Teile einer städtischen Utopie, der Grünen Stadt, darstellen.

Die Vorgeschichte

Zu dieser Zeit ist Harry Glück ein junger Architekt in Wien, der gerade seine ersten Wohnhäuser realisiert hat. Es handelt sich dabei

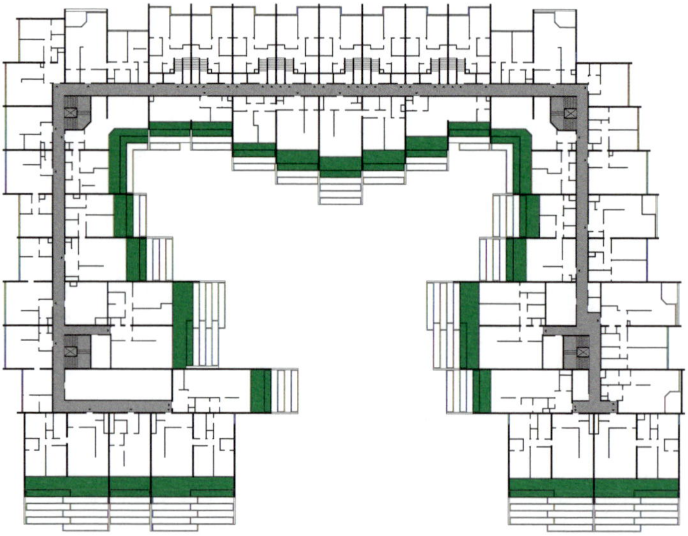

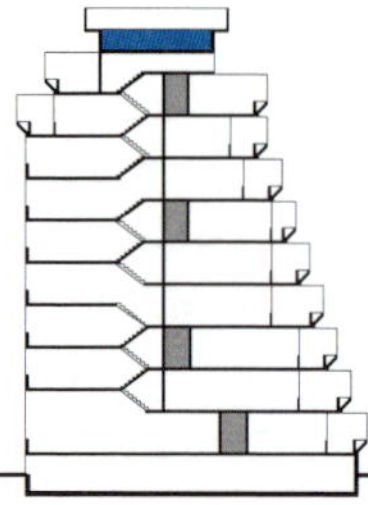

Grundriss 2. und 3. OG, Schnitt, 1:1.000

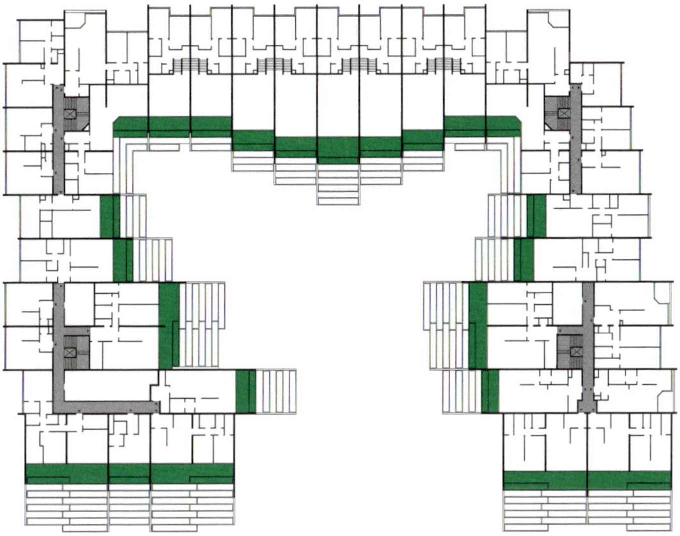

vor allem um innerstädtische Projekte, oft eingebettet in eine traditionelle Blockrandstruktur. Dazu gehört auch das Projekt Angeligasse, im 10. Wiener Gemeindebezirk, für die GESIBA. Diese Anlage ist an einem Nordhang in Form eines nach Süden offenen U angelegt. In den beiden Seitenflügeln befinden sich nach Ost und West ausgerichtete Wohnungen, die durch einen Mittelgang getrennt sind und jeweils für eine Tageshälfte besonnt werden. Das im Norden befindliche, verbindende Bauteil wird ebenfalls durch einen Mittelgang erschlossen: Das Resultat ist hier eine höhere Dichte als bei einem südorientierten Laubengang, eine gewisse Zahl von gleichzeitig dabei entstehenden Nordwohnungen wird in Kauf genommen. Die Anlage ist in seiner Struktur noch ein konventioneller Geschosswohnbau, wenn auch Glück hier bereits Teile der Grundlogik erprobt und verfeinert, die später bei der Inzersdorfer Straße zur Ausführung kommen soll. Der Bauträger ist mit dieser ersten Zusammenarbeit höchst zufrieden und beauftragt Glück 1969 mit einem Folgeprojekt auf einem etwas größeren Grundstück gleich nördlich davon, an der Inzersdorfer Straße.

Das Büro Glück arbeitet bereits seit 1968 am Projekt Wohnpark Alt-Erlaa, erste Modelle werden in einer Ausgabe der Zeitschrift *Architektur.aktuell* des Jahres 1970 gezeigt, die Entwürfe befinden aber zu diesem Zeitpunkt noch in einer konzeptuellen Phase. So wird das Projekt in der Inzersdorfer Straße zu einem Probestück für das Terrassenhauskonzept, an dem er all die Jahre zuvor gearbeitet hatte. Der prototypische Charakter und der innerstädtische Standort machen die Anlage höchst ungewöhnlich und interessant, nimmt sie doch viele Elemente vorweg, die in vielen seiner späteren Wohnbauten Anwendung finden sollten.

Spezifische Lösungen für spezifische Herausforderungen – die Grundform

Um ein Terrassenhaus in der Beengtheit und Determiniertheit eines innerstädtischen Standortes realisieren zu können, muss Glück eine Reihe von kreativen Lösungen für spezifische Probleme entwickeln, wie sie bis heute in dieser Konzentration in kaum einer anderen Terrassenhausanlage weltweit zu finden ist. Die Anlage in der Inzersdorfer Straße folgt u-förmig an drei Seiten der umliegenden Blockstruktur, während sich die gemeinschaftliche Grünfläche im Süden zur stillgelegten Angeligasse öffnet. Die Logik der Bebauung folgt also zunächst der eines konventionellen Wohnbaus, die Terrassierung führt jedoch unweigerlich zu essenziellen strukturellen Änderungen. Durch die Abstufung nehmen die Trakttiefen der Geschosse mit zunehmender Höhe ab, im Erdgeschoss ergibt sich damit eine größere Standfläche mit potenziell schwer zu nutzenden Tiefen. In Ecksituationen führt die Ausladung der unteren Geschosse geometrisch gesehen hofseitig zu Überschneidungsflächen. Glück löst dieses Problem später bei der Arndtstraße und dem Heinz-Nittel-Hof durch ein Überbrückungsstück, sodass die Problematik stets durch stumpfe Winkel entschärft wird. Bei anderen, engeren Grundstücken, wie der Magdeburgstraße greift Glück auf eine einfache Zeilenbebauung zurück. In der Inzersdorfer Straße verändert er das Terrassierungsmaß; direkt an der Ecke und in den danebenliegenden Schotten springen die Terrassen nur alle zwei Geschosse zurück, während sonst jedes Geschoss terrassiert wird. Er erhält dadurch in diesen Bereichen eine größere Steilheit und entschärft damit das Eckproblem deutlich. An den beiden südorientierten Enden der U-Form setzt Glück zwei kurze Riegel an, die als logischer Abschluss von Ost-West der orientierten Trakte fungierend, eine Reihe von weiteren hochqualitativen Wohneinheiten ermöglichen und – typisch Glück – gleichzeitig die Ausnutzung des Baufeldes und somit die Ökonomie des Projektes noch weiter erhöhen.

Allein diese kurzen Riegel sind ein Mikrokosmos der Terrassenhausplanung: In den unteren fünf Geschossen werden jeweils noch eine ost- bzw. westorientierte Wohnung quer und ebenfalls terrassierend, eingeschoben. Im inneren, nicht belichteten Teil befinden sich Einlagerungsräume der Parteien, im Erdgeschoss noch zusätzlich gemeinschaftlich genutzte Räume. In den oberen drei Geschossen ändert sich die Situation. Durch das Zurückspringen der Terrassen muss nun mit besonders geringen Trakttiefen gearbeitet werden. Teilweise sind hier kleinere Wohneinheiten untergebracht, es werden nun auch Wohnungen quer über mehrere Schotten gelegt. Dieses Problem ist besonders ausgeprägt in Richtung Braunspergengasse, wo durch den einzuhaltenden Lichteinfallswinkel gegenüber der Nachbarbebauung straßenseitig ebenfalls terrassiert werden muss. In den obersten Stockwerken gibt es hier daher keine Regelwohnungen, jede Wohneinheit ist ein an die spezifische Situation angepasstes Unikat.

Terrassenwohnanlage Inzersdorfer Straße, Südseite, 1973

Systemdarstellung Erschließung und Wohnungstypen

Die Erschließung

Erschlossen wird die Anlage über vier Stiegenhäuser. Die beiden Stiegenhäuser an der Inzersdorfer Straße übernehmen eine Doppelfunktion, indem sie jeweils zwei verschiedene Gebäudebereiche bedienen. Einerseits erschließen sie die Wohnungen im Haupttrakt über drei Mittelgänge, die höchst ökonomisch nur alle drei Geschosse verlaufen. Dies wird durch eine Split-Level Anordnung von Maisonettewohnungen möglich, die die Mehrzahl der Wohnungen in diesem Gebäudeteil darstellen.

Vom Gang in eine Wohnung eintretend, geht es zunächst ein halbes Stockwerk hinauf oder hinunter, zu nordseitigen Schlafräumen, von dort einen weiteren Halbstock weiter zu hofseitigen Wohnräumen, die über oder unter dem Gangstockwerk liegen. In zweien der drei Ganggeschosse gibt es auf demselben Niveau auch rein südseitig orientierte Wohnungen. Über den Mitteltrakt hinaus fungieren dieselben Stiegenhäuser jedoch auch als Mehrspännererschließung der Seitentrakte. Von ihnen geht nämlich in jedem Geschoss zusätzlich ein kurzes Gangstück in die Seitenflügel aus, von welchem man zu vier bis fünf ost-west-orientierten Wohnungen, darunter auch die Eckwohnungen, gelangt.

Die beiden letzten Stiegenhäuser, an den Enden der U-Form gelegen, erschließen als Mehrspänner in ähnlicher Weise bis zu sieben Wohnungen pro Geschoss. An den Gangenden befindet sich stets eine Wohneinheit, was die Flächennutzung weiter optimiert, nur im

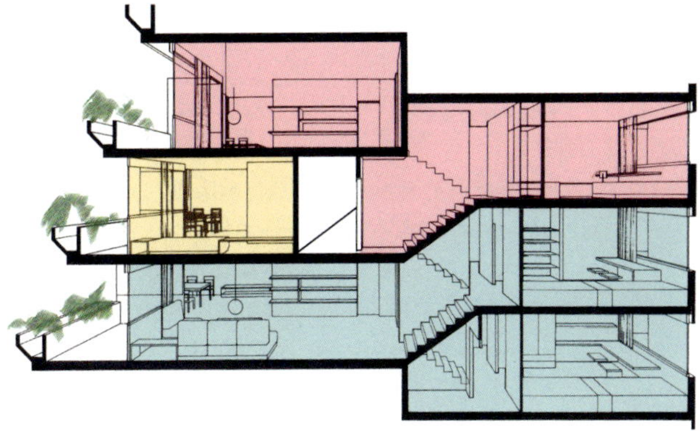

zweiten Stock wird der Gang durch alle Stiegenhäuser gezogen, sodass man intern einmal durch die gesamte Anlage gelangen kann.

Wohnungstypen

Generell ergeben sich durch die hohe Variabilität der Erschließungstypologien und Trakttiefen eine große Bandbreite an Wohnungstypen, sowohl bezüglich ihrer Größe, ihrer Orientierung, aber auch ihres Zuschnitts. Die Wohnungen selbst – zurzeit 222 an der Zahl – folgen bei aller Unterschiedlichkeit einer ähnlichen Organisationslogik: Bei einer Lichte von 5,6 Meter zwischen den Schotten geht sich so entweder ein größerer Raum wie z.B. ein Wohnzimmer oder zwei kleinere Räume mit einer Lichte von jeweils 2,76 Meter aus. Somit variieren die Wohnungsgrößen mehr über die Tiefe der Einheiten als über die Breite. Zweischottige Wohnungen haben auf diese Weise etwa eine Fläche zwischen siebzig und neunzig Quadratmeter, die größten Wohnungen sind Maisonetten im Mittelbereich mit etwa 139 Quadratmeter. Es gibt aber auch viel kleinere Wohneinheiten mit einer Fläche von etwa 32 Quadratmeter. Vom zentralen Eingangsbereich der Wohnungen kann man Wohnraum, Küche und die privaten Bereiche separat betreten. Der Küchenbereich von 1,9 Meter Breite befindet sich meist in derselben Schotte wie der Wohnraum, und ist mit diesem nicht einsichtig über den Essbereich verbunden. Dienende Bereiche wie Sanitär- oder Schrankräume füllen die innenliegenden, schlechter belichteten Zonen.

Bauweise

Konstruktiv greift Glück auf die bewährte Schottenbauweise zurück, die – einem offenen Regal ähnelnd – es ihm ermöglicht terrassenseitig auf eine Fassade im herkömmlichen Sinne zu verzichten. Stattdessen kommen hier vollflächige Verglasungselemente zum Einsatz, die die Wohnräume zur Terrasse hin visuell völlig öffnen – man erlebt somit auch im Innenraum das Grüne draußen, die Terrasse wird so tatsächlich zum verlängerten Wohnzimmer. Diese konsequent verfolgte Öffnung des Raumes prägt nicht nur das Raumerlebnis, sie maximiert auch den Lichteinfall in die Tiefe der Räume, senkt Baukosten und Bauzeit. Statt dem „Käse mit Löchern", wie Lochfassaden in dieser Zeit genannt werden, wird ein ökonomisch, humanökologisch, im Grunde in jeder Hinsicht besserer Übergang zwischen innen und außen geschaffen. Diese Leitideen des Entwurfs werden bis ins kleinste Detail konsequent durchgezogen. So werden die Fensterprofile im Büro Glück selbst entwickelt, die mit rahmenlosen Ganzglasscheiben in einem Mahagonistockrahmen realisiert werden. Die Blumentröge sind prägende Elemente Glück'scher Bauten, die einer steten Entwicklung unterworfen waren. Hier sind es 62 Zentimeter hohe Betonfertigteile, die direkt auf der Bodenplatte stehen. Nach innen bilden sie eine einfache bis zum Boden reichende Brüstungsmauer, die aber durch ihre geringe Höhe ein mehr an Begrünung und Belichtung zulässt. Ein Stahlgeländer sorgt für die vorgeschriebene Höhe.

Bei späteren Projekten wie dem Wohnpark Alt-Erlaa hebt Glück GFK-Pflanztröge vom Boden ab. Die Tiefe der Pflanztröge und ihre Begrünung erschweren den Blick auf die darunter liegenden Terrassen, geschickte Vor- und Rücksprünge sowie Wandscheiben zwischen Wohneinheiten verhindern den Blick auf die Nebennachbarn. Die konsequenten Entwurfsprinzipien seiner Terrassen, nämlich eine nutzbare Tiefe, die geringe Einsichtigkeit und die stete Miteinbeziehung der Begrünung, finden sich zu dieser Zeit in nur wenigen internationalen Beispielen: bei der Alexandra Road in London gibt es nur schmale Betonbalken, das Brunswick Centre sieht gar keine Pflanzmöglichkeiten vor – nur das Olympische Dorf in München weist ähnliche Überlegungen zur Bepflanzung auf.

Einige Unterschiede in der Materialwahl und der Ausstattung lassen sich zu heutigen Gepflogenheiten feststellen. Der Schallschutz wurde durch Spannteppiche in den Wohnungen und durch Nadelfilz im Gangbereich hergestellt. Dies wäre heute nicht mehr möglich, da die Bauordnung von einer Bewältigung des Schallschutzes durch den Rohbau allein ausgeht. Zwischenwände wurden aus Ytong mit acht Zentimeter Stärke gefertigt. Küchen, Bäder, WCs besitzen eine mechanische Zwangsentlüftung über Dach. Der Wärmeschutz wird am Dach mit fünf Zentimeter Styrodur hergestellt, auf den Untersichten auskragender Bauteile – dies betrifft die Terrassen ebenso wie einige Erkersituationen – kommen Korkplatten als Dämmung zum Einsatz. Heute wären diese Dämmstärken sicherlich höher, bedingen aber allein noch keine essenziellen strukturellen Unterschiede. Erst die heute durchgängig geforderte Barrierefreiheit ließe sich ohne Deckensprung nicht mehr realisieren.

Außenanlagen

Die Gesamtanlage weist auch in den Außenbereichen eine Reihe von Merkmalen auf, die prägend für spätere Bauten werden sollten. Bereits beim ersten Terrassenhaus gibt es nicht nur bereits das Schwimmbad am Dach, sondern auch ein großzügiges Sonnendeck und zwei Saunabereiche. Im Erdgeschoss befindet sich heute an der Nordostecke ein Kindergarten, früher ein Supermarkt, geparkt wird im Untergeschoss. Wie ein Schachspieler seine Figuren in Position bringt, sieht man an der Wohnanlage Inzersdorfer Straße, wie Harry Glück die verschiedenen Elemente des Terrassenhauses aufstellt. Viele dieser Elemente werden sich in verschiedenen zukünftigen Projekten wiederfinden. Die Erschließungskombination aus Spännertyp und Gangtyp wird man später beim Heinz-Nittel-Hof sehen, die Maisonettenlösung bei der Wohnanlage Hadikgasse. Andere Elemente wie die Grundrisslösungen oder die terrassenseitig durchgängige Verglasung werden zu festen Bestandteilen aller künftigen Terrassenhäuser. Zum neuen sozialen Treffpunkt wird das Schwimmbad am Dach, nicht mehr unfreiwillig die Bassena am Gang. Wie auch bei späteren Projekten gelingt es Glück einen nicht nur für den sozialen Wohnbau sehr hohen Ausstattungsstandard umzusetzen, was nur durch die hohe inhärente Ökonomie der Entwurfslogik möglich ist. Gerade diese Punkte: Höchste Qualität für die größte Zahl dort schaffen zu können, wo es anderen offensichtlich nicht im selben Maß gelungen ist, wurde und wird als paradox und unmöglich wahrgenommen. Mit diesem Zweifel, trotz der tatsächlich realisierten Masse an Wohnungen, war auch Glück konfrontiert, der daher in seiner Dissertation ausführlich mit Zahlen belegt, mit dem allgemein verbreiteten Irrtum aufräumt, dass Terrassenhausbauten teurer in der Herstellung sein müssten als herkömmliche Bauwerke. Heute schließt sich der Kreis wieder, der mit der Inzersdorfer Straße begann – die Frage nach Ökonomie, Ökologie und dem menschengerechten Bauen für die Masse steht mehr im Vordergrund denn je.

Rezeption

Glücks Bauten haben schon zu Errichtungszeiten eine stark polarisierende Rezeption erfahren. Die Zeit hat viele damalige Argumente der Gegner bereits widerlegt – von trostlosen Betonwüsten kann heute bei keinem der Bauten die Rede sein –, während durch langjährige Nutzerbefragungen die erklärten Ziele des Architekten als erreicht bezeichnet werden können. Wie wenig sachlich, teilweise absurd, die Diskussion geführt wurde, zeigt unter anderem die Frage der hohen Ökonomie. Diese stand für zeitgenössische Kritiker nämlich gar nicht zur Debatte. Im Gegenteil – die Wirtschaftlichkeit, also der bestmögliche Einsatz vorhandener Mittel, wurde mehrfach als besonders kritikwürdiger Punkt betont.

Um die Vehemenz der Debatte besser verstehen zu können, ist es notwendig einen Schritt zurückzutreten und einen Blick auf die übergeordneten Zusammenhänge zu werfen. Tatsächlich geht es in der Debatte weniger um das Einzelbauwerk, die Rezeption spiegelt viel mehr einen fundamentalen österreichischen wie internationalen Diskurs innerhalb der Architekturschaffenden über das Wesen von Architektur wider. So wird einerseits Architektur primär als Ausdruck tradierter, formaler Werte verstanden, mit spezifischen Interpretationsarten der Begriffe Architektur und Baukultur als primär künstlerische Betätigung, die in der funktionalen Maximierung der Terrassenhäuser nur wenige baukulturelle Identifikationspunkte sehen. Der österreichische Architekturkritiker Friedrich Achleitner hat diese Funktionalismuskritik der Moderne – stellvertretend für viele andere – mehrfach in Interviews und Artikeln angesprochen. So erklärte er in einem Artikel in der Zeitung Falter (25/83), dass Glücks Bauten wenig mit Architektur zu tun hätten. Selbstverständlich ist diese

Argumentationslinie architekturtheoretisch gewagt, denn so wird de facto der gesamten funktionalen Moderne ihre Rolle in der Architektur abgesprochen. Diese Kritik wurde jedoch von vielen nicht geteilt – ganz im Gegenteil – Journalisten stellten in Publikationen, Nutzer in Umfragen den Bauwerken Glücks glühend positive, begeisterte Atteste aus. Dies war nicht überraschend, wurde das Ziel der funktionalistischen Moderne, den Bedürfnissen der Menschen zu dienen, tatsächlich eindrucksvoll erreicht. Das Projekt in der Inzersdorfer Straße sollte aber erst der Einstieg in eine Debatte darstellen, die sich über die Jahre noch erheblich zuspitzen sollte und bis heute andauert.

Literatur

Glück, Harry: Einreichplan für die Errichtung eines Wohnhauses in Wien 10, MA37, Wien, 1971.

Glück, Harry: Bestandsplan für eine Wohnhausanlage in Wien 10, Wien, 1973.

Glück, Harry: Höherwertige Alternativen im Massenwohnbau durch wirtschaftliche Planungs- und Konstruktionskonzepte, Dissertation, 1982.

ERVICE
LV464DN

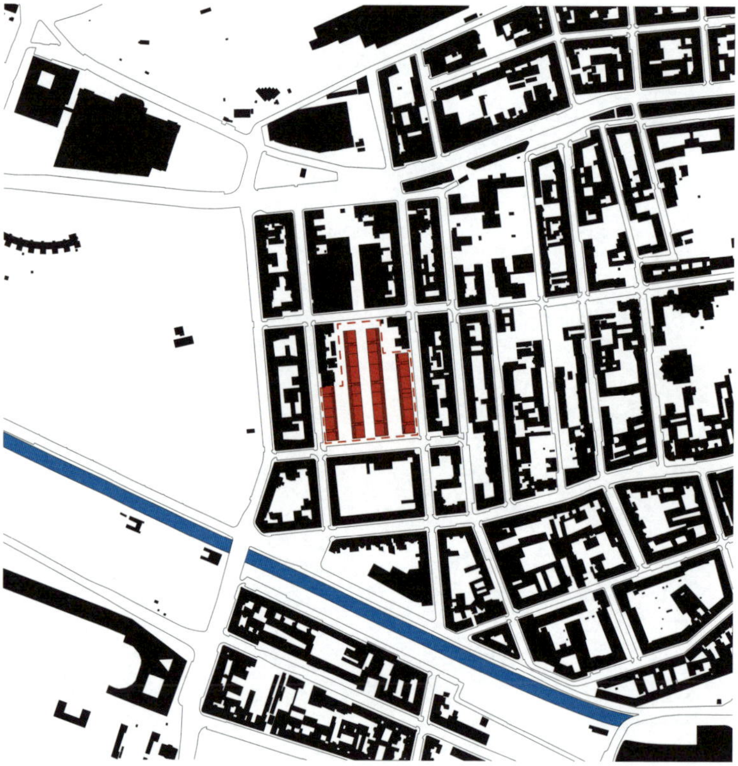

Wohnungen 291
Geschossflächenzahl 2,3
Bebauungsgrad 44 %

Grundstücksfläche ca. 17.300 m²
Bebaute Fläche 7.600 m²
Bruttogeschossfläche ca. 40.000 m²

Gemeinschaftseinrichtungen, Infrastruktur: Gemeinschaftsräume, Geschäfte und Lokale

Wien, Österreich
Weiglgasse 6–10 – Anschützgasse – Siebeneichengasse – Jheringgasse

Architekt
Wilhelm Holzbauer

Bauherr
Gemeinde Wien, im Rahmen der 1968 gestarteten Initiative „Wohnen Morgen" des österreichischen Bundesministeriums für Bauten und Technik

Planung ab 1973 (Wettbewerb)
Bau 1976–80

Lageplan 1:10.000

Wohnen Morgen Wien

Wilhelm Holzbauer

1973–80

„Zwischen Straße und Garten"[1]

Maria Welzig

Im revolutionären Jahr 1968 gründete die österreichische Bundesregierung – die damalige ÖVP-Alleinregierung – eine Stelle für Wohnbauforschung. Deren erste Initiative war die Aktion „Wohnen Morgen" – eine Serie von Architektur-Wettbewerben in den neun Bundesländern,[2] die „in technischer, wirtschaftlicher und sozialer Hinsicht neue Wege im Wohnbau weisen" sollten.[3] Wenn auch die Zielvorstellungen nur in zwei der neun Wettbewerbe von den Verantwortlichen annähernd ernst genommen bzw. umgesetzt wurden, nämlich in Wien und in Niederösterreich, bleibt die Initiative bis heute vorbildhaft – und unwiederholt.

Wohnen Morgen war eine staatliche Aktion. Die Auswahl des Planungsgebiets, die Wettbewerbsdurchführung und die Realisierung – mit staatlicher finanzieller Unterstützung – oblagen jedoch den einzelnen Bundesländern.

Terrassenstruktur im Gründerzeitviertel

Der Wettbewerb für Wohnen Morgen Wien, 1973, fiel in eine Zeit, als sich die Diskussion im Wohn- und Städtebau verstärkt innerstädtischen Sanierungen zuwandte. Dementsprechend wählte die Stadt Wien auch ihr Planungsgebiet: eines jener Gründerzeit-Viertel, die Ende des 19. Jahrhunderts unter rein ökonomischen Prämissen

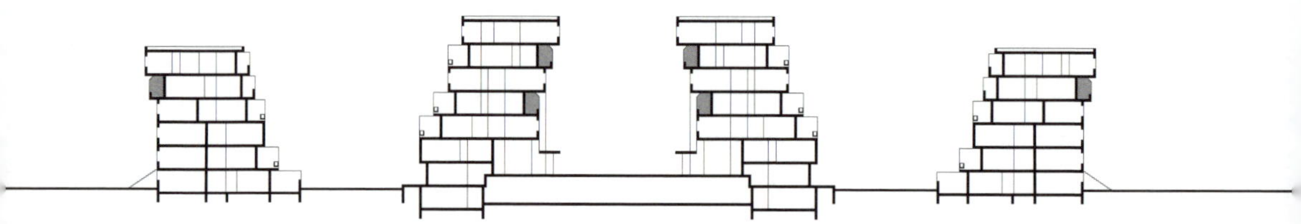

Grundriss 1. und 3. OG, Schnitt, 1:1.000

hochgezogen worden waren. Das Quartier im 15. Bezirk, an der Weiglgasse, lag bei allen sozialen Parametern deutlich unter dem Wiener Durchschnitt. Der Wohnbau selbst wurde anstelle von Straßenbahn-Remisen der Jahrhundertwende geplant. Der südliche Teil der Remisen wich dem realisierten Projekt.[4] Der nördliche Teil, jenseits der Siebeneichengasse (heute Betriebsbahnhof Rudolfsheim), war im Wettbewerb ebenfalls als Planungsgebiet für eine Realisierungsstufe zwei ausgewiesen und Gegenstand der Ausschreibung. Die Stufe zwei wurde jedoch nicht umgesetzt.[5] Der verbliebene Teil der konstruktiv innovativen Remisen vom beginnenden 20. Jahrhundert ist heute denkmalgeschützt.

Im Februar 1974 kürte die Wettbewerbs-Jury unter 65 eingereichten Projekten jenes von Wilhelm Holzbauer zum Siegerprojekt.[6] Holzbauer (1930–2019) war damals nach seinen Anfängen als Teil der Arbeitsgruppe 4 und einem Jahrzehnt in den USA und in Kanada bereits ein erfolgreicher Architekt mit Büros in Wien und Amsterdam.

Der Architekt verstand es, das zentrale Wohn- und Städtebau-Thema rund um 1968, die Terrassenstruktur, in eine innerstädtische Bebauungsstruktur einzupassen und sie mit der Thematik des öffentlichen Raumes zu verknüpfen. Das Projekt löst sich vom Blockrandschema und schlägt ein neues strukturelles Konzept für Stadterneuerung vor: eine alternierende Abfolge von Grünzonen und (Fußgänger-)Straßen, zwischen denen parallele zeilenförmige Baukörper liegen.

Im konkreten Fall sind es vier nord-süd-verlaufende Zeilen. Die beiden äußeren Zeilen sind sechs Geschosse hoch, die beiden inneren sieben. Die Baukörper sind einseitig terrassiert. Die Terrassen orientieren sich zu den Grünräumen hin. Zur mittigen Wohnstraße und zu den begrenzenden Straßen hingegen kragen die Baukörper entsprechend aus. Die Konstruktion ist eine Schottenbauweise, die tragenden Scheiben liegen im Abstand von 5,50 Metern. Um die Auskragungen aufzunehmen, wird jede dritte Stützenscheibe bis zur Auskragung vorgezogen und wie ein Pfeiler zum Boden geführt – bildet damit ein formal bestimmendes Element.

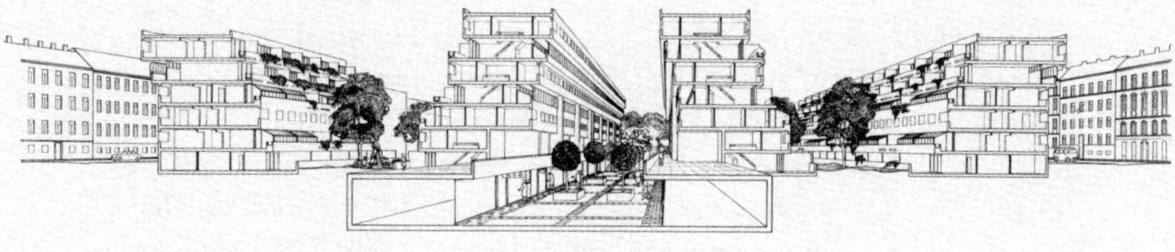

Die Wohnstraße als kommunikativer Ort

Die Straße bezeichnet der Architekt in seiner Projekterläuterung als Leitthema des Entwurfs: „Die Fußgängerstraße sollte alle Funktionen aufnehmen, welche die ‚Straße' seit jeher hatte: eine Straße als Geschäftsstraße, als Spielplatz, Marktstraße etc."[7] Die Straße als „kommunikatives Element im Städtebau".[8] Voraussetzung dafür ist, sie von der Dominanz durch Autos zu befreien. In der Anlage Wohnen Morgen fahren die Autos von der Weiglgasse aus in eine zweigeschossige Tiefgarage unterhalb der beiden mittleren Wohnblöcke. Die urbane Geschäftszone ist auch das Thema des Brunswick Centres in London, das 1972 bereits umfassend publiziert war.[9]

Die Wohnstraße hat großstädtischen Charakter. Die Auskragungen der linearen Baukörper wirken wie der Ansatz einer Überdachung und tragen zum urbanen Charakter bei. Großmaßstäblichkeit und prägnante Form der Baukörper schaffen einen städtischen Raum neuen Zuschnitts. Den südlichen Abschnitt der Wohnstraße senkte der Architekt zu einem tiefer liegenden Platz ab. Dieser funktionierte ein Vierteljahrhundert als Kommunikations- und Geschäftszentrum – unter anderem mit Caferestaurant, Konsumfiliale, Fleischhauer, Obst- und Gemüsegeschäft.[10]

Die Lokale und Geschäfte waren quartiersübergreifende Angebote. Bis 2006 funktionierte der abgesenkte Platz als Nahversorgungsort. Dann errichtete die Stadt Wien an seiner Stelle eine zusätzliche Tiefgarage – eine fragwürdige Entscheidung. In der Wohnstraße

Wilhelm Holzbauer, Wohnen Morgen Wien, Schnittperspektive, 1975, Blick von Süden

Verglastes Stiegenhaus, Gartenseite, Foto 2019

sind 2019 noch ein Papiergeschäft, ein Nagelstudio und ein Hundesalon in Betrieb. Die Gemeinschaftsräume stehen weiterhin den Bewohnerinnen und Bewohnern zur Verfügung. Die Nachfrage nach Nutzung – mittlerweile vorwiegend für individuelle Zwecke, weniger für die Gemeinschaft der Mieterinnen und Mieter – ist groß.

Gestapelte Einfamilienhäuser

Das Wettbewerbsprojekt hatte ausschließlich Maisonettewohnungen vorgesehen. Sie waren von durchgehend größerem Zuschnitt (65 und 117 Quadratmeter). Die Erschließung erfolgte über Laubengänge.

In der Ausführung gab die Stadt Wien eine größere Vielfalt an Wohnungstypen und -größen vor:[11] Die realisierten 291 Wohnungen variieren in der Größe zwischen 45 und 130 Quadratmeter (inklusive Terrassen und Loggien) und verschiedenen Typen: Vorwiegend sind es Split-Level-Wohnungen (erste und zweite Ebene) und Maisonettewohnungen (vierte und fünfte sowie sechste und siebte Ebene), aber dazu kommen nun auch Geschosswohnungen (dritte Ebene). Außerdem bietet die Anlage im Erdgeschoss neun „Alten- und Behindertenwohnungen".

Laubengänge – damals eher verpönt – erschließen die Maisonette-Wohnungen in den oberen Stockwerken. Die gebogenen Laubengang-Verglasungen bilden ein formales Kennzeichen der Anlage. Die Stiegenhäuser rhythmisieren die Fassaden – sie bilden monumentale Nischen zu den Straßen aus, zu den Grünräumen hin sind sie groß-

Wohnstraße mit Spielnische, um 1980

Wohnstraße mit abgesenktem Platz, der 2006 einer Erweiterung der Tiefgarage weichen musste. Um 1980

zügig verglast; charakteristische Rundfenster markieren sie zusätzlich. Eine andere Erschließungsform – und Eigenheit der Anlage – ist der unmittelbare Zugang zu den Wohnungen von außen: Von der Fußgängerstraße betritt man im Erdgeschoss direkt die Split-Level-Wohnungen und Außenstiegen führen unmittelbar in die Geschosswohnungen in der dritten Ebene. Der direkte Zugang zu den Wohnungen im Geschosswohnbau ist für Wien untypisch. Im angelsächsischen Raum dagegen ist er verbreitet, so findet sich dieses Element auch im Alexandra Road Estate. (Vgl. S. 270 ff.) Diese Erschließung vermittelt, wie die Maisonette- und Split-Level-Wohnungen, ein Gefühl von „eigenem Haus". Deutlich ausgeprägt ist bei Wohnen Morgen Wien also das Prinzip der gestapelten Einfamilienhäuser.

Die Wohnräume und ein Teil der Schlafräume sind zum Grünraum orientiert. Der Eingang, die Küche und die Nebenräume, aber auch ein Teil der Schlafzimmer liegen zur Wohnstraße bzw. zu den anliegenden Straßen. Obwohl die Konstruktion von Wohnen Morgen Wien großzügige Belichtungen ermöglicht hätte, weisen die Wohnungen vielfach Lochfenster auf. Jede Wohnung hat eine zwölf Quadratmeter große Terrasse oder einen Gartenhof. Die Terrassen sind mit Pflanztrögen aus Polyester ausgestattet.

Form versus nutzungsoffene Struktur

Mit der Wohnanlage Monte Amiata in Gallaratese bei Mailand führten Carlo Aymonino und Aldo Rossi klassizistische Tendenzen in die Architektur ein. Zu der 1967 bis 1972 errichteten, viel publizierten Wohnanlage weist die Wiener Anlage eine Reihe von Bezügen auf: generell die Betonung des formalen Aspekts, die Reihung der als monumentale Pfeiler vortretenden Schotten zur Wohnstraße hin, die starke Plastizität der Nischen, die monoton gereihten Lochfenster, der Einsatz der Farben als Gestaltungselement,[12] die Thematik Straße – Platz. Obwohl die Konstruktion von Wohnen Morgen eine Schottenbauweise ist, werden tragende Außenwände suggeriert – eine formale Geste, die auf die „Fassade" rekurriert. Im Unterschied zu Aymonino und Rossi, über deren Anlage es hieß, sie beweise eindrucksvoll, „daß in dieser Architektur weder die Natur noch der Mensch einen Platz hat"[13], kombiniert Holzbauer jedoch die Straße mit dem Angebot von Grünräumen und gesteht den Bewohnern individuelle, auf den Grünraum orientierte Freiräume zu. Das Terrassenhaus-Prinzip der „rohen Struktur", innerhalb der die Terrassen zu individuellen kleinen grünen Reichen werden können, tritt jedoch in Holzbauers Projekt hinter dem Wunsch nach Form zurück.[14]

Soziales Klima

450 Quadratmeter waren insgesamt als Gemeinschaftsfläche gewidmet: vier Räume für gemeinschaftliche Freizeit und ein Jugendclub, außerdem Waschküchen und weitere Infrastrukturräume. Die Freizeiträume liegen unmittelbar an der Wohnstraße und gewähren mit ihren großflächigen Verglasungen Ein- und Ausblicke. Sechs großzügige Nischen in der Erdgeschosszone laden darüber hinaus zum überdachten Spielen im Freien.

Wohnen Morgen Wien zeigt, wie wirkmächtig Architektur sein kann. Der innovative Architekturanspruch gab den Anstoß, dass sich Bewohner des Gemeindebaus in der Folge selbst ermächtigten, sich in einem Mieterverein „Wohnen heute" organisierten und ein Informationsblatt unter diesem Titel herausgaben.[15] Die Bewohnerinnen und Bewohner erstritten von der Gemeinde Wien als Verwalterin die Herausgabe der Schlüssel zu den Gemeinschaftsräumen, deren Nutzung ihnen eineinhalb Jahre lang verwehrt worden war. Für die vier Gemeinschaftsräume hatte sich die Mehrheit der Bewohner für folgende Nutzungen ausgesprochen: Raum 1: Allgemeine Veranstaltungsraum für Diskussionen, Filmvorführungen, Vorträge etc., Raum 2: Ausstellungsraum, Raum 3: Bastel- und Handwerksraum, Raum 4: „Familienraum", evtl. stundenweise Kindergarten.[16]

Der Verein „Wohnen heute" organisierte in der Folge zahlreiche Veranstaltungen – von Kinderfesten über Diskussionen bis Filmvorführungen, befasste sich aber auch mit rechtlichen Fragen und Mieteranliegen. Seine Bestrebung war es, „fuer diese beispielhafte Wohnhausanlage und ihre Bewohner eine Form des Zusammenlebens zu foerdern, die zusaetzlich zu der Einmaligkeit der architektonischen Gestaltung diese Wohnhausanlage zu einem Vorbild fuer zeitgemaesses Wohnen machen koennte."[17] Bewohnerinnen und Bewohner gründeten außerdem kurz nach Bezug der Anlage einen „Sport- und Freizeitklub Wohnen Morgen".

Als problematisch stellte sich die Zufahrtsmöglichkeit für Autos auf dem abgesenkten Platz heraus. Eigentlich nur für Zulieferung gedacht, mutierte der Platz bald zur Parkfläche. Die Grünzonen zwischen den Wohnzeilen waren zunächst wie die Wohnstraße allgemein durchgängig.

Diese öffentliche Zugänglichkeit führte jedoch zu Problemen und so wurden die Grünräume zu den Straßen hin eingezäunt und bleiben den Bewohnern vorbehalten – wie es auch in der Planung bereits vorgesehen gewesen war.[18]

In einer Studie aus dem Jahr 1983 über die Wohnzufriedenheit im sozialen Wohnbau in Österreich erreichte Wohnen Morgen Wien eine überdurchschnittlich gute Bewertung – unter anderem aufgrund des Sozialklimas.[19]

Ein Abend im Juni 2019: Die Linden, als Teil der Wohnanlage angepflanzt, duften. Auf der Straße kurven zwei kleine Buben in elektrischen Sportautos, bei den Bänken an der Siebeneichengasse sitzen und stehen Frauen im Gespräch, junge Männer versuchen sich mit einem Dosen-Kickerl. Ein Mann schließt direkt von der Straße aus seine Wohnung auf. Jugendliche haben den tiefer liegenden Bereich vor der Garage bezogen, den Restraum des ursprünglichen abgesenkten Platzes. In eine der Spielnischen ist eine Gruppe von Mädchen mit ihren Puppenwagen und Puppen eingezogen.

Alternative zum Blockrand-Raster

Die Anlage fügt sich in die umgebende Bebauungsstruktur ein, indem sie die nord-süd-verlaufenden Straßen als Randbebauung begleitet. An diesen beiden Straßen setzt die neue Anlage auch an bestehende Gründerzeit-Bauten an und sie passt sich deren Höhe an. Wohnen Morgen bildet jedoch keine allseitig geschlossene Blockrandbebauung. Die Anlage teilt vielmehr ihre Platz- und Grünräume mit der Umgebung.

Durch die Wohnstraße, die Grünräume und die Vorgärten ebenso wie durch die Terrassierung, werden neue Typologien eingeführt. Die Anlage zeigt, dass Alternativen möglich sind zur engen gründerzeitlichen Blockrandbebauung. Dass hier bewusst eine Alternative dazu bzw. ein *Up-grade* gesucht wurde, zeigt sich auch im Abrücken von der gründerzeitlichen Bebauungslinie an sämtlichen vier begrenzenden Straßen. Die Bebauung von Wohnen Morgen springt hier zurück und ermöglicht so baumbestandene Vorgärten für das graue Quartier, eine wirkungsvolle Methode, über entsprechende Widmung zu einer ökologischeren Stadt zu gelangen.

Anmerkungen

1 Nach dem Titel eines Berichts über Wohnen Morgen Wien „Entre rue et jardin. Opération Wohnen-Morgen, Vienne, Autriche", in: L'architecture d'aujourdhui, 215 (1981), S. 10–15.

2 Gleichzeitig mit der Einrichtung der Stelle für Wohnbauforschung, 1968, wurde mit dem neuen Wohnbauförderungsgesetz auch die Wohnbauförderung föderalisiert und den einzelnen Bundesländern anheimgestellt.

3 Heiduk, Kurt (Hrsg.): Wohnen morgen – Baukünstlerischer Wettbewerb Kärnten, Bundesministerium für Bauten und Technik, Wien 1970, o.p.

4 Hier hatten sich die Zentralwerkstätten der Wiener Linien befunden, die nun abgesiedelt wurden.

5 Der realisierte Wohnbau liegt zwischen Weiglgasse / Anschützgasse / Siebeneichengasse / Jheringgasse.

6 Juryvorsitzender war der Architekt Hans Aigner. In der Jury vertreten war unter anderen Gustav Peichl, der auch Mitglied des Wohnbeirats war.

7 Holzbauer, Wilhelm: Baubeschreibung Wettbewerb, 1974, in: Wohnen Morgen Wien, Bericht 1982, S. 5.

8 Ebd., S. 4.

9 Vgl. in diesem Buch den Beitrag von Clare Melhuish über das Brunswick Centre.

10 Vgl. Fotos aus der Zeit der Fertigstellung sowie freundliche Auskunft von Erika Klabouch, Mieterin in der Anlage seit 1980. Frau Klabouch organisierte seit den 1990er-Jahren zahlreiche Aktivitäten für Kinder in der Wohnanlage und rief eine Frauengruppe ins Leben. Sie verwaltet zusammen mit einer weiteren Bewohnerin auch die Nutzung der Gemeinschaftsräume.

11 Außerdem vergrößerte sich in der Ausführung der Achsabstand der Schotten gegenüber dem Wettbewerb von 5,20 Meter auf 5,50 und die Höhe der inneren Zeilen reduzierte sich von acht auf sieben Geschosse. Die Längsseiten zu den Straßen wurden ohne die prononcierten gestaffelten Auskragungen ausgeführt.

12 Ursprünglich hatte Holzbauer eine rote Mosaikverkleidung für die vorspringenden Bauteile vorgeschlagen, vgl. Sterk 1976, S. 15.

13 Kennedy, Margrit, Statement nach einem Vortrag Carlo Aymoninos an der Berliner Sommerakademie 1978 über Gallaratese, publiziert in: bauwelt 31/1978, zitiert nach dem Blog Exportabel von genova: Architektur und Dogma 3 – Gallaratese: „Beklemmende Atmosphäre", 3. Juli 2014, https://exportabel.wordpress.com/2014/ 07/03/gallaratese-beklemmende-atmosphare/ (28. September 2019). Aymonino berichtete in dem o. g. Vortrag, dass er erfolgreich die Pflanzung einer Baumreihe verhindert hatte.

14 Auf die mögliche Vorbildwirkung von James Sterlings „Southgate Estate" in Runcorn New Town (errichtet 1968 bis 1977) für Holzbauer verweist Lorenzo de Chiffre, vgl. De Chiffre 2016, S. 177.

15 Der Bewohner und Mitgründer des Vereins „Wohnen heute", Josef Michlmayr, schrieb Anfang 1982: „Durch die Architektur von ‚Wohnen Morgen Wien' angeregt kam es zu einer selbstverständlichen Kontaktaufnahme zwischen Bewohnern, welche alsbald eine Interessensgemeinschaft bildeten. Diese Gemeinschaft ist zu einem Verein herangewachsen, dem heute ein wesentlicher Teil der Bewohner unserer Wohnhausanlage angehört", in: Informationsblatt „Wohnen heute", Nr. 7–8, 1981/1982, S. 12, in: Wohnen Morgen Wien, Bericht, 1982, Anhang.

16 Gemeinschaftsraum-Story 3. Teil. Geschichte mit „Happy End?", in: Informationsblatt „Wohnen heute", Nr. 4, 1981, S. 2, in: Wohnen Morgen Wien, Bericht, 1982, Anhang.

17 Steinböck, Hans, Ein Jahr „Wohnen heute", in: Informationsblatt „Wohnen heute", Nr. 7–8, 1981/1982, S. 9, in: Wohnen Morgen Wien, Bericht, 1982, Anhang.

18 Vgl. Fröschl, Johann, 2 Jahre „wohnen morgen wien", Informationsblatt „Wohnen heute", Nr. 11, 1982, in: Wohnen Morgen Wien, Bericht, 1982, Anhang, S. 3.

19 „Wohnwertuntersuchung für den sozialen Wohnbau in Österreich", hrsg. vom Bundesministerium für Bauten und Technik, Wien 1983.

Literatur

Heiduk, Kurt (Hrsg.): Wohnen morgen – Baukünstlerischer Wettbewerb Wien, Bundesministerium für Bauten und Technik. Wien 1974.

Kneissl, Franz E. / Prochazka, Elsa / Wessely, Rudolf: Wohnen Morgen, in: Architektur.aktuell, Nr. 50, 1975, S. 21–32.

Sterk, Harald: Wohnen morgen – nur in Wien und Neumarkt?, in: Wien Aktuell. Offizielles Organ der Bundeshauptstadt, Presse- und Informationsdienst der Stadt Wien, 12, 1976, S. 13–15.

Holzbauer, Wilhelm: Wohnquartier in Wien, 15. Bezirk, in: Baumeister, 5, 1980, S. 480–482.

Holzbauer, Wilhelm: Social Housing „Wohnen Morgen", Vienna, in: GA document 2, 1980, S. 108–115.

Entre rue et jardin. Opération Wohnen-Morgen, Vienne, Autriche, in: L'architecture d'aujourdhui, 215, 1981, S. 10–15.

La Memoria della città / A city's memory, in: Domus, 615, 1981, S. 17–19.

Johann, W.: Experimentele Woningbouw in Wenen: Een invuloefening van Holzbauer, in: De Architect, 10, 1981, S. 55–99.

Housing Project „Wohnen Morgen", in: AD-Toshi-Jutaicu, 7, 1981, S. 6–13.

Wohnen Morgen Wien, Bericht 1982 = Urbanes Leben: Demonstrativbau des Wettbewerbes „Wohnen Morgen" in Wien 15, Wohnen Morgen Wien, Bericht, zusammengestellt von Wilhelm Holzbauer, hrsg. vom Bundesministerium für Bauten und Technik. Wien 1982.

Holzbauer, Wilhelm: Wilhelm Holzbauer: Bauten und Projekte 1953–1985. Residenzverlag, Salzburg 1985, S. 92–101.

Holzbauer, Wilhelm: Wilhelm Holzbauer: buildings and projects. Bauten und Projekte. Menges, Stuttgart 1995, S. 68–73.

Waechter-Böhm, Liesbeth (Hrsg.): Wilhelm Holzbauer: Holzbauer und Partner, Holzbauer und Irresberger. Springer, Wien 2006, S. 156–161.

De Chiffre, Lorenzo: Das Wiener Terrassenhaus. Entwicklungsphasen und Aktualität eines historischen Wohntypus mit Fokus auf den lokalspezifischen architektonischen Diskurs, Dissertation an der Fakultät Architektur und Raumplanung der Technischen Universität Wien, vorgelegt bei Prof. Astrid Staufer, Wien 2016, v. a. S. 163–178.

13
W 25778 Y

EINBAHN
15., Weiglgasse
ARMUT

B8

Hybride in Kernlage

Brunswick Centre, London
Patrick Hodgkinson
1967–72

La Serra, Ivrea
Iginio Cappai, Pietro Mainardis
1967–75

Wohnungen 560
Bebauungsgrad 67 %

Grundstücksfläche ca. 27.600 m²
Bebaute Fläche 18.500 m²

Gemeinschaftseinrichtungen, Infrastruktur: Geschäfte, Supermarkt, Kino, Tiefgarage

London, Großbritannien
Brunswick Square, Bloomsbury

Architekt
Patrick Hodgkinson

Bauherr
London Borough of Camden

Planung 1967–69
Bau 1969–72

Lageplan 1:10.000

Brunswick Centre, London

Patrick Hodgkinson

1967–72

The Brunswick revisited – ein Modell für Wohnen in einer grünen und gerechten Stadt

Clare Melhuish

Der Architekt Patrick Hodgkinson wollte mit seiner Planung für Brunswick in London, früher bekannt als Brunswick Centre, „ein neues Dorf mitten in London bauen, in dem sich das gesamte Spektrum des Lebens der alten Dörfer des West End wiederfindet, aber das auch einen neuen, lebensspendenden Geist besitzt“[1]. Im Gegensatz zu dem Modell der Wohnmaschine, wie es Le Corbusier mit seiner Unité d'Habitation präsentierte, könne man mit den für Großbritannien typischen georgianischen linear angeordneten Reihenhäusern – wie im Bereich Bloomsbury/Holborn im Zentrum Londons – durchaus auch hohe Wohndichten in Verbindung mit offenen Räumen erreichen, die zu dem Klima vor Ort und zu den Lebensgewohnheiten der Menschen passen. Ein Element dieses historischen Modells fand allerdings nicht seine Billigung, nämlich die klare soziale Hierarchie, die es verkörperte – die Häuser waren visuell nach unterschiedlichen Wohnungsklassen gegliedert. Hodgkinsons Vision für Brunswick war getragen vom Traum der sozialen Gleichheit und sollte einen Mix aus Wohnungstypen anbieten, in dem Menschen aus allen sozialen Schichten und mit unterschiedlicher Herkunft gleichberechtigt nebeneinander leben können. Insofern ist dieser Wohnkomplex bis heute ein bedeutendes Modell für eine Anlage mit gemischten Wohnformen in Innenstädten, auch wenn die soziale Vision des Architekten nicht

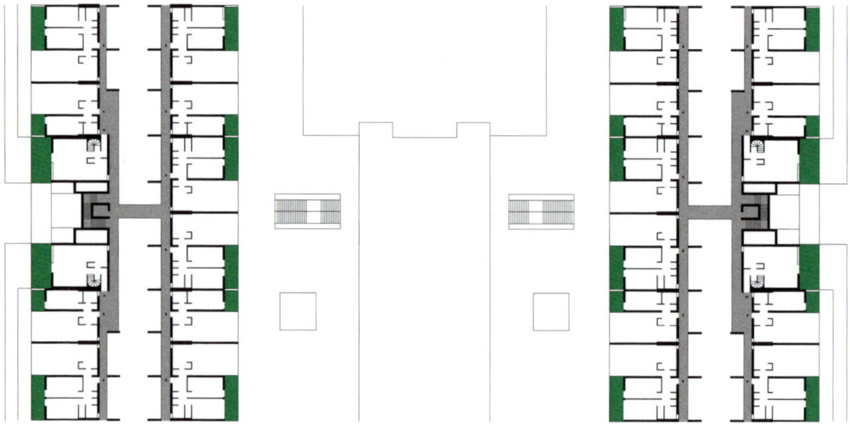

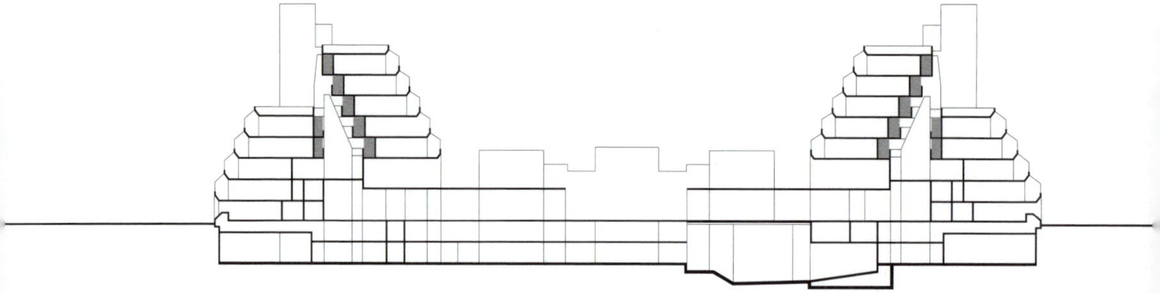

Grundriss 2. OG, Schnitt, 1:1.000

in vollem Umfang realisiert wurde, da es hinsichtlich der Planung und der Eigentumsverhältnisse kurz vor dem Bau Änderungen gab.

Bewegte Geschichte

Das Brunswick wurde im Jahr 2000 als hochrangiges Baudenkmal anerkannt und in der Kategorie Grade II unter Denkmalschutz gestellt. In der Begründung des Ministeriums für Kultur, Medien und Sport wird es beschrieben als „ein Beispiel einer Megastruktur in England mit Pioniercharakter: ein Projekt, das verschiedene Funktionen mit jeweils gleichrangiger Bedeutung innerhalb einer Anlage kombiniert. Ebenfalls richtungsweisend ist diese Wohnbebauung, die ohne Hochhäuser trotzdem eine hohe Dichte schafft, ein Bereich, in dem Großbritannien höchst einflussreich war. ... In Brunswick wurde das Konzept des Terrassenhauses im großen Maßstab und für eine Palette an Einrichtungen entwickelt, dessen formale Lösung wegweisend war."[2] Allerdings war zu diesem Zeitpunkt das Gebäude sehr heruntergekommen, nach zwei Jahrzehnten mangelhafter Instandhaltung und Änderungen in der Politik der Wohnungszuteilung des Councils. Beeinträchtigt wurde das Ansehen der Anlage auch von negativen Presseberichten, der Unzufriedenheit der Bewohner und einer Reihe von Vorschlägen, seit 1990 für einen radikalen Umbau in Reaktion auf die wahrgenommenen Missstände.

Seit der Fertigstellung im Jahr 1973 als ein Projekt des sozialen Wohnungsbaus des London Borough of Camden über einem privaten Einkaufszentrum im Erdgeschoss wurde das Brunswick von vielen Bewohnern und von der Wohnungsverwaltung des Council als ein sehr problematisches Umfeld angesehen, für das eine aufwendige Erhaltung und viele Maßnahmen notwendig sind, um die Sicherheit der Bewohner gegenüber Personen von außen, darunter auch Drogenabhängige und Prostituierte, sicherzustellen. Zugleich war die Wohnanlage bei den Mietern aber auch beliebter als die hohen Wohnblocks in der Nachbarschaft, denn sie bot einen hohen Standard hinsichtlich Größe und Helligkeit der Wohnungen. Auch gab es viel geschützten öffentlichen Freiraum in der zentralen Fußgängerzone und mit den Terrassen auf der Ebene des ersten Obergeschosses. Für Hodgkinson waren sie „Lustgärten", von denen man auf auf ein „Stadtzimmer" blicken kann, mit „professionellen Kammern", die sich zu den Terrassen öffnen. Allerdings wurden diese großzügig

Brunswick, Perspektivische Ansicht durch das Atrium, *Outline Planning Scheme* 1963.

Bewohner auf seiner Terrasse mit dem Oktober-Heft der *Architectural Review* 1972 in Händen.

bemessenen Räume im ersten Obergeschoss aus Sicherheitsgründen schließlich für die Öffentlichkeit gesperrt und die großen Freitreppen, die von der Fußgängerzone die Menschen hinaufführten, abgebaut, und an den offenen Zugängen zu den Wohnungen von der Straße wurden Sicherheitstüren eingebaut. Viele Geschäfte in der Fußgängerzone standen bis zur Sanierung 2006 häufig leer, und wo es Geschäfte gab, war das Angebot wenig attraktiv für die Öffentlichkeit. Aber die Sanierungsmaßnahmen der vergangenen zehn Jahre zur Entwicklung einer „High Street für Bloomsbury" brachten wieder neues Leben in den zentralen öffentlichen Raum des Brunswick – auch wenn er vielleicht von den Bewohnerinnen und Bewohnern der Wohnanlage darüber noch relativ wenig genutzt wird.

Hodgkinson beschrieb das Projekt als eine Wohnanlage für „Stadtmenschen" – ein Tor zu den Möglichkeiten und Annehmlichkeiten der Innenstadt, das die besondere Lage von Holborn als ein Wohngebiet sehr nahe am West End und an der City of London sowie zu den großen Bahnknotenpunkten wie Kings Cross und St. Pancras widerspiegelt. Damit unterschied er sehr klar zwischen dem Charakter des Brunswick und anderen Projekten (wie etwa sein Entwurf für das Loughborough Estate), die mehr auf das Wohnen von Familien ausgerichtet waren. Als der Council von Camden das Projekt 1965 beschloss, war es der erklärte Wille, damit auch wieder Familien ein Wohnen in diesem Quartier zu ermöglichen, in dem institutionelle Bauten immer mehr überhandnahmen. Aber indem sie die Bandbreite unterschiedlicher Wohnungen aus Kostengründen reduzierten,

wurden unflexible Einschränkungen gesetzt und die Haushaltsgrößen minimiert. Nach der Fertigstellung des Projekts war es in den Augen einiger Kritiker aufgrund der innovativen baulichen Gestaltung und Ästhetik unmöglich für das Gebäude, erfolgreich als Anlage des sozialen Wohnungsbaus zu funktionieren. „Mieter von Sozialwohnungen können im Gegensatz zu den für dieses Gebäude zunächst geplanten Bewohnern mit mittlerem Einkommen und aus der Mittelschicht die reinen zeitgenössischen Linien und Formen eher weniger schätzen."[3] Der Dichter John Betjeman verriss die Wohnanlage mit vernichtenden und sarkastischen Worten in einem Stück, das er bezeichnenderweise „New Barbarism"[4] nannte.

1972 bezeichnete Theo Crosby, Herausgeber von *Architectural Review*, das neue Gebäude erstmals als eine „Megastruktur"; für ihn war schon die Form an sich falsch, um als Modell für eine erfolgreiche Stadtentwicklung zu dienen: „Die Megastruktur, die in sich abgeschlossen ist, integriert sich nicht in ihre Umgebung. Sie ist ein Fremdkörper, und für ihren Erfolg muss sie ihre Umgebung so schnell wie möglich verschlingen, um ihre eigene Ordnung und ihr eigenes System über jeden Aspekt des Lebens dort zu stülpen."[5] Allerdings berichteten zwei Journalistinnen, die die ersten Mieter interviewt hatten, von deutlich positiveren Eindrücken. Johnstone schrieb, ihren Gesprächspartnern „gebe das Gebäude ein Gefühl von Identität"[6], und Kendall berichtete, die Mieter schätzten das neue Umfeld, insbesondere die Offenheit dort. Als die ersten grobschlächtigen, von kommerziellen Interessen getriebenen Vorschläge für eine Neuentwicklung der Anlage gemacht wurden, lehnten Bewohner wie auch Fachleute diese rundweg ab. Dies führte dann letztlich dazu, dass das Gebäude zu seinem eigenen Schutz unter Denkmalschutz gestellt wurde, und zu der engagierten Kampagne von Hodgkinson, die Arbeit, wie ursprünglich geplant, zu vollenden; die Maßnahmen waren erfolgreich und führten zu einer Sanierung und Neuordnung, die 2006 unter der Leitung des Architekturbüros Levitt Bernstein fertiggestellt wurde.

Radikales Modell: geringe Höhe, hohe Dichte, gemischte Nutzung

In ihrem Bericht wandte sich Kendall auch gegen den Begriff „urbane Megastruktur", den sie eine „plumpe Beschreibung"[7] der neuen Wohnanlage nannte. Sie unterstreicht, wie wichtig es ist, die komplexe Baugeschichte des Brunswick zu verstehen, um dessen Bedeutung als ein Modell für eine Wohnanlage mit gemischten Wohnformen in der zeitgenössischen grünen Stadt richtig einordnen zu können. Auch Hodgkinson war bemüht, darauf hinzuweisen, dass eines der wesentlichen Elemente des Projekts die Tatsache war, dass es dem Grundstück 75 Prozent an Freifläche zurück gab im Vergleich zur ursprünglichen Bebauung aus dem 19. Jahrhundert mit Reihenhäusern und Hinterhöfen. Hinzu kamen auch noch die geplanten gemischten Wohnformen für Menschen mit unterschiedlichem Hintergrund, und dies in unmittelbarer Nähe zu Einkaufsmöglichkeiten um einen verkehrsberuhigten Platz. Die Bezeichnung des Gebäudes als eine „Megastruktur" prägte sich aber tief in die architektonische Genealogie des Brunswick ein, auch weil Banham es in seinem Buch mit eben diesem Titel aufgenommen hatte[8]; Hodgkinson allerdings hasste die Beschreibung, weil man damit die Vorstellungen einer autoritären sozialen Kontrolle, worauf Crosby in seiner Analyse angespielt hatte, verband[9]. Dagegen übernahm er gerne das positivere Bild des Architekturkritikers Colin Rowe, der das Brunswick mit dem Palais Royale (1639) in Paris verglich und als weiteren Vorläufer die Adelphi Buildings in London nannte, jene großartigen zweckgebundenen Gebäude über den Gewölbedecken von Lagerhäusern nahe der Themse, die 1768 von den Adam Brothers entworfen worden waren.

Tatsächlich war Hodgkinsons Mix aus verschiedensten Einflüssen und Bezügen – English Gothic, Arts and Crafts und *Festival of*

Britain (i.e. Britische Nationalausstellung 1951), von skandinavischer Moderne bis Futurismus und von einem von Sartre geprägten Existenzialismus bis zum „Fußgängerzonen"-Ansatz von Lewis Mumford – ungewöhnlich in einem Bau- und Planungsklima, in dem das kompromisslose Denken und Handeln von Le Corbusier und der europäischen Schule der funktionalistischen Moderne vorherrschten. In seinen ersten Plänen für das Projekt hatte Hodgkinson aus Ziegel errichtete lineare Gebäude vorgesehen, die innen um Treppenhäuser und außen um geschützte und abgegrenzte Freiräume organisiert sind – ein Bild häuslicher Ruhe wie in einem großen mittelalterlichen Haus, Kloster oder den Universitäten von Oxford und Cambridge, weit entfernt von monumentaler oder gar futuristischer Architektur einer A-Rahmen-Konstruktion, die dann letztlich umgesetzt wurde. Entsprechend realisierte er eine nicht begrenzte, lineare Gebäudeform sowie geschützte Räume auf dem Areal, verkehrsberuhigt und das alles auf einem Sockel, um Versorgungsleistungen und Parken unter der Erde bereitzustellen. Zu dem Projekt gehörte eine zentral gelegene runde Veranstaltungshalle (die 1963 durch ein Einkaufszentrum ersetzt wurde) sowie 54 Geschäfte an beiden Seiten der Fußgängerzone, losgelöst vom Verkehr rund um das Gebäude.

Der charakteristische Querschnitt der Terrassenhäuser war ein Element, das bereits in einer frühen Planungsphase gesetzt wurde, denn damit erhalten alle Wohnzimmer, ob nach Westen oder Osten ausgerichtet, sowie die jeder Wohnung zugeordneten verglasten „Wintergärten" Mittagssonne. Aber die Gestaltung in Form einer monumentalen A-Rahmen-Konstruktion (Entwicklung zusammen mit dem Ingenieur Felix Samuely), die sich ab 1965 durchsetzte, sowie die Freiterrassen vor dem inneren Atrium mit Blick über die Fußgängerzone mit den Geschäften darunter war gewissermaßen nur ein Nebenprodukt von Änderungen im Baurecht, wonach die Konstruktion aus Stahlbeton und nicht aus Ziegel konstruiert und ausgeführt sein musste. Hodgkinson widersprach Banhams späterer Beschreibung des Brunswick als eine Hommage an Sant'Elia, „dem eigentlichen Erfinder der Terrassenhäuser mit A-Rahmen-Konstruktion"[10], und verwies auf das weniger bekannte Krankenhausprojekt in Elberfeld aus dem Jahr 1928 von Marcel Breuer und Walter Gropius sowie den Wohnblock in Paris von Henri Sauvage in der Rue Vavin von 1911–1912 als bedeutendere Einflussfaktoren. Wichtig war ihm vielmehr, keine bedrückende, anmaßende Megastruktur aus

Beton losgelöst von ihrem urbanen Umfeld zu schaffen, sondern eine ganz wesentliche Dimension des alltäglichen Lebens zum Ausdruck zu bringen, die es den Bewohnern erlaubt, den Himmel zu sehen, losgelöst und abseits von dem deprimierend stumpfsinnigen Umfeld der Straßen im Nachkriegslondon.

Trotzdem konnte das Gebäude seinen schlechten Ruf als Sinnbild des Brutalismus nie ablegen; die Fassaden aus Sichtbeton galten als Beispiel für das genaue Gegenteil der Werte einer grünen Stadt. Die Bewohnerinnen und Bewohner des Brunswick beklagten von Anfang an die wenig zufriedenstellenden Rahmenbedingungen des Wohnens bezogen auf die Materialien und stimmten in die Klagen ein, die sich an die örtliche Verwaltung und an ihr Versäumnis richteten, die die Materialunzulänglichkeiten der Konstruktion zu beheben, die sich in Leckstellen, Flecken, Korrosion und seltsamen Gerüchen äußerten, die über mehrere Jahre die Wohnblöcke durchdrangen. Hodgkinson stellte später allerdings klar, „ich persönlich lehne den Brutalismus ab … denn aus meiner Sicht ist er unmenschlich und nur eine modische Spielerei“[11], und betonte, er wollte die Materialität des Gebäudes, so wie es realisiert wurde, nie als ideologisches Statement verstanden wissen. Er begrüßte die Möglichkeiten, die sich durch die Sanierung 2006 ergaben, um einige Probleme der Erhaltung zu beheben und die Sichtbetonfassaden zu überstreichen; er hatte ursprünglich einen cremefarbenen Anstrich, der an die Grand Stucco Terraces in Regents Park von John Nash erinnert, vorgesehen.

Fußgängerzone des Brunswick, Blick auf die Läden von Süden vor der Sanierung 2006

Eine neue Haupteinkaufsstraße für Bloomsbury: Blick auf die Fußgängerzone nach der Sanierung mit dem neuen Supermarkt im Norden

Wohnraum mit Wintergarten

Rahmen für sozialen Wandel

Als die Entwicklungsmaßnahmen für das Areal des Brunswick in Holborn, Central London, 1958 erstmals diskutiert wurden, führten die Vorschläge zu einem allgemeinen Aufschrei, und die Anwohner waren bestürzt über das, was sie als eine Vertreibung einer tief mit dem Ort verwurzelten Bevölkerung ansahen. Die Entscheidung, an dem Plan festzuhalten, basierte allerdings auf dem Grundsatz einer radikalen Neuentwicklung des kriegszerstörten London, der die Basis des Statutory Development Plan des Jahres 1951 von Abercrombie und Forshaw bildete. Und so wurden alle Wohnhäuser, die als minderwertig und schlecht eingestuft wurden, gemäß den entsprechend erlassenen Gesetzen im Rahmen eines umfassenderen Programms zur Räumung von Armensiedlungen abgerissen. 1963 hatte das Transportministerium außerdem Empfehlungen herausgegeben, verkehrsberuhigte „Umweltbereiche" in Städten zu schaffen, die von neuen Autostraßen für den Schnellverkehr umgeben sind[12], wobei diese Empfehlungen auf der Politik der Räumung von Gebieten aufbauten und die Gestaltungsentwicklung des Plans für Brunswick als einem Ansatz für den Bau von Wohnhäusern um eine Fußgängerzone unmittelbar beeinflussten.

Der Vorschlag von Patrick Hodgkinson für eine Bebauung mit Wohnungen und Geschäften muss als radikaler Gegenentwurf zu den Planungsideen für das Areal von der Entwicklungsgesellschaft Marchmont Properties und den Architekten Covell und Matthews aus der Zeit von 1958 bis 1960 verstanden werden. Deren Planung, die einen vierziggeschossigen Büroturm, drei zwanziggeschossige Gebäude mit Wohnungen und einige lange fünfgeschossige Blocks mit Geschäften und ein Studentenwohnheim für die University of London umfasste, wurde vom London County Council (LCC) abgelehnt, da man den Wohncharakter dieses Quartiers erhalten wollte. 1959 empfahl man Marchmont, Leslie Martin als Architekten zu benennen, der gerade sein Amt als Chefarchitekt beim LCC aufgegeben hatte (wo er für die Gestaltung des high-rise Alton Estate in Roehampton im Südwesten Londons verantwortlich gewesen war). Er nämlich könne auf politischer Ebene Einfluss nehmen und sei auch vertraut mit der gesamten Bloomsbury-Thematik. Patrick Hodgkinson arbeitete zu dieser Zeit in Martins Büro an einer Reihe von Projekten mit niedrigem und hochverdichtetem Wohnbau, darunter auch eine alternative Planung für das Loughborough Estate des LCC in Brixton. Er lehnte sowohl die Räumung von Armensiedlungen, wie sie der Plan des County of London vorsah, als auch Wohngebäudeprojekte nach dem Vorbild von Le Corbusier, wie sie das LCC favorisierte, ab.

Hodgkinsons Vision für das Brunswick war ein kohärenter architektonischer Rahmen, der öffentliche und private Lebenswelten zusammen bringen könnte, durch ein Netz von Räumen unterschiedlicher Größe, die die Privatwohnungen mit der Straße und der Stadt über eine Reihe von Schwellen verbinden. Dies würde den unterschiedlichen Haushalten und Gemeinschaften erlauben, neben- und miteinander zu wohnen und gleichzeitig mehr Privatsphäre zu besitzen als in der engen traditionellen Bebauung des Quartiers; so entstand in vielerlei Hinsicht ein Modell für eine innerstädtische Bebauung, mit der genau dies erreicht wird, trotz der Änderungen an dem architektonischen Konzept, die mit der Zeit realisiert wurden, um Abgrenzungen deutlicher herauszuarbeiten und zu sichern.

1992 schrieb das *Architects' Journal*, durch die Art und Weise, wie die Bewohner ihre Balkone „personalisiert“ haben, entwickelte das Brunswick eine exotische Atmosphäre, vergleichbar mit Louis Kahns Idee der „bewohnten Ruinen“[13]. Unsichtbar zumindest für die Öffentlichkeit fand und findet eine ähnliche Personalisierung der gemeinsamen Räume in den Gebäudeblocks – das Atrium und die Zugangsflure auf jeder Ebene – statt, und auch die einzelnen Wohnungen haben sich im Laufe des Lebens des Gebäudes verändert, worin sich der Wandel beim sozialen Mix der Bewohner als auch immer neuer

Lebensstile über drei Generationen hinweg widerspiegelt. Ein beträchtlicher Anteil der knapp über sechshundert Wohnungen ist nach und nach in den privaten Markt verschwunden und hat als Ergebnis der „right-to-buy"-Politik der Regierung der 1980er-Jahre, wonach Mieter von Wohnungen der öffentlichen Hand diese zu einem vergünstigten Preis kaufen konnten, den Eigentümer gewechselt. Die Wohnungen dagegen, die im Eigentum des Council verblieben sind (inklusive der Wohnungen, die für verschiedene Formen eines betreuten Wohnens mit entsprechender Versorgung ausgewiesen waren), werden, sobald jemand auszieht, denjenigen zugesprochen, die auf dem normalen Wohnungsmarkt keine Chance haben. Während also durch die erfolgreiche Wiederbelebung der Geschäfte entlang der Fußgängerzone eine neue Phase der öffentlichen Interaktion begonnen hat und der Einzelhandel neue Möglichkeiten in diesem hochwertigen Gebiet mitten in London erhielt, hat die Frage, wie man im Brunswick lebt und wohnt, als eigenständiges Thema noch nicht die öffentliche Diskussion erreicht. Als ein ‚Ort', der von innen heraus betrachtet eine Hülle für die unterschiedlichsten Menschen ist, die im Raum durch viele verschiedene Fäden miteinander verbunden sind (oder auch nicht), statt von außen als ein äußerer Rahmen oder eine ästhetische, monumentale Form gesehen zu werden, stellt das Brunswick ein vielschichtiges, vielstimmiges soziales Setting mit einer eigenen inneren Dynamik dar. Heute gilt es als ein Meilenstein des kulturellen britischen Erbes der Nachkriegszeit. Es bietet seit seinem Bestehen seinen Bewohnerinnen und Bewohnern ein einzigartiges und großzügiges Umfeld, in dem ein Wohnen mit viel Privatsphäre in unmittelbarer Nähe zu allem, was es in der Innenstadt als einem Theater des gesellschaftlichen Austausches gibt, möglich ist.

Anmerkungen

1 Hodgkinson, Peter: „Speculation with Humanity?", Erwiderung eines Architekten auf das Baugesuch von Tranmac, 10. Juli 1992.

2 Department for Culture Media and Sport (2000), Listing Schedule 798-1/95/10155: Brunswick Square (West side).

3 Murray, Peter: „Foundling Estate, Bloomsbury", in: Architectural Design, 611, London: Academy Editions, Oktober 1971.

4 Betjeman, John: „The New Barbarism, Nooks and Corners", in: Private Eye, 13. August 1971 (CLSC np).

5 Crosby, Theo: „Brunswick Centre, Bloomsbury, London", in: Architectural Review, 212, Oktober, Bd. 152 Nr. 908.

6 Johnstone, Violet: „Another London ‚Barbican', custom-built for Bloomsbury", in: Daily Telegraph, 27. Juni 1972 (CLSC np).

7 Kendall, Ena: „Babylon Comes to Bloomsbury", in: Observer Magazine, 33–34, 2. Dezember 1973.

8 Banham, Reyner: Megastructure: urban futures of the recent past, Thames and Hudson, London 1976, S. 185–9.

9 Crosby 1972, S. 212.

10 Banham 1976, S. 19.

11 Hodgkinson, Patrick: Brief an die Autorin, 3. September 2000.

12 Buchanan, Colin: Traffic in Towns, Transportministerium, London 1963.

13 Astragal: „Kasbahs in exotic Brunswick", in: Architects' Journal, 49, 29. Juli 1992.

Literatur

Astragal: „Kasbahs in exotic Brunswick", in: Architects' Journal, 49, 29. Juli 1992.

Banham, Reyner: Megastructure: urban futures of the recent past, Thames and Hudson, London 1976, S. 185–9.

Betjeman, John: „‚The New Barbarism', Nooks and Corners", in: Private Eye, 13. August 1971, (CLSC np).

Buchanan, Colin: Traffic in Towns, Ministry of Transport, London 1963.

Crosby, Theo: „Brunswick Centre, Bloomsbury, London", in: Architectural Review, Bd. 152, Nr. 908, S. 211 ff, Oktober 1972.

Department for Culture Media and Sport, Listing Schedule 798-1/95/10155: Brunswick Square (West side), 2000.

Hodgkinson, Peter: „A Handful of Homes: British post-war housing", in: A3 Times, Nr. 9, S. 19–21, Modern Urban Living, Polytechnic of North London, London 1987.

Hodgkinson, Peter: „Speculation with Humanity?", Einspruch eines Architekten gegen den Bauantrag von Tranmac, 10. Juli 1992.

Hodgkinson, Peter: Brief an die Autorin, 3. September 2000.

Johnstone, Violet: „Another London ‚Barbican' custom-built for Bloomsbury", in: Daily Telegraph, 27. Juni 1972 (CLSC np).

Kendall, Ena: „Babylon Comes to Bloomsbury", in: Observer Magazine, S. 33–34, 2. Dezember 1973.

Murray, Peter: „Foundling Estate, Bloomsbury", in: Architectural Design, S. 605–612, Oktober 1971, Academy Editions, London.

L.K.Bennett

GLOBAL FOOD

Except cycles
LF57 YKG

RENOIR
IN THE FOG
WHITE ELEPHANT
A LATE QUARTET
HANDEL'S CESARE
IN THE HOUSE
CINEMA
OUR CHILDREN
STRADA

FRENCH CONNECTION
Carluccio's
MENU FISSO
the BRUNSWICK

Carluccio's

Wohnungen 55
Bebauungsgrad 64 %

Grundstücksfläche 4.400 m²
Bebaute Fläche 2.800 m²

Gemeinschaftseinrichtungen, Infrastruktur: Veranstaltungshalle für 600 Personen, Konferenzsaal für 120 Personen, Kino, Restaurant, Snackbar, Hallenbad, Fitnessstudio, Saunaanlage, Geschäfte, Büros

Ivrea, Italien
Corso Botta 30

Architekten
Iginio Cappai, Pietro Mainardis

Bauherren
Camillo Olivetti, C.S.p.A.

Planung und Bau
1967–75

Lageplan 1:10.000

La Serra, Ivrea

Iginio Cappai, Pietro Mainardis
1967–75

Centro di servizi sociali e residenziali Olivetti in Ivrea

Paolo Enrico Dalpiaz, Giulia Maria Infortuna

Das Gebäude des ehemaligen Centro di servizi sociali e residenziali Olivetti, dann umbenannt in Unità residenziale Est und später das Hotel La Serra, womit Bezug auf den Bergrücken moränischen Ursprungs als östliche Grenze der Region Canavese genommen wird, ist Teil der dynamischen Firmenpolitik von Olivetti sowie der Idee einer Gemeinschaftsbewegung von Adriano Olivetti[1], aufgrund derer die UNESCO die Ivrea Città Industriale des 20. Jahrhunderts am Corso Guglielmo Jervis in die Welterbeliste aufnahm.[2]

Das Gebäude grenzt im Süden an die öffentlich zugänglichen Giardini Giusiana, im Norden an die Via Bertinatti und im Osten an den Corso Botta; es gehört zu einem Bereich direkt hinter der Altstadt, der seit den 1930er-Jahren als Erweiterungs- und Stadterneuerungsgebiet ausgewiesen ist.[3]

La Serra steht als Gebäude beispielhaft für die Radikale Architektur in Italien. Es ist inspiriert von der Idee einer „connected city" aus den Utopien der 1960er- und 1970er-Jahre – die Stadt als Kapsel aus Trag- und Infrastruktur, in der extrem funktionale und aufs Wesentliche beschränkte Wohnzellen und die Versorgungstechnik integriert sind, eine Plug-in City (Peter Cook, 1964), in der die technologischen Innovationen für eine Stadt der Zukunft, für eine Science-Fiction-Stadt stehen.[4]

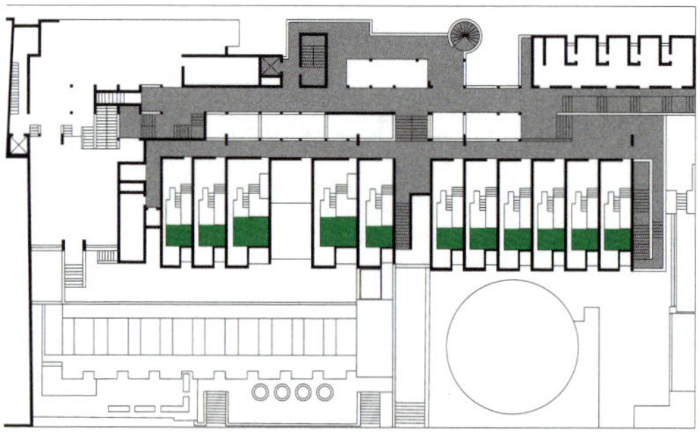

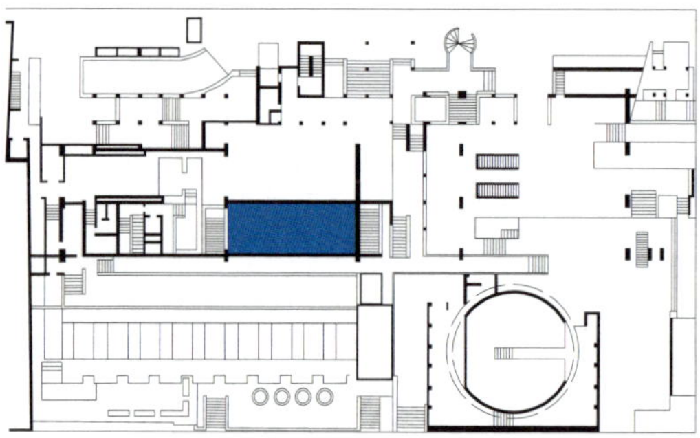

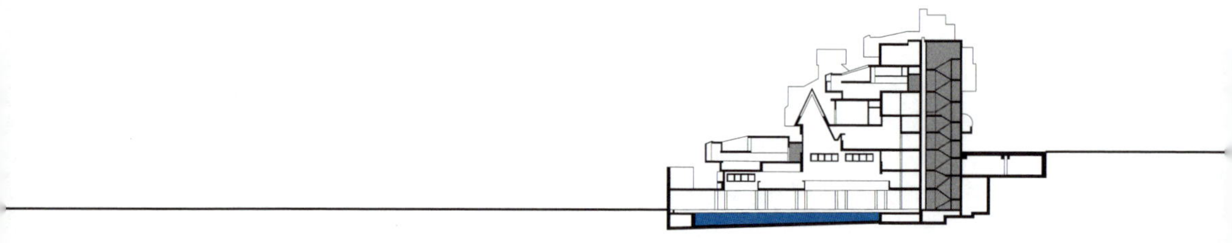

Grundriss 3. und 6. OG, Schnitt, 1:1.000

„Das ist kein Gebäude […], sondern ein urbanes System: ein Bezirk, eine Straßenkreuzung, ein Bienenstock, ein mittelalterlicher Portikus, der alle Töne und die […] wohnungsbezogenen, gewerblichen, administrativen, der Entspannung dienenden Wege in sich vereinigt. Es hat daher kein Gesicht […], sondern perspektivische Verkürzungen […], Ausblicke und Bezüge zur Landschaft, zum Körper der Stadt […]"[5]

So beschrieb Paolo Volponi 1976 La Serra, ein Gebäude, das nach dem Wunsch des Unternehmens Olivetti entstanden ist, um die vom Fluss Dora gesetzte natürliche Grenze zu überwinden und von hier aus die Altstadt von Ivrea zu betreten, und es realisierte die Vorstellung von Adriano Olivetti (1901–1960) von einem Gästehaus, in dem Dienstleistungen zur Verfügung stehen, die zwischen dem Unternehmen und den Bedürfnissen der Stadt vermitteln.[6]

Anhand dieser Vorgaben für das Projekt entwickelten die beiden venezianischen Architekten Iginio Cappai (1932–1999) und Pietro Mainardis (1935–2007) einen Plan mit 55 Mini-Apartments, die über eine Reihe von Wegen – mit Rampen, Treppen und kleinen Brücken dazwischen – mit Sport- und Kultureinrichtungen verbunden sind, die selbst wiederum den Bewohnern des Gebäudes und der Stadt offenstehen. Dabei kategorisierten die Architekten die unterschiedlichen Ebenen nicht auf der Basis der Art der Nutzung – privat oder gemeinschaftlich –, sondern setzten Blickpunkte und beziehen sie zum Außen: ein Netz aus Verbindungen, das es den Nutzern erlaubt, von den verschiedenen Dienstleistungen zu profitieren und, falls notwendig, innerhalb des Gebäudes zu bleiben.

Ein Baukomplex „[…] der Stadt (und dem, was die Stadt als ihr zugehörig empfinden soll,) zugewandt, mit vielen Zugängen, zwölf insgesamt, statt nur einem Haupteingang […] Das Gebäude ist durch offene Räume, Gänge und eine Rolltreppe nach allen Seiten offen. Aber Eingänge und Verbindungen weisen immer auf ein Weiter. Und dieses Weiter ist das besondere Charakteristikum des Komplexes."[7]

Auf den neun Ebenen des Gebäudes befanden sich ursprünglich: im Untergeschoss ein archäologischer Pfad (mit römischen Überresten, die während des Aushubs entdeckt wurden), die *Aula Magna* mit sechshundert Plätzen (nutzbar als Kino, für Versammlungen und für Konzerte), ein 25 mal 10 Meter großes Schwimmbecken mit angegliederter Sauna und Sporthalle sowie eine Tiefgarage für 150 Fahrzeuge; im Erdgeschoss ein Kuppelsaal für Ausstellungen und Konferenzen mit 120 Plätzen; in den Ebenen darüber ein Restaurant,

Centro di servizi sociali e residenziali Olivetti, später: Hotel La Serra, Fotos 2018

Südansicht mit Wohnkapseln

eine Snackbar sowie Räume unterschiedlicher Größe für gewerbliche Zwecke.[8] Und natürlich die Wohneinheiten, sie sind als vorspringende Elemente übereinandergelegt und terrassenförmig in das konstruktive Raster eingeschoben, eine Gestaltung, die an den Tastenblock einer Schreibmaschine erinnert. Es gibt vier verschiedene Apartmentmodule für eine bis vier Personen. Die Zellen bestehen aus einem offenen, langgestreckten Raum, der über drei Ebenen reicht; die Möbel sind integraler Bestandteil der Raumgestaltung und der Organisation des Alltags: Wohnzimmer mit Terrasse, Arbeitsbereich, Bett, Küchenzeile und Bad.[9] Im Arbeitsbereich gibt es ein vertikales Schiebesystem zum Öffnen – ein Erkerfenster aus dünnen Keramikplatten nach dem Vorbild der Luftfahrttechnik –, das den Blick nach draußen ermöglicht.[10] Das gesamte Gebäude ähnelt damit eher einer Maschine, einer Fabrik beziehungsweise einem Kreuzfahrtschiff und funktioniert auch durchaus so; denn hier wie dort verbinden sich technische Perfektion und die maximale Effizienz jener Zeit mit dem *Existenzminimum*: Die Wohneinheiten werden zu Kabinen, die durch echte Schiffsbrücken miteinander verbunden sind, und die Snackbar befindet sich im Inneren des Schiffs- beziehungsweise hier Gebäuderumpfes.[11]

Das Scheitern einer Utopie und einer Maschine

Von Beginn an gestaltete sich der Bauprozess schwierig: Die Baugenehmigung wurde 1968 beantragt und ausgestellt, aber

Ansicht Corso Botta mit auskragendem Gebäudeteil als Vorplatzüberdachung: rechts Aufgang zu den Apartments und Shops; Mitte Eingänge zu Kino, Auditorium und Restaurant.

bereits 1969 kam es zu einer Unterbrechung der Arbeiten, da man römische Überreste entdeckte, die Teil eines recht komplexen und weitläufigen archäologischen Systems sind.[12] Für etwa zwei Jahre wurden die Arbeiten eingestellt und konnten erst wieder 1970 mit einer Variante des ursprünglichen Plans aufgenommen werden. Eine offizielle Einweihung fand nie statt, da der Komplex mit der Fertigstellung jedes einzelnen Teilbereichs direkt in Betrieb ging: zunächst die Sportanlagen mit der Sporthalle, dem Schwimmbecken und der Sauna, danach die Wohneinheiten, dann das Restaurant und die Bar und schließlich die Kultur- und Kongressräume wie die *Aula Magna* und der Kuppelsaal. Nach der ursprünglichen Planungsidee hätte der überdachte Platz unter dem auskragenden Teil des Gebäudes am Corso Botta verbindendes und attraktives Element für die Bevölkerung von Ivrea sein sollen, wo sie flanieren können und das Gebäude sich öffnet. Allerdings wurden die gewerblich nutzbaren Räume erst Jahre später fertig und schlossen auch recht bald wieder.[13]

Die realisierte Variante veränderte das ursprüngliche Projekt auch aus technischer und funktionaler Sicht: Für das Gebäude war der Einsatz innovativer Technologien, wie etwa Vorfertigung, angedacht, aber letztlich wurde ein gemischter Ansatz gewählt, der auch traditionelle Bautechniken mit einschloss. Vorgefertigte Elemente für die Wohneinheiten wurden in die Stahlbetonkonstruktion integriert, mit direktem Bezug zum Schiffsbau in Form von hermetisch verschlossenen Bullaugen, Messingbauteilen und Einbaumöbeln.[14]

Snackbar neben dem Eingang zum Sportzentrum im ersten Obergeschoss.

„Es darf nicht riskieren, jemandem zu gehören [...] Es muss vielmehr unbedingt ein öffentliches [...]gemeinschaftliches Gebäude sein.“[15]

Aus funktionaler Sicht sind die Folgen der Veränderungen in der realisierten Variante deutlich schlimmer. Die Probleme bei der Verwaltung der öffentlichen und privaten Räume des Gebäudes führten zur sofortigen Umwandlung der Wohneinheiten – die nach dem ursprünglichen Plan der Architekten für die zeitbegrenzte Unterbringung von Technikern und Wissenschaftlern, die die Stadt und die Olivetti Werke besuchten, gedacht waren – zu einem Hotel, um eine bessere Kontrolle der Innenräume zu gewährleisten.[16]

Diese Änderung führte zu einer schleichenden und immer massiveren exklusiven, Viele ausschließenden Nutzung der Räume, die der Idee der *promenade architecturale* und der öffentlichen Seele des Gebäudes widersprach und zur Marginalisierung, der fortschreitenden Verschlechterung des baulichen Zustandes und einem Gefühl von Tristesse beitrug.

Entwicklungsmotor oder Bote des Niedergangs?

„[...] Wandschmierereien, lose Bleche, abblätternder Beton, Rost, mit Rollgitter verschlossene Gänge und Geschäfte, beschädigte und defekte Bodenbeläge, die Maschine läuft nicht rund, und kaum ein Bereich des Gebäudes ist nicht vom Verfall betroffen.“[17]

Trotz der Einbeziehung des Gebäudes in den Besuch des *Museo a cielo aperto dell'architettura moderna* (Maam) von Ivrea[18] verschlech-

Kinosaal. Das Kino war bis 2014 in Betrieb.

terte sich der bauliche und soziale Zustand zunehmend, die Gründe für diesen Niedergang sind in einer Reihe von Faktoren zu finden. 2001 schloss das Vier-Sterne-Hotel La Serra endgültig, und danach fand eine zunehmende Fragmentierung des Gebäudes statt, als das Immobilienunternehmen Pirelli RE als Eigentümer des Gebäudes 2007 begann, Teile davon an Privatpersonen zu verkaufen.[19]

Trotzdem gab es immer den Wunsch, die Idee der sozialen und kollektiven Bestimmung des Gebäudes, die den Architekten am Herzen lag, wieder aufleben zu lassen. 2007 erwarb eine Gruppe von Kleinunternehmern, die sich in einer Gesellschaft mit dem Namen Effetto Serra S.p.a. zusammengeschlossen hatten, das Atrium und die Erdgeschossebene mit den Geschäften und der *Aula Magna* für eine Kinonutzung von Pirelli RE. Der Kuppelsaal, den Pirelli RE zuvor der Stadt geschenkt hatte, wurde ebenfalls von der neu gegründeten Gesellschaft verwaltet. Noch im selben Jahr wurde der Kinosaal, also der überdachte Platz, zum Herzstück des neuen Kulturzentrums, mit einem Projekt des Architekten Giorgio Ceradelli, zu dem zwei durch im Boden eingelassene Elemente gekennzeichnete Wege gehören, die die Räume definieren und die Besucher leiten: ein Weg aus Holz für den gastronomischen Raum und ein Weg aus Stahl für den Kulturraum.

Leider war Effetto Serra nur ein kurzes und sorgenvolles Leben beschieden: 2014 war die Gesellschaft wegen der hohen Ausgaben für die Bauarbeiten insolvent.[20] Aufgrund der hohen Investitionskosten, der geringen Rentabilität des Kulturzentrums und eines ruinösen Nebeneinanders von Öffentlich und Privat steht das Gebäude nach der Schließung des Kinos im Februar 2014 und dem darauffolgenden Bankrott der Gesellschaft leer.

Seit dieser Zeit ist die Unità Residenziale Est, das ehemalige Hotel La Serra, ungenutzt und verkommt zusehends. Aufgrund kleinerer Brände und viel Vandalismus beschlossen die Bewohner, den privaten Teil der Via Bertinatti mit Toren zu schließen.[21] Seit Juli 2017 gab es mehrere öffentliche Auktionen für die Räume der ehemaligen Gesellschaft, allerdings ohne klare Ergebnisse; das Gebäude verkommt somit weiter, eine Ausnahme bilden das Schwimmbad, das weiterhin genutzt wird, und das neue Sportcenter in den Räumen des ehemaligen Restaurants.

Nach wie vor gibt es immer wieder wissenschaftliche und andere Studien, in denen Entwicklungsszenarien präsentiert werden, in deren Mittelpunkt Modelle für eine koordinierte, planvolle und kulturelle Nutzung des Gebäudes stehen, das ein komplexes System, eine Maschine in kontinuierlicher Entwicklung ist, die lebendig gehalten werden muss und bei der effizient die Synergie der inneren Mechanismen und die Verbindungen genutzt werden müssen, damit das Gebäude seine wirtschaftliche und soziale Rolle wiedererlangen kann, die bisher nie vollständig realisiert wurde.[22]

„Ein Plan zur Erhaltung von La Serra als ein uniformer Organismus, Designobjekt, Raum für Kreativität und Gemeinschaft, der Teil einer außergewöhnlichen sozialen und architektonischen Geschichte nicht nur für die Stadt Ivrea ist."[23]

Anmerkungen

1 Mehr zu diesem Thema:

Olivetti, Adriano: Città dell'uomo, Edizioni di Comunità, Turin 2001.

Bonifazio, Patrizia ind Paola Scrivano: Olivetti costruisce. Architettura moderna a Ivrea, Skira, Mailand 2001.

2 „Ivrea è patrimonio mondiale Unesco, è il 54esimo sito italiano. Rinvio per le Colline del Prosecco", in: La Stampa, 01. Juli 2018.

www.lastampa.it/2018/07/01/societa/ivrea-patrimonio-mondiale-unesco-esimo-sito-italiano-bocciate-le-colline-del-prosecco-dLDFImSSz1DIb88hajJrbO/pagina.html (16. Juni 2018).

3 Olmo, Carlo: Costruire la città dell'uomo. Adriano Olivetti e l'urbanistica, Edizioni di Comunità, Turin 2001.

4 Guisti, Maria A: „Ivrea: architettura parlante. Una macchina da scrivere nella città", in: Ananke, Nr. 69, S. 64–70, Mai 2013, S. 65.

Montanari, Guido: „Dall'utopia tecnologica al Decostruttivismo", in: Dellapiana, Elena, Montanari, Guido: Una storia dell'architettura contemporanea, UTET Università, Novara 2015, S. 463–499.

5 „Questo non è un edificio [...] ma è un sistema urbano: un rione, un quadrivio, un alveare, un portico medievale che raccolga tutti i suoni e i percorsi [...] abitativi, mercantili, amministrativi, ricreativi. Non ha quindi una faccia [...], ma ha degli scorci [...], delle vedute e delle predisposizioni al paesaggio, al corpo della città [...]." Volponi, Paolo: „La macchina sociale. Un'architettura-ponte tra fabbrica e città", in: Architettura. Cronache e storia, Nr. 249, S. 130–132, Juli 1976, S. 130. (englische Übersetzung aus dem Italienischen von den Autoren).

6 Rossano, Astarita: Gli architetti di Olivetti. Una storia di committenza industriale, Franco Angeli, Mailand 2000, S. 170.

7 Nannerini, Giuseppe: „Community and privacy. Un centro di servizi residenziali per Ivrea", in: Industria delle costruzioni, S. 19–34, September-Oktober 1973, S. 30.

8 De Simone, Ugo: „Residenziale Hotel ‚La Serra' nel centro di Ivrea", in: Il Nuovo Cantiere, Nr. 4, April 1977, S. 18–26.

9 Nannerini, Giuseppe: Community and privacy, a.a.O.

10 Pavan, Luigi: Cappai e Mainardis. Laboratorio veneziano, Testo & Immagine, Rom 2004, S. 45.

11 Cappai, I. und P. Mainardis: „Centro di servizi sociali e residenziali Olivetti ad Ivrea", in: Architettura. Cronache e storia, S. 134–186, Nr. 249, Juli 1976, S. 166.

12 Brecciaroli Taborelli, Luisa: „Ivrea. Scavo di una trincea nei giardini pubblici", in: Quaderni della Soprintendenza Archeologica del Piemonte, Nr. 8, S. 221–223, 1988.

13 Zorzi, Renzo: „Olivetti: continuità e innovazione", in: Architettura. Cronache e storia, Nr. 249, S. 132–133, Juli 1976, S. 132.

14 Caccia Gherardini, Susanna: „A stone's throw in the Neoclassical swamp of design. The Serra of Ivrea: guidelines for a restoration project", in: Restauro Archeologico, Nr. 25, 62–77, 2016, S. 72.

15 „It must not risk becoming anyone's [...] It must instead be a public, community building." (englische Übersetzung aus dem Italienischen durch die Autoren). Volponi, P: La macchina sociale, S. 131, a.a.O.

16 Tentori, Francesco, Cappai, Iginio und Mainardis, Pietro et al.: „Ivrea. Centro di servizi Olivetti", in: Casabella, Nr. 422, S. 41–57, Februar 1977.

17 "[...] Vandal writings, sheet metal, exfoliation, rust, hallways, and shops closed by sluices, raised and compromised floors, the typewriter creaks, showing a widespread degradation in almost all of the building." (englische Übersetzung aus dem Italienischen durch die Autoren). Giusti, M. A. Ivrea: architettura parlante, S. 70, a.a.O.

18 Bonifazio, Patrizia und Paola Scrivano. Olivetti costruisce, S. 175–179, a.a.O.

19 „Così Pirelli mette in vendita l'ultima ‚macchina da scrivere'", in: la Sentinella del Canavese, 01. Dezember 2005. ricerca.gelocal.it/lasentinella/archivio/lasentinella/2005/12/01/IC3PO_IC301.html (16. Mai 2019).

20 La Mattina, Liborio: „La Serra di Ivrea ad un passo dal fallimento", in: la Voce, 10. Januar 2014. www.giornalelavoce.it/la-serra-di-ivrea-un-passo-dal-fallimento-32452 (16. Mai 2019)

21 Bombonato, Simona: „Ivrea, stop ai vandali: la Serra blindata", in: la Sentinella del Canavese, 28.05.2018. lasentinella.gelocal.it/ivrea/cronaca/2018/05/29/news/ivrea-stop-ai-vandali-la-serra-blindata-1.16891557 (16. Mai 2019).

22 Coscia, Christina, Paolo Enrico Dalpiaz, Enrico Giacopelli und Giulia Maria, Infortuna: „Il caso dell'Unità Residenziale Est – Ex-Hotel La Serra. Il Delphi Method a supporto di scenari di intervento per ‚ri-Scrivere' la Città di Ivrea", in: Valori e Valutazioni. Teorie ed esperienze, Bd. 22, 2019.

23 "A plan for its preservation that can promote La Serra as a unitary building, a design object, a space for creativity and sociality, which is part of a social and architectural history, exceptional not only for the city of Ivrea" (englische Übersetzung aus dem Italienischen von den Autoren). Giusti, Maria A., Ivrea: architettura parlante S. 70, a.a.O.

Literatur

Cappai, Iginio / Mainardis, Pietro: „Capsulated building for Olivetti employees in Ivrea is a beehive of many diverse activities", in: Architecture Plus, Nr. 8, September 1973, S. 34–37.

Nannerini, Giuseppe: „Community and privacy. Un centro di servizi residenziali per Ivrea", in: Industria delle costruzioni, September–Oktober 1973, S. 19–34.

Peverilli, Diego: „Möblierte Wohnungen der Olivetti in Ivrea", in: Werk, Nr. 12, 1974, S. 1478–1482.

Volponi, Paolo: „La macchina sociale. Un'architettura-ponte tra fabbrica e città", in: Architettura. Cronache e storia, Nr. 249, Juli 1976, S. 130–132.

Zorzi, Renzo: „Olivetti: continuità e innovazione", in: Architettura. Cronache e storia, Nr. 249, Juli 1976, S. 132–133.

Cappai, Iginio / Mainardis, Pietro: „Centro di servizi sociali e residenziali Olivetti ad Ivrea", in: Architettura. Cronache e storia, Nr. 249, Juli 1976, S. 134–186.

Huet, Bernard: „Centre de services sociaux er résidenties, Ivrea", in: L'Architecture d'Aujourd'hui, Nr. 188, Dezember 1976, S. 100–104.

Tentori, Francesco / Cappai, Iginio / Mainardis, Pietro u. a.: „Ivrea. Centro di servizi Olivetti", in: Casabella, Nr. 422, Februar 1977, S. 41–57.

De Simone, Ugo: „Residenziale Hotel ‚La Serra' nel centro di Ivrea", in: Il Nuovo Cantiere, Nr. 4, April 1977, S. 18–26.

Morris Dixon, John: „Utopian mechanism. Olivetti Social Services and Residential Centre, Ivrea, Italy", in: Progressive Architecture, Nr. 8, April 1977, S. 74–81.

Brecciaroli Taborelli, Luisa: „Ivrea. Scavo di una trincea nei giardini pubblici", in: Quaderni della Soprintendenza Archeologica del Piemonte, Nr. 8, 1988, S. 221–223.

Segantini, Maria A.: Iginio Cappai e Pietro Mainardis. Architetti Contemporanei nel Veneto. BetaGamma, Viterbo 1999.

Rossano, Astarita: Gli architetti di Olivetti. Una storia di committenza industrial. Franco Angeli, Mailand 2000.

Bonifazio, Partizia / Scrivano, Paolo: Olivetti costruisce. Architettura moderna a Ivrea. Skira, Mailand 2001.

Olivetti, Adriano: Città dell'uomo. Edizioni di Comunità, Turin 2001.

Olmo, Carlo: Costruire la città dell'-uomo. Adriano Olivetti e l'urbanistica. Edizioni di Comunità, Turin 2001.

Pavan, Luigi: Cappai e Mainardis. Laboratorio veneziano. Testo & Immagine, Rom 2004.

Bonifazio, Patrizia / Giacopelli, Enrico: Il paesaggio futuro. Letture e norme per il patrimonio dell'architettura moderna di Ivrea. Umberto Allemandi & C., Turin 2007.

Feiersinger, Martin / Feiersinger, Werner: Italomodern. Architektur in Oberitalien 1946–1976. Springer Verlag, Wien 2012, S. 262–267.

Giusti, Maria A.: „Ivrea: una macchina da scrivere nella città", in: Ananke, Nr. 69, Mai 2013, S. 64–70.

Pacifici, Martina: „Esperimento Metabolista Italiano, ‚La Serra' ad Ivrea", in: Lab 2.0 Magazine, November 2014, S. 56–61.

Montanari, Guido: „Dall'utopia tecnologica al Decostruttivismo", in: Elena Dellapiana / Montanari, Guido: Una storia dell'architettura contemporanea. UTET Università, November 2015, S. 463–499.

Caccia Gherardini, Susanna: „A stone's throw in the Neoclassical swamp of design. The Serra of Ivrea: guidelines for a restoration project", in: Restauro Archeologico, Nr. 25, 2016, S. 62–77.

Coscia, Cristina / Dalpiaz, Paolo Enrico / Giacopelli, Enrico / Infortuna, Giulia Maria: „Il caso dell'Unità Residenziale Est—Ex-Hotel La Serra. Il Delphi Method a supporto di scenari di intervento per ‚ri-Scrivere' la Città di Ivrea", in: Valori e Valutazioni. Teorie ed esperienze, Nr. 22, 2019.

CS 362AS

HOTEL LA SERRA
CINEMA
ABC
AUDITORIUM LA SERRA
eclipse

1° TEMPO
2° TEMPO
ATTUALITÀ
INTERVALLO
VIETATO
FUMARE
ABC

energie, cultura
solidarietà
metano
USCITA
SICUREZZA

Das Comeback des Terrassenhauses

Gerhard Steixner, Maria Welzig

Abkehr vom Gemeinwesen

Bis Mitte der 1970er-Jahre waren die Kurve der Produktivitätssteigerung und die der Löhne nahezu deckungsgleich. Ab diesem Zeitpunkt lösten sie sich voneinander. Die Produktivität stieg an, während die Löhne stagnierten.

Die politische Entwicklung seit den 1980er-Jahren verlief als Abkehr vom Gemeinwesen und vom Staat: Reagan – „trickle down economics", Thatcher – „there's no such thing as society", Clinton – „it's the economy, stupid", Schröder und Fischer – „Ich-AG", Hartz 4.

Die Propagierung von „Ich-AGs" auch als Konsum fördernde Strategie – jede und jeder Einzelne benötigt nun alles. Konsum als Entschädigung für Vereinzelung und die Leerstelle jenseits des Geldverdienens, der Karriere. Die wirtschaftspolitischen Interessen werden befördert durch entsprechende mediale Bilder. Exemplarisch in der perfekt gemachten 1990er-Kultserie *Sex and the City*, in der vier allein lebende, attraktive, „hart arbeitende" junge Frauen vor der Glitzer-Kulisse New Yorks teure Frisuren, Kleider und Schuhe vorführen.

Bereits 1972 hatte jedoch der Bericht des *Club of Rome* in aller Deutlichkeit „Die Grenzen des Wachstums" aufgezeigt. Dieser Befund stand also bereits vor fünfzig Jahren klar vor Augen.

Architekten und Auftraggeber reagierten auf die angeführten Entwicklungen weitgehend auf einer formalen Ebene. Was den Wohnbau betrifft, erfolgte eine Rückkehr zur Stadt der Straße und ihrer Fassaden.

Das Terrassenhaus, in den 1960er-Jahren als Lösung schlechthin im Wohn- und Städtebau angesehen, als Möglichkeit, die Ressource Boden zu schonen, individuellen und gemeinschaftlichen Bedürfnissen Raum zu geben sowie die Stadt auf effiziente Weise grüner zu machen, verschwand in den 1980er-Jahren abrupt aus Stadtplanung und Wohnbau. Reparatur und „kritische Rekonstruktion" lautete nun die Devise. Groß war das Misstrauen gegenüber den Heilsversprechen der Moderne. Die Stadt Wien setzte im Jahr 1985 mit dem Hundertwasserhaus, der neben dem Karl-Marx-Hof international bekannteste Gemeindebau, einen plakativen Schlusspunkt.

Das Terrassenhaus mit seiner Vielfalt an Erschließungen und Wohnungstypen verschwand vielleicht auch, weil seine Planung einen höheren Aufwand verlangt, als ein Regelgeschoss zu entwerfen. Ein höherer Aufwand, der nur dann getragen wird, wenn es einen *common sense* darüber gibt, dass Wohnbau nicht primär eine ökonomische, sondern ebenso eine ökologische wie soziale Aufgabe ist.

Neue Versuche im 21. Jahrhundert

Erst im 21. Jahrhundert beginnt man sich zu fragen: „Warum baut man keine Terrassenhäuser mehr?" Denn Terrassenhäuser haben „fast nur Vorteile. Sie fügen sich in die Landschaft ein, die Terrassen kommen den Gärten von Einfamilienhäusern nahe und auf Erdgeschossebene steht man nicht vor einer senkrechten Wand, sondern vor einem begrünten Hang. Warum also baut man heute keine

Wohnbau Wienerberg, Wien 2005, Architekten Wimmer und Partner Schwimmbad auf dem vierten Panoramadeck, im Hintergrund die Siedlung Schöpfwerk und der Wohnpark Alt-Erlaa.

Hügelhäuser mehr? Weil die Abstufungen die Baubehörde überfordern würde? Weil sich für Bauträger keine Regelgeschosse ergeben?"[1]

Architektinnen und Architekten entdecken das Potenzial im 21. Jahrhundert wieder. Einigen gelingt es, gemeinnützige oder private Auftraggeber und politische Entscheidungsträger von den Vorteilen des Terrassenmodells zu überzeugen. Wobei sich gegenüber den 1960er- und 1970er-Jahren die Größenordnung geändert hat. Großanlagen sind bis heute passé.

Die Stadt Wien schrieb 2004 auf rot-grüne Initiative einen Wettbewerb für ein Terrassenwohnhaus mit rund 250 Wohnungen aus. Ein (scheinbarer) Startschuss für ein Anknüpfen an die so erfolgreichen Terrassenwohnbauten der 1970er-Jahre. „Mit diesem Projekt entsprechen wir dem Wunsch vieler Wienerinnen und Wiener nach einer eigenen Terrasse oder einem eigenen Garten."[2] Im selben Jahr, 2004, war eine Studie erschienen, die den Terrassenwohnbauten wieder höchste Zufriedenheit und beste Sozialkontakte bestätigte.[3] Allerdings prämierten die Verantwortlichen erstaunlicherweise ein Projekt[4], das zwar Balkone und Loggien aufweist, aber keine wohnungseigenen Terrassen.

In Wien wird die Typologie des Terrassenhauses ab der Jahrtausendwende von jenen Architektinnen und Architekten wieder aufgriffen, die in ihrer Studienzeit seit den 1970er-Jahren damit aufgewachsen sind, und Architektur nicht bloß als Geschäftsmodell betreiben. Helmut Wimmer[5], Walter Stelzhammer, Artec Architekten –

Wohnbau Wienerberg, Wien 2005
Architekten Wimmer und Partner
Gestapelte Einfamilienhäuser, Südwestseite

Wohnhausanlage Ödenburger Straße, Wien 2012
Architekt Walter Stelzhammer
Nordseitig die gedeckte Wohnstraße unter den Laubengängen. Die flache Terrassierung erzeugt großzügige bepflanzbare Freiräume

Büros, die zahlreiche soziale Wohnbauen von hoher Qualität realisierten, konzeptionell und innovativ, wagten sich an die anspruchsvolle Aufgabe Terrassenhaus mit unterschiedlichen Konzepten und Schwerpunkten.[6] Die Bewohnerinnen und Bewohner aller drei hier kurz vorgestellten Bauten erfreuen sich an einem Schwimmbad auf dem Dach oder im gemeinschaftlichen Grünraum. Eine wirksame Strategie zur Gemeinschaftsbildung und Verringerung der Freizeitmobilität.

Die Idee des gestapelten Einfamilienhauses mit Garten wurde vom Architekturbüro Wimmer und Partner mit dem Terrassenhaus Wohnbau Wienerberg im Jahr 2005 strukturbildend umgesetzt: Ein Genossenschaftswohnbau mit 141 Maisonette-Wohnungen und einem Schwimmbad auf dem vierten Panoramadeck; acht Geschosse, bestehend aus vier gestapelten Maisonette-Doppelgeschossen: „Jede Bewohnerin/jeder Bewohner verfügt gleichsam über ein eigenes Haus in einem „Regalsystem", – und hat die Möglichkeit, die unmittelbare Umgebung individuell zu gestalten."[7] Der 170 Meter lange, gekrümmte Riegel, der die *Wienerberg City* nach Süden hin arrondiert, weckt in seiner lässigen Eleganz Urlaubserinnerungen aus mediterranen Gefilden.

Der Architekt Walter Stelzhammer konnte im Jahr 2012 einen sozialen Wohnbau am Wiener Stadtrand als Terrassenhaus (plus Reihenhausanlage) realisieren: eine knapp 350 Meter lange, fünfgeschossige nach Süden terrassierte, gebogene Zeile mit Laubengangerschließung und diversen Gemeinschaftsräumen an der

Nordseite. Die Terrassen, mit Loggien kombiniert, sind echte Außenräume und haben eine Größe zwischen 25 und 40 Quadratmetern. Die damit einhergehende relativ flache Terrassierung erzeugt einen großen „Überhang“ an der Nordseite. Ähnlich wie beim Alexandra Road Estate (vgl. S. 270 ff.) weckt sie Assoziationen an die Außenseite eines Stadions. Auch hier ein Schwimmbad, südseitig vorgelagert im Gemeinschaftsgarten, mit Sauna und Liegeterrassen. Typologisch ein Profil wie aus der „Strangfalzpresse“, mit Le Corbusier's Terrassenhausprojekt Durand von 1933 in Algerien (vgl. S. 67 f.) vergleichbar: Die Terrasse als strukturbildendes Element.

Ganz anders das Wohnhaus Tokiostraße im Stadtentwicklungsgebiet Kagran West von Artec Architekten aus dem Jahr 2009: Die Stapelung verschiedener Wohnformen bildet das Konzept dieses Terrassenhauses. Anders als bei den vorangegangenen Anlagen sind hier die Terrassen Teil einer Komposition aus Kuben und Leerstellen. Ein dichtes, urbanes Gefüge mit hundert Wohneinheiten, attraktivem Gemeinschaftsraum, Kleinkinderspielplatz im vierten Obergeschoss, Schwimmbad samt Liegewiese auf dem Dach, und Raum für temporäre Nutzungen im Erdgeschoss. Viel Raum und Licht erhält die Erschließung des zweihüftigen Straßentraktes durch eine von oben belichtete, fünf Meter breite Halle mit Laubengängen und Brücken als privatisierte Zonen zum Abstellen von Fahrrädern und Kinderwägen – ein Modell „Mittelgang+“, das ost-orientierte Maisonettewohnungen und west-orientierte Geschosswohnungen mit großzügigen zweigeschossigen Loggien erschließt. Eine Reverenz an die

Tokiostraße – Die Bremer
Stadtmusikanten, Wien 2009
Artec Architekten
Die Natur als Teil der Komposition,
Ostseite

Wohnstruktur für ATBAT von Candilis Woods in Casablanca aus dem Jahr 1952. (Vgl. S. 72)

Die Anzahl der seit der Jahrtausendwende realisierten Terrassenhausanlagen für den sozialen Wohnbau, der ja zentrales Anliegen dieses Buches darstellt, ist also noch sehr überschaubar, der Wunsch einer breiten Bevölkerungsschicht nach einer solchen Wohnform jedoch unübersehbar. Diese Typologie wird jedoch in vielen, meist privaten und eher hochpreisigen Projekten, oft auch als Nutzungshybrid, in Europa und Asien projektiert und auch realisiert. Die Typologie selbst befördert die Idee eines Nutzungsmix', wie es im radikalsten Fall in diesem Buch das *Centro di Servizi Sociali e Residenziali Olivetti* in Ivrea darstellt.

Für einen Wettbewerb im Wiener Stadterweiterungsgebiet Aspern Seestadt im Jahr 2015[8] wurden sieben Teams geladen, neue Wege im Wohn- und Städtebau zu gehen. Zwei davon entwarfen grüne Hügelhäuser: Atelier Kempe Thill (NL) und Lacaton & Vassal Architectes (FRA). Realisiert wurde das Projekt von Helen & Hard (NOR), die eine an den Schmalseiten abgetreppte Struktur, mit einem daher relativ geringen Terrassenanteil, vorschlugen. Es ist eines der raren Projekte mit gemischter Nutzung: Studierenden-Wohnheim, freifinanzierte Wohnungen, Büro- und Gewerbeflächen, Volkshochschule, Gastronomie und Geschäftslokale im Erdgeschoss.

Was Bjarke Ingels und Jakob Lange (BIG) im Jahr 2008 in Kopenhagen mit der Realisierung des Projekts „Mountain Dwelling", einer Kombination aus Hochgarage und terrassiertem, verdichtetem Flach-

MTN The Mountain,
Kopenhagen 2008
Bjarke Ingels Group
Unter den Teppich gekehrt: Ein verdichteter Flachbau, über elf Geschosse gestaffelt, bildet das Dach über einer Hochgarage

bau, gelungen ist, blieb beim niederländischen Büro NL Architects bisher auf Papier: Sie schlugen die Typologie des hybriden Hügelhauses auch für öffentliche Kulturbauten vor, für das Guian Urban Planning Museum, China oder das Kunstzentrum ArtA in Arnhem. Mit ihrem programmatischen Entwurf für ein Terrassenwohnhaus in Amsterdam, fünfzig Wohneinheiten im Eigentum, realisierten sie im Jahr 2017 ein sechsgeschossiges Profil aus der Strangfalzpresse. Der Mittelgang im Erdgeschoss erschließt süd-orientierte Geschosswohnungen und Maisonetten nordseitig, die jedoch im ersten Obergeschoss, da durchgesteckt, wiederum Südsonne erhalten. Die Wohnungen in den vier darüberliegenden Geschossen werden über Laubengänge erschlossen. Ein typologischer Klassiker, der sämtlichen Wohnungen eine großzügige Terrasse zugesteht.

Einen ähnlichen Typus haben Brandlhuber + Emde, Burlon und Muck Petzet Architekten mit ihrem Terrassenhaus für Berlin-Wedding im Jahr 2018 realisiert und weiterentwickelt. Es ist ein nutzungsoffenes, hybrides Profil, das in seiner Erschließung an das Arbeiter-Terrassenhaus von Adolf Loos aus dem Jahr 1923 erinnert. Die einzelnen Nutzungseinheiten werden da wie dort von außen, über jeweils etwa sechs Meter tiefe Terrassen erschlossen. Es liegt an den Bewohnerinnen und Bewohnern das Verhältnis zwischen öffentlich und privat zu definieren. Das Haus ist fußläufig nur durch zwei die Terrassen flankierende Kaskadentreppen, die bis auf das Dach führen, erschlossen. Ebenso vom öffentlichen Raum aus begehbar, vom gedeckten Vorplatz aus, sind die beiden Aufzüge, die etwa zwanzig

De Klenke oder Terras op Zuid,
Amsterdam 2017
NL Architects
Ansicht statt Fassade

Einheiten in den Obergeschossen (Büros, Ateliers, Studios, Wohnen und Arbeiten) barrierefrei und direkt erreichbar machen. Die nutzungsoffene und robuste Struktur hat hohes Aneignungspotenzial. Ein ressourcen- und flächeneffizienter Experimentalbau mit einer progressiven Detaillierung, die das Weniger zum Ziel hat.[9]

Vorwärts!

Es ist Zeit für einen neuerlichen Anlauf in Richtung Demokratisierung und Ökologisierung von Architektur und Städtebau. Die hervorragenden Beispiele des sozialen Wohnbaus, gedacht und gebaut seit den 1920er-Jahren, zeigen, dass Innovation und hohe Qualität vereinbar sind mit dem Bauen für die große Zahl. Der Blick darauf weckt ein Bewusstsein für das Mögliche.

Dem oft behaupteten großen Wohlstand von heute steht eine etwas andere Realität gegenüber: Die Mietkosten sind etwa in Wien seit 2008 um 48 Prozent gestiegen[10], während die mittleren Jahreseinkommen der unselbstständig Beschäftigten inflationsbereinigt seit 1998 stagnieren, ja die der Arbeiterinnen und Arbeiter sogar um 13 Prozent gesunken sind.[11] Die aktuelle Diskussion um die Leistbarkeit lässt an eine Zeit denken, die der Bürgermeister des „Roten Wien", Karl Seitz, im Jahr 1924 solchermaßen beschrieb: „… Dann kam die Bauperiode der ödesten Zinskasernen, in der der letzte Flecken Boden nutzbar gemacht wurde. Das war die Zeit, in der die Wiener dem Kapitalismus fronen mussten und jeder, der eine Wohnung hatte,

Terrassenhaus Lobe Block, Berlin 2018, Brandlhuber+ Emde, Burlon und Muck Petzet Architekten
Im Laufe der Zeit werden die Bewohnerinnen diese kühle Struktur in einen grünen Hügel verwandeln.

dem fürchterlichen Zinstag mit Schrecken entgegensah ..." Zurück in die Gründerzeit mit „smarten" Lösungen? Die Wohnungen sind dann leistbar, wenn deren Bewohnerinnen und Bewohner wieder ordentliche Löhne für ihre Arbeit erhalten. Zugleich wird es in vermehrtem Maß notwendig sein, die Wohnungsfrage von der Marktlogik zu entkoppeln, zusammen mit der Vergemeinschaftung von Grund und Boden.[12] Wohnen ist ein Menschenrecht, keine Ware.

Wir bauen heute schlechteren Wohnbau, als wir es könnten. Und das ist nicht eine Frage des Geldes. Als gäbe es latente politische Auffassungen, dass es den Menschen nicht zu gut gehen solle, latente Befürchtungen, dass individuelle Freiheiten – die stark mit der Wohnsituation zusammenhängen – Menschen weniger steuerbar machen.

‚Den Gürtel enger schnallen', heißt es. Ja – bei Konsum, Energie, Verkehr, insgesamt in der Ressourcenfrage. In den Wohnbau dagegen gilt es zu investieren. Es braucht ein Reformprogramm für die Wohnbauförderung, in dem es klare Richtlinien gibt, welche Maßnahmen gefördert werden, und diese müssen die ökologischen Erfordernisse für die grüne Stadt und die Bedürfnisse und Wünsche der Bewohnerinnen und Bewohner reflektieren, da sie es ja sind, die die Mittel dafür in Form von Mieten und Steuern bereitstellen. Das Verhältnis von Stadt und Natur muss neu gedacht werden, sonst bleiben die Bewohner Statisten in Architekturkulissen.

Mit den individuell zu gestaltenden privaten Außenräumen der Terrassenwohnbauten ist, als Pointe angesichts ihrer rationellen

Wohnhausanlage Bessemerstraße,
Wien 2014
Architekt Gerhard Steixner
Die Terrasse als erweiterter Wohnraum,
Aneignung vollzogen, easy living.

Ausstellung „Luxus für alle",
TU Wien 2017

Bauweisen, auch Hundertwassers berühmte symbolische Forderung aus seinem „Verschimmelungsmanifest gegen den Rationalismus in der Architektur" eingelöst: „Ein Mann in einem Mietshaus muss die Möglichkeit haben, sich aus seinem Fenster zu beugen und – so weit seine Hände reichen – das Mauerwerk abzukratzen. Und es muss ihm gestattet sein, mit einem langen Pinsel – so weit er reichen kann – alles rosa zu bemalen, so daß man von weitem, von der Straße, sehen kann: Dort wohnt ein Mensch, der sich von seinen Nachbarn unterscheidet, dem zugewiesenen Kleinvieh!"[13]

Warum bauen wir also keine Terrassenhäuser mehr? Sind sie doch angesichts des Klimawandels aktueller denn je. Mit ein Grund für die Lücke seit den 1980er-Jahren dürfte auch in der Ausbildung liegen. Denn auch Europas Architekturschulen haben sich der politischen Großwetterlage angepasst und bereits über zwei Generationen von Studierenden eine ganz wunderbare Erfahrung vorenthalten: Luxus für alle ist möglich!

Von 2009 bis 2019 hat der Herausgeber als Leiter des Forschungsbereichs Hochbau – Konstruktion und Entwerfen der TU Wien[14] weit über tausend Studierende mit Fragen des sozialen Wohnens in der grünen Stadt befassen können. In Großveranstaltungen mit bis zu über fünfhundert Teilnehmerinnen und Teilnehmern und in mehreren Entwurfsstudios waren prototypische Terrassenhausstrukturen zu entwickeln. Ein Regelwerk, Entwurfsgrundlage, gab für alle Gruppen gemeinsam zwei Kennwerte vor: Für die Größe der wohnungsbezogenen Freiräume in Form von Terrassen und Loggien sind mindestens

zwanzig Prozent, und für Gärten mindestens sechs Prozent der Wohnfläche einzuplanen. Darüber hinaus waren auf der Grundlage von exemplarischen Baufeldern stadträumliche Vorgaben wie Orientierung, Erschließung, Geschossflächenzahl und Gebäudehöhe zu berücksichtigen. Ebenso waren nutzerrelevante Gebäudeparameter einzuhalten wie etwa das Verhältnis Wohn- zu Nichtwohnnutzung, Mindestanzahl der Wohneinheiten pro Erschließungskern, bis zu einer Mindestraumhöhe von 2,7 Meter und andere mehr. Ein strenges Korsett, das auf hohe Qualität und Wirtschaftlichkeit zugleich abzielt.

Die Studierenden nutzten diesen engen Spielraum mit fantasievollen Interpretationen, sodass kein Haus dem anderen gleicht. Mehr als dreihundert Projekte mit insgesamt über 20.000 Wohneinheiten sind in diesem Großversuch entstanden. Sie bilden ein reiches Inventar an unterschiedlichen Prototypen, vom Wohnhügel bis zum Superhybrid. Im Rahmen der Ausstellung „Luxus für alle. Prototypen für die Grüne Stadt" vom Jänner 2017 an der TU Wien[15] wurden sie wie Bausteine zu einem achtzig Quadratmeter großen Stadtmodell zu unterschiedlichen räumlichen Milieus zusammengefügt. Die grüne Stadt hat Gestalt erhalten.

Anmerkungen

1 Die Wiener Architektin Sabine Pollak in ihrem Beitrag: „Warum gibt es keine Terrassenhäuser mehr?", Architekturblog in: Der Standard, 19. April 2017, https://www.derstandard.at/story/2000056052743/warum-gibt-es-keine-terrassenhaeuser-mehr

2 https://www.wien.gv.at/presse/2007/09/21/terrassenhaus-buchengasse-wohnen-mit-licht-und-sonne

3 Wiener Wohnstudien: Wohnzufriedenheit, Mobilitäts- und Freizeitverhalten, hrsg. v. Stadtentwicklung Wien, MA 18 – Stadtentwicklung und Stadtplanung, Wien 2004. Zu den untersuchten Beispielen zählen unter anderem Alt-Erlaa und die Terrassenwohnanlage Inzersdorfer Straße.

4 „Terrassenhaus" Buchengasse, Architekt Rüdiger Lainer.

5 Helmut Wimmer war in den 1970er-Jahren Mitarbeiter gewesen beim Projekt Wohnen Morgen Wien. (Vgl. S. 344 ff.)

6 Das Wiener Architekturbüro PPAG bezieht sich in seinem 2013 realisierten Europan-Wettbewerbsprojekt in Wien-Simmering auf das Glück'sche Terrassenhausmodell. Allerdings liegt das Augenmerk in dem maximal verdichteten Wohnbau geradezu konträr zu Glücks Modell nicht auf den begrünbaren Terrassen, auf „luxuriösen" Folgeeinrichtungen und einem gemeinschaftlichen Grünraum, sondern auf der inneren Erschließung.

7 Aus dem erläuternden Text der Architekten Wimmer und Partner (WUP) zum Wohnbau Wienerberg: http://www.wimmerundpartner.com/index.php?seite=projekte&projekt=wienerberg&id=1&lang=de

8 Initiiert und durchgeführt vom Architekturzentrum Wien in Kooperation mit der Wien 3420 aspern Development AG im Rahmen der Vienna Biennale 2015: Ideas for Change

9 Auch in Frankreich versuchen junge Architekturbüros das Terrassenkonzept für den sozialen Wohnbau zu aktivieren („Das Come-back der ‚Sauvage-Terrassen'"), wenn auch die Versuche bisher unrealisiert blieben. Das neue Interesse am Terrassen-Modell der 1970er-Jahre im Wohn- und Städtebau zeigt der Modell-Nachbau des Centre Jeanne Hachette in Ivry (vgl. S. 79) durch die Architektinnen Aoibheann Ní Mhearáin and Mary Laheen für die Architektur Biennale 2018 in Venedig. Das vietnamesische Architekturbüro H&P erprobt die Terrassenstruktur als Möglichkeit, urbane Architektur mit Agrikultur zu verbinden.

10 Vgl. *Wiener Zeitung* vom 28. Juni 2019 https://www.wienerzeitung.at/nachrichten/politik/wien/2024508-48-Prozent-teurere-Miete-seit-2008.html

11 Allgemeiner Einkommensbericht 2018 des Österreichischen Rechnungshofes.

12 Ein skandalöses Beispiel für die Privatisierung sozialer Wohnungen ist in Österreich der Verkauf von 60.000 gemeinnützigen Wohnungen (Buwog-Wohnungen) an einen privaten Investor unter der Regierung Schüssel im Jahr 2004.

13 Friedensreich Hundertwasser: Verschimmelungsmanifest gegen den Rationalismus in der Architektur, 1958.

14 Seidel, Michael und Steixner, Gerhard (Hrsg.): Society now! Architektur. Projekte und Positionen 2009–2019, Gerhard Steixner / Technische Universität Wien, Forschungsbereich Hochbau – Konstruktion und Entwerfen, Park Books, Zürich 2020.

15 Terrassenhäuser als Idee für Wien: „Danke Harry Glück", in: Die Presse online, 30. Jänner 2017, https://www.diepresse.com/5162025/terrassenhauser-als-idee-fur-wien-danke-harry-gluck; 80 m² großes Modell zeigt „Luxus für Alle", in: Tageszeitung Heute, 31. Jänner 2017; Zoidl, Franziska: Terrassenwohnungen: Studierende entwickeln „Luxus für alle", in: Der Standard, 2. Februar 2017; Studierende entwickeln „Luxus für alle", in: Die Presse, 4. Februar 2017; TU fordert mehr Natur im Wohnbau, in: Der Standard, 4. Februar 2017.

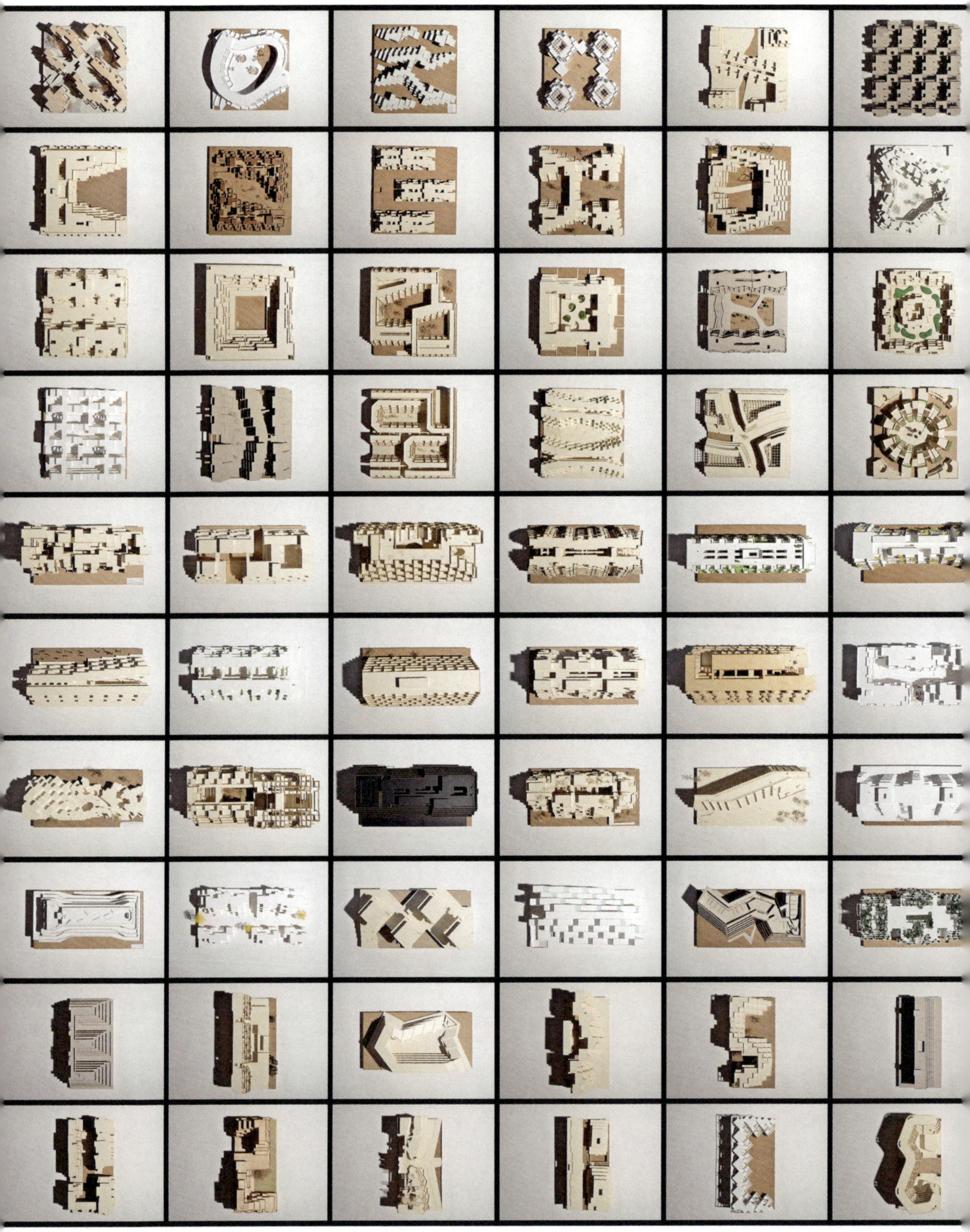

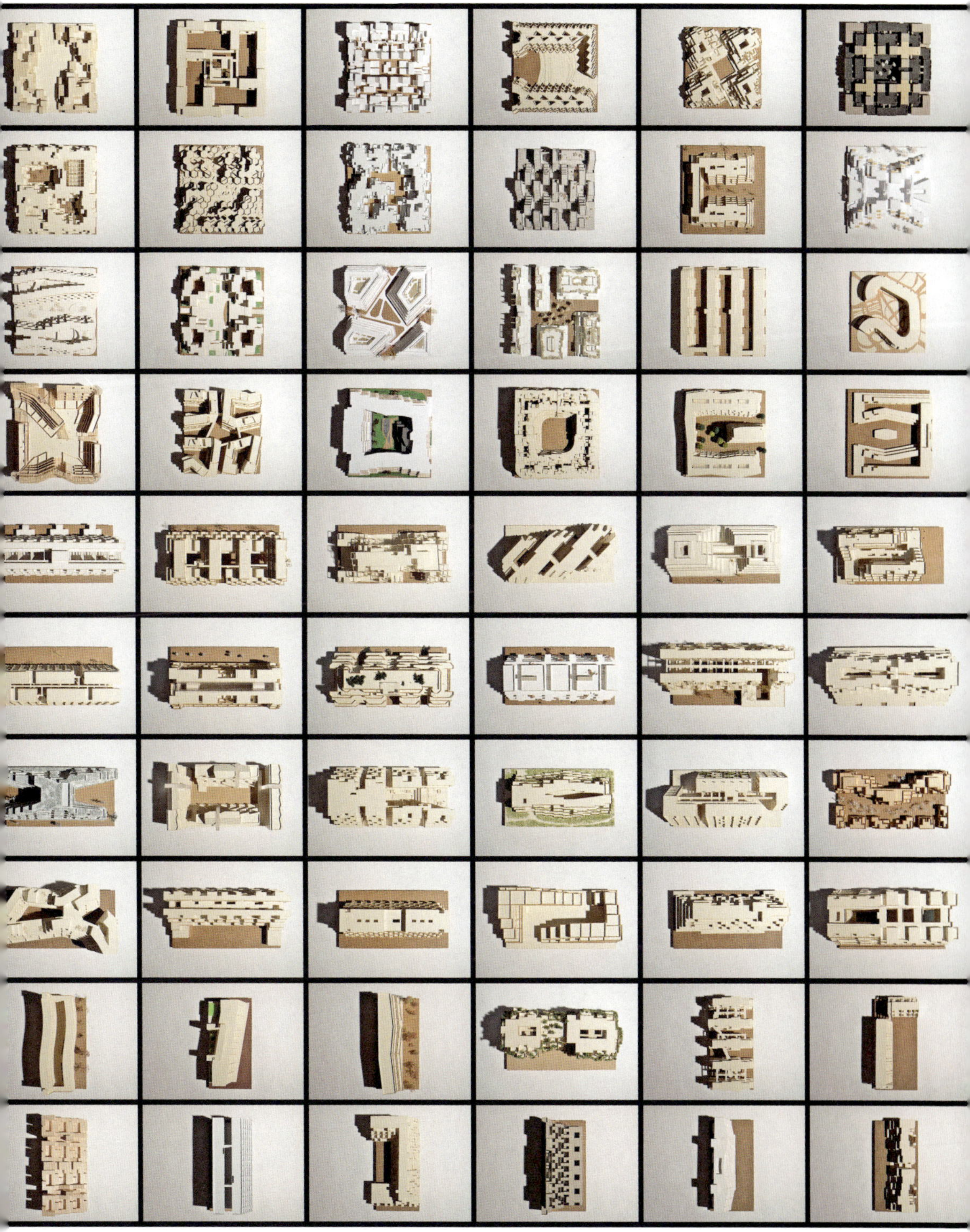

Biografien der Autorinnen und Autoren

Karen Beckmann Dr.-Ing. Architektin

studierte Architektur in Hannover und Rouen, Frankreich. Lebt und arbeitet als Architektin, Autorin und Wissenschaftlerin in Hannover. Promotion 2014 zum Thema: „Urbanität durch Dichte? Geschichte und Gegenwart der Großwohnkomplexe der 1970er Jahre." Lehraufträge 2015 und 2018 am Institut für Geschichte und Theorie der Architektur, Fakultät für Architektur und Landschaft, Leibniz Universität Hannover. Forschung an der Schnittstelle von Theorie und Praxis zu Themen der Architekturrezeption und -produktion mit dem Schwerpunkt auf komplexen urbanen Bebauungsstrukturen. Lebt und arbeitet als Architektin, Autorin und Wissenschaftlerin in Hannover.

Paolo Enrico Dalpiaz M.A.

besuchte nach einem wissenschaftlichen Studium die Technische Hochschule Turin (Politecnico di Torino), an der er 2018 mit *magna cum laude* seinen Masterabschluss im Fachbereich Architettura per il Restauro e la Valorizzazione del Patrimonio ablegte. Der Titel seiner Masterarbeit lautet *Unità Residenziale Est—Ex Hotel La Serra. The Delphi Method to support intervention scenarios to reinvigorate Ivrea City.* Derzeit ist er Student an der Postgraduate School für ‚Beni Architettonici e del Paesaggio' am Politecnico di Torino und arbeitet als freiberuflicher Architekt in einem Architekturbüro.

Silke Fischer DI

studierte Architektur an der Bauhaus-Universität Weimar und am Southern California Institute of Architecture (SCI-Arc) in Los Angeles, USA. Sie lebt und arbeitet als Architektin in Wien. Wettbewerbe und Realisierungen in verschiedenen Architekturbüros im Wohn-, Schul- und Industriebau. Seit 2015 tätig in Lehre und Forschung am Forschungsbereich Hochbau – Konstruktion und Entwerfen der TU Wien.

Natalie Heger Dr.-Ing.

studierte nach ihrer Tätigkeit als Bühnen- und Kostümbildnerin Architektur in Berlin und Barcelona. Sie lehrte und forschte über 10 Jahre an der Universität Kassel am Fachbereich Architektur, Stadt- und Landschaftsplanung. Mitbegründerin der interdisziplinären Arbeitsgemeinschaft *u* Lab, Studio für Stadt und Raumprozesse in Berlin und seit 2018 im Post-War Modernist Housing Research Lab at Frankfurt University of Applied Sciences tätig. Untersuchte in ihrer Promotion die Planungs- und Ideengeschichte des Olympischen Dorfs in München.

Giulia Maria Infortuna M.A.

besuchte nach einem wissenschaftlichen Studium die Technische Hochschule in Turin (Politecnico di Torino), wo sie 2018 mit *magna cum laude* ihren Masterabschluss im Fachbereich Architettura per il Restauro e la Valorizzazione del Patrimonio ablegte. Der Titel ihrer Masterarbeit lautet *Unità Residenziale Est—Ex Hotel La Serra. The Delphi Method to support intervention scenarios to reinvigorate Ivrea city.* Derzeit ist sie Studentin an der Postgraduate School für ‚Beni Architettonici e del Paesaggio' am Politecnico di Torino und arbeitet als freiberufliche Architektin in einem Architekturbüro.

Nataša Koselj Dr.

ist Architektin aus Ljubljana und schrieb ihre Dissertation zum Thema Nachkriegsmoderne. Sie studierte und arbeitete in Slowenien (Universität Ljubljana), Finnland (MARCH2002), Großbritannien (Oxford Brookes University) und Frankreich (Cité de l'architecture at du patrimoine). Sie ist die slowenische Vorsitzende von DOCOMOMO und führte den Kurs „Slowenische Architektur des 20. Jahrhunderts" an der Architekturfakultät Ljubljana ein; seit 1995 veröffentlichte sie zahlreiche Werke und wurde 2014 mit der Plečnik Medaille ausgezeichnet.

San-Hwan Lu DI Dr. techn.
studierte Architektur an der TU Wien. Praxis in Wien und bis 2010 Arbeit an Projekten in Asien u. a. mit Richard Rogers und Kisho Kurokawa, bis 2014 bei Hans Hollein. Lehrt und forscht an der TU Wien zu Bauregelwerken und dem kulturellen Kontext des Bauens.

Clare Melhuish Dr.
ist Direktorin und Principal Research Fellow am UCL Urban Laboratory in London. In ihrer Forschung befasst sie sich mit den Prozessen und Auswirkungen großmaßstäblicher urbaner Entwicklungen in Großbritannien und anderen Ländern sowie mit konzeptuellen Fragen des Denkmalschutzes innerhalb der transformativen Veränderungsprozesse multikultureller Städten. Melhuish ist in mehreren Disziplinen zuhause; diese reichen von Architekturgeschichte und -kritik über Anthropologie bis Humangeografie und sind inspiriert von ethnografischen und visuellen Forschungsmethoden sowie der Analyse von Architektur und der gebauten Umwelt als gesellschaftlich-soziales sowie kulturelles Setting. Zu ihren Fach- und Interessensgebieten zählen insbesondere die Bewegung der Moderne und die zeitgenössische Architektur, postkoloniale urbane Ästhetiken und Baudenkmale sowie die Erneuerungsmaßnahmen und deren praktische Umsetzungen in Städten mit einem besonderen Blick auf die Architektur und Planung einzelner Gebiete in Großbritannien, Frankreich, den Golfstaaten und der Karibik.

Gerhard Steixner Univ.-Prof. i. R., Mag. arch.
studierte Architektur an der Akademie der Bildenden Künste Wien, Meisterschule Roland Rainer. Seit 1983 Architekturbüro mit Sitz in Wien mit Schwerpunkt ökosolares Bauen, Vorfertigung, Prototypen. 2009 bis 2019 Universitätsprofessor für Hochbau und Vorstand des Forschungsbereiches Hochbau – Konstruktion und Entwerfen an der TU Wien. Forschung zur europäischen und außereuropäischen Moderne 1958–1978 mit Schwerpunkt Wohnbau.

Mark Swenarton Univ.-Prof. em. Dr.

ist Architekturhistoriker, Kritiker und Pädagoge. 1981 baute er zusammen mit Adrian Forty in Großbritannien den ersten Masterstudiengang im Bereich Architekturgeschichte auf und war 1989 Mitbegründer von *Architecture Today*, als deren Herausgeber er bis 2005 fungierte. Danach war er Leiter der Architekturschule von Oxford Brookes und erster Inhaber des James Stirling Chair of Architecture der Universität Liverpool, wo er heute Professor emeritus ist. Er ist Autor zahlreicher Bücher, darunter *Homes fit for Heroes, Architecture and the Welfare State* und aktuell *Cook's Camden*.

Maria Welzig Mag. Dr.

studierte Kunstgeschichte an der Universität Wien. Promotion über den Architekten Josef Frank. Leitung von Forschungsprojekten des Österreichischen Wissenschaftsfonds (FWF) zur Architektur in Österreich seit 1968 und zur Wiener Hofburg seit 1918. Gastprofessorin an der Universität für angewandte Kunst Wien, Klasse Fotografie, 2008/09. Ausstellungskuratorin und Herausgeberin mehrerer Bücher, darunter *Josef Frank – das architektonische Werk, Die Architektur und ich, Kulturquartiere in ehemaligen Residenzen* und *Die Wiener Hofburg seit 1918.* Arbeitet seit 2019 im Architekturzentrum Wien.

Personenregister

Bildnachweis

Die Möglichkeit einer Grünen Stadt

Seite 14: https://de.wikipedia.org/wiki/Elektrolokomotive#/media/Datei:First_electric_locomotive,_built_in_1879_by_Werner_von_Siemens.jpg. Gemeinfrei

Seite 24: https://commons.wikimedia.org/wiki/Category:Flammarion_Woodcut?uselang=de#/media/File:Из_Фламмариона.jpg. Gemeinfrei

Seite 25: https://upload.wikimedia.org/wikipedia/commons/4/40/Rousseau_Ermenonville.jpg, Benutzer Docteur Ralph. Gemeinfrei

Seite 26: https://de.wikipedia.org/wiki/Datei:Karlsruher_Stadtansicht.jpg. Gemeinfrei

Seite 28: Den svenska staden https://commons.wikimedia.org/wiki/File:Miletos_stadsplan_400.jpg

Seite 29: David Rumsey Historical Map Collection, http://www.davidrumsey.com/maps4124.html

Seite 30: Foto: Sasha Stone, aus: Berlin in Bildern, hrsg. v. Adolf Behne, Verlag Dr. Hans Epstein, Wien und Leipzig, 1929.

Seite 31: aus: Die Wohnung für das Existenzminimum, hrsg v. Städtischen Hochbauamt Frankfurt am Main und den Internationalen Kongressen für Neues Bauen, Frankfurt am Main, 1930

Seite 32: Sammlung Le Familistère de Guise, Anonyme Fotografie, 1890.

Seite 33: https://de.wikipedia.org/wiki/Arbeiterkolonie_Westend#/media/Datei:Arbeiterkolonie_Westend,_Krupp,_Essen.jpg. Gemeinfrei

Seite 34: https://upload.wikimedia.org/wikipedia/commons/3/3d/Garden_City_Concept_by_Howard.jpg. Gemeinfrei

Seite 35: © Gerhard Steixner

Seite 36: © Christos Vittoratos 2013, CC BY-SA 3

Seite 37: © Gerhard Steixner

Seite 38: Sigfried Giedion, Befreites Wohnen, Orell Füssli Verlag, Zürich und Leipzig 1929, Buchcover

Seite 39: © F.L.C. / Bildrecht, Wien 2020

Seite 40: © Georg Fayer 1927, ÖNB, Bildarchiv Austria, Inventarnummer Pb 580.555-F 44. Gemeinfrei

Seite 41, links: © Bezirksmuseum Ottakring, Foto Gerlach

Seite 41, rechts: © Stadt Wien Bäder

Seite 42: © Thomas Ledl, 2016, CC BY-SA 4

Seite 49: https://de.wikipedia.org/wiki/Utopia_(Roman)#/media/Datei:Isola_di_Utopia_Moro.jpg. Gemeinfrei

Seiten 52–53: Archiv Büro Glück

Seite 56: © Raphael Azevedo Franca. Gemeinfrei

Seite 57: © Firaxis Games, Sid Meier, Computerspiel Civilization

Die *Erfindung* des Terrassenwohnhauses

Seite 64: © Gerhard Steixner

Seiten 66, 67 links: © Fonds Henri Sauvage. SIAF/Cité de l'architecture et du patrimoine/Archives d'architecture du XXe siècle

Seite 67 rechts: © Richard Anderson

Seite 68: © F.L.C./ Bildrecht, Wien 2020

Seite 69: © Architektursammlung der Albertina Inv.Nr. ALA401

Seite 71: © NASA / William Anders

Seite 72: © Fonds Candilis. SIAF/Cité de l'architecture et du patrimoine/Archives d'architecture du XXe siècle

Seite 73 links: aus: Hoffmann, Ot / Christoph Repenthin: Neue urbane Wohnformen, Bertelsmann Verlag, Gühtersloh und Berlin 1965, S. 186

Seite 73 rechts: https://neverwasmag.com/lower-manhattan-expressway

Seite 74: © Archiv Safdie Architects

Seite 75: © Marlies Breuss

Seite 76: © Gerhard Steixner

Seite 77: ©Wolfgang Theiss

Seite 78: © Gerhard Steixner

Seite 79: © Paul Maurer

Seite 80: © Gerhard Steixner

Seite 85: © John Boughton (Municipal Dreams) 2013, https://municipaldreams.wordpress.com

La Grande Motte

Seite 90: aus: Prelorenzo, Claude / Antoine Picon, L'aventure du balnéaire. La Grande Motte de Jean Balladur, S. 66, Fig. 24

Seiten 92–94: © Maria Welzig

Seite 95: Merian 1971

Seiten 96–97: © Maria Welzig

Seiten 100–101: © Maria Welzig

Meilensteine europäischer Terrassenwohnbauten

Olympisches Dorf, München

Seiten 118–119, 122–123: © Nikolaus Koliusis

Seiten 126–127, 130–134, 136–137: © Gerhard Steixner

Seiten 128, 129, 135: © San-Hwan Lu

Wohnpark Alt-Erlaa, Wien

Seite 144: aus: Architektur.aktuell, Jg. 3 (1969), H. 14/15

Seite 145: http://www.dasrotewien.at/seite/liesing

Seite 146: aus: Reininger, Hans: Wien. In: Glück, Harry / Freisitzer, Kurt: Sozialer Wohnbau. Entstehung. Zustand. Alternativen. Molden Verlag, Wien 1979

Seiten 147, 149: aus: Architektur.aktuell, Jg. 10 (1976), H. 56

Seiten 158–169: © Gerhard Steixner

Terrassenhaussiedlung St. Peter, Graz

Seite 176: © Gerhard Steixner

Seiten 177–179: © Walter Kuschel

Seiten 184–193: © Gerhard Steixner

Terrassenwohnanlage Koseze, Ljubljana

Seite 198: aus: Kako so Nastajala Moja Naselja, Pust, Viktor, Univerza v Ljubljani Fakulteta za arhitekturo, 2012, S. 44, 49

Seite 200: Standbild aus dem Film Učna leta izumitelja polža von Jane Kavčič, 1982.

Seiten 201, 202: aus: Kako so Nastajala Moja Naselja, Pust, Viktor, Univerza v Ljubljani Fakulteta za arhitekturo, 2012, S. 46, 49

Seite 203: © Janez Kališnik, Stane Bernik Archiv

Seiten 206–217: © Gerhard Steixner

Heinz-Nittel-Hof, Wien

Seite 222: © Archiv Büro Glück

Seite 223: © Felbermayer Fenster GmbH, 1210 Wien, 2019

Seite 225 links: aus: Marchart, Peter: Wohnbau in Wien, Compress, Wien 1984, S. 58

Seite 225 rechts: © Gerhard Steixner

Seiten 232–243: © Gerhard Steixner

Wohnanlage Hadikgasse, Wien

Seiten 252 links, 253–256: © Gerhard Steixner

Seite 252 rechts: © Archiv Büro Glück

Seiten 258–269: © Gerhard Steixner

Alexandra Road Estate, London

Seiten 274–275: © Image courtesy of Martin Charles, RIBA collection

Seite 278: © tumblr_pudbwjDNJl 1snysgoo5_1280

Seite 279: © The Modern House_04_ 20160216-DSC_2702-WEB

Seiten 282–291: © Gerhard Steixner

Autobahnüberbauung Schlangenbader Straße, Berlin

Seite 298: © Landesdenkmalamt Berlin, Wolfgang Bittner

Seite 299: aus: www.pettydesign.com/ 2012/03/11/life-above-the-autobahn/

Seite 300: © David Kasparek, 2015, flickr CC BY 2.0

Seite 301: © Nils Richter

Seiten 306–317: © Maria Welzig

Terrassenwohnanlage Inzersdorfer Straße, Wien

Seiten 326–327: © Archiv Glück

Seiten 334–343: © Gerhard Steixner

Wohnen Morgen, Wien

Seiten 348, 350, 351: aus: Marchart, Peter: Wohnbau in Wien, Compress, Wien 1984, S. 164, 165

Seite 349: © Maria Welzig

Seiten 358–365: © Gerhard Steixner

Brunswick Centre, London

Seite 372: British Architectural Library, RIBA, London

Seite 373, 376, 377: © Clare Melhuish

Seiten 382–388, 392–395: © Gerhard Steixner

Seiten 389–391: © Laurenz Steixner

La Serra, Ivrea

Seiten 400–403: © Giulia Maria Infortuna

Seiten 410–411, 416: © Archiv HB2, TU Wien

Seiten 412–413: © Giulia Maria Infortuna

Seiten 414, 417–419: © Gerhard Steixner

Seiten 415, 420–421: © Filippo Poli

Das Comeback des Terrassenhauses

Seiten 425, 426:
© Gerhard Steixner

Seite 427 links:
© Gerhard Steixner

Seite 427 rechts:
© Laurenz Steixner

Seite 428: © Richard Manahl

Seite 429: © Gerhard Steixner

Seite 430: © Marcel van der Burg

Seite 431: © David von Becker

Seiten 432, 433: © Gerhard Steixner

Seiten 436–437: © Hertha Hurnaus

Seiten 438–439:
© Archiv HB2, TU Wien

Seiten 440–441: © Gerhard Steixner

Seiten 442–443: © Tageszeitung Heute, Helmut Graf

Impressum

Herausgeber
Gerhard Steixner
Maria Welzig

Redaktion
Maria Welzig
Gerhard Steixner

Dank an
Vera Kumer vom Forschungsbereich Hochbau – Konstruktion und Entwerfen, TU Wien und Nikolaos Kombotis für die langjährige gute Zusammenarbeit und die Projektunterstützung

Mit Beiträgen von

Karen Beckmann
Paolo Enrico Dalpiaz
Silke Fischer
Harry Glück
Natalie Heger
Giulia Maria Infortuna
Nataša Koselj
San-Hwan Lu
Clare Melhuish
Gerhard Steixner
Mark Swenarton
Maria Welzig

Acquisitions Editor
David Marold,
Birkhäuser Verlag

Content and Production Editor
Angelika Gaal,
Birkhäuser Verlag

Korrektorat
Philipp Rissel

Übersetzung
vom Englischen ins Deutsche
Norma Keßler

Grafische Gestaltung
Büro Ferkl

Planaufbereitung
Laurenz Steixner
Markus Rupprecht

Bildbearbeitung
Pixelstorm

Druck
Holzhausen, die Buchmarke der Gerin Druck GmbH

Auf die Lesbarkeit unserer Texte legen wir großen Wert. Aus diesem Grund wird im vorliegenden Buch in Fällen, wo es für die leichtere Lesbarkeit nötig ist, die männliche Sprachform bei personenbezogenen Substantiven und Pronomen verwendet. Dies dient einem besseren Textfluss und ist als geschlechtsneutral zu verstehen.

ISBN 978-3-0356-1880-8

e-ISBN (PDF)
978-3-0356-1898-3

Englische Print-ISBN
978-3-0356-1884-6

Library of Congress Control Number
2019955948

Bibliografische Information der Deutschen Nationalbibliothek
Die Deutsche Nationalbibliothek verzeichnet diese Publikation in der Deutschen Nationalbibliografie; detaillierte bibliografische Daten sind im Internet über http://dnb.dnb.de abrufbar.

Postfach 44, 4009 Basel, Schweiz
Ein Unternehmen der Walter de Gruyter GmbH, Berlin/Boston

9 8 7 6 5 4 3 2 1

www.birkhauser.com

Gedruckt mit freundlicher Unterstützung von

Beatrix Becker-Glück

Bundesministerium
Kunst, Kultur,
öffentlicher Dienst und Sport

Stadt Wien, MA 50
Wohnbauforschung